千古人杰李时珍

主　编　陈中文　韦耀阳
副主编　陈建福　叶　畅
编　委　陈中文　韦耀阳　陈建福　叶　畅
　　　　操时闻　李　威　岳　涛　王　艳
　　　　邓冬元　王诗其　龚方华　刘　慧
主　审　韩进林

长江出版传媒
湖北人民出版社

图书在版编目(CIP)数据

千古人杰李时珍 / 陈中文, 韦耀阳主编. — 武汉 :湖北人民出版社, 2023.10（2025.11重印）
ISBN 978-7-216-10345-9

Ⅰ. ①千… Ⅱ. ①陈… ②韦… Ⅲ. ①李时珍（1518-1593）一生平事迹一中学一乡土教材 Ⅳ. ①G634.591

中国版本图书馆CIP数据核字(2021)第264375号

责任编辑:李月寒
封面设计:董 昀
责任校对:范承勇
责任印制:杨 锁

出版发行:湖北人民出版社	**地址**:武汉市雄楚大道268号
印刷:湖北新华印务有限公司	**邮编**:430070
开本:787毫米×1092毫米 1/16	**印张**:15.5
字数:243千字	**插页**:2
版次:2023年10月第1版	**印次**:2025年11月第3次印刷
书号:ISBN 978-7-216-10345-9	**定价**:32.00元

本社网址：http://www.hbpp.com.cn
本社旗舰店：http://hbrmcbs.tmall.com
读者服务部电话：027-87679656
投诉举报电话：027-87679757

前言

进入新时代以来，中华优秀传统文化逐渐被重新重视、重新认识、重新学习。习近平总书记发表了一系列有关中华优秀传统文化教育的重要论述，中央也出台了一系列文件。如2014年的《完善中华优秀传统文化教育指导纲要》从家国情怀、社会关爱、人格修养角度归纳了开展中华优秀传统文化教育的重点。教育部2021年印发了《中华优秀传统文化进中小学课程教材指南》和《革命传统进中小学课程教材指南》，对中华优秀传统文化和革命传统进中小学课程教材的基本原则、总体目标、主要内容、载体形式、学段和学科要求等，做了统筹设计和科学安排，强调素养导向、系统规划和全科覆盖。这些政策文件的颁布为中华优秀传统文化进校园提供了方向指南。

为积极探索优秀传统文化进课堂的新路径，努力适应新课改的需要，黄冈师范学院教育学院与蕲春县李时珍中学联合开展了“名人文化进校园、进课堂、进头脑”的横向合作项目研究。本项目的一个核心内容，就是在李时珍中学长期以来开展的名人文化教育活动的基础上，打造一门适应新课改、新高考的校本课程。李时珍中学与黄冈师范学院教育学院通力合作，经过十多年的德育实践编写了《千古人杰李时珍》著作读本。读本是在李时珍中学与黄冈师范学院教育学院长期合作协同育人的基础上，通过名人文化校本课程，厚植家国情怀基因，建立“三维融入、三全浸润”育人模式的成果汇总。

读本的编写是坚定文化自信、弘扬社会主义核心价值观的一项重要举措。党的二十大报告指出，中华优秀传统文化源远流长、博大精深，是中华文明的智慧结晶，其中蕴含的天下为公、民为邦本、为政以德、革故鼎新、任人唯贤、天人合一、自强不息、厚德载物、讲信修睦、亲仁善邻等，是中国人民在长期生产生活中积累的宇宙观、天下观、社会观、道德观的重要体现，同科学社会主义价值观主张具有高度契合性。各级各类学校认真贯彻党的二十大报告精神，积极开展传统文化进校园、进课堂的教育教学活动，切实培养担当民族复兴大任的时代新人。

自《本草纲目》面世以来，中国医者的方阵里就始终有李时珍的一席之地。李时珍以其精湛的医术和先进的理念令人民信服、崇敬而怀念，又因他丰富博大的知识系统而功益中医。《本草纲目》是人类历史上一座属于中国人的伟大智慧丰碑，也是矗立在世界医学史上的一座属于东方优秀文化的科技丰碑。

李时珍与《本草纲目》是蕲春人民的骄傲，是荆楚大地与湖北人民的骄傲，是中国人民的骄傲，也是世界人民的骄傲。自明代以来，人们通过各种方式纪念李时珍，如顾景星、《蕲州志》都为李时珍立传。尤其是中华人民共和国成立以后，70多年来，以蕲春为中心，全国出现大量李时珍研究的学术与文艺作品，形成了李时珍文化研究的高峰。《千古人杰李时珍》正是以李时珍所体现的以中华优秀传统文化作为内核的思想精神和人格品质为主线，并将其融入课程教学的全部过程和各个环节之中。而且，这一内容的设置，既区别于传统的知识教育和课堂教学模式，也有别于新课改背景下一般的学科拓展型课程。课程内容丰富、生动，具有综合性、跨学科的性质和功能。这一思路、内涵和体系结构，既保障了优秀传统文化教育真正在学校教育教学中落地、落实，同时也进一步增强了优秀传统文化教育的实效性和有效性。

《千古人杰李时珍》从赤子李时珍、中医学家李时珍、药物学家李时珍、摄生学家李时珍、博物学家李时珍、文化学家李时珍六个层面，全方位地展示了李时珍仁术救人、求实创新、不怕吃苦、乐于奉献、以苦为乐、为民造福、严谨认真、甘于付出、实事求是的可贵精神。该读本的基本主旨与思想内涵，充分体现、契合了社会主义核心价值观的本质要求。同时，读本通过主题导读、时珍传说、《本草纲目》中的诗、中医药文化、草药认识、中医中药小常识和拓展体验等教学环节，既充分发挥课堂教学的主渠道作用，又注重发挥课外活动和社会实践的重要作用，充分体现了坚持课堂教育与实践教育相结合的原则。读本的这种内涵与结构及其所体现的思想理念，把弘扬和践行李时珍精神融入学校素质教育的实践过程之中，从而为坚定文化自信，坚持和弘扬社会主义核心价值体系，培养担当民族复兴大任的时代新人，夯实了教育实践的基础。

读本的编写是关于李时珍研究的深入拓展。《千古人杰李时珍》虽然是主要面向学生的读本，但它包含着编者对李时珍研究的一些新的认识和思考。李时珍是我国明代杰出的医药学家，也是人类历史上伟大的科学家。英国著名学者李约瑟认为，李时珍与伽利略、维萨里在世界科技史上具有同等重要地位。生物学家达尔文对他的学说也非常推崇，并在其理论中引用了《本草纲目》中的实物事例。我国著名史学家、已故的中国科学院首任院长郭沫若先生对李时珍赞誉极高，称他为“医中之圣”。多位国家领导人对李时珍的文化建设极为关心，号召人们学习李时珍的精神。1951年，世界和平理事会将李时珍列为“世界文化名人”。1952年，李时珍的巨幅画像又与牛顿、哥白尼、伽利略的画像一同出现于莫斯科大学走廊中。在中国，李时珍的事迹广泛传播，李时珍的名字从小学教育就开始影响着中国的孩子，李时珍的电影、小说、广播、戏剧等各种文艺形式的作品不断涌现。可以说，李时珍是中国的名片之一，李时珍的名字与医学、科学都紧密相系，李时珍是中国的，也是世界的。

李时珍最突出的贡献是编著了《本草纲目》，这部书是对我国传统本草的整理和发展，使中医药走到了一个新的起点、新的高度。直到现在，所有的中医人士都把《本草纲目》与《黄帝内经》《伤寒杂病论》《千金要方》列为中医学的必备、必学经典，认为它们代表了中医学的治疗理念、治疗药物、治疗方法的三大体系，可见李时珍和《本草纲目》在中医学理论上的重要地位。李时珍敢立大志，为了实现理想而勇于实践，这是他一生的闪光点。他于青年时立下了重修中医本草的志向，为了实现这一理想倾注了一生的心血，顶着压力，不辞艰辛，终于完成《本草纲目》的编修。可以说他是中国古代文化名人中为了实现自己的行业理想而身体力行的楷模。在李时珍身上，有朴素、真诚的人文品质，折射出的是中国人坚强的信念、坚定的信心、坚韧的毅力和勇于探索、勇于创新、勇于献身的科学实践精神。李时珍及其所创造的《本草纲目》，与人类生存、生活的共同命运息息相关，造福全人类的健康，已成为具有世界文化性质的思想财富。

读本的编写契合了新课改的理念和要求，适应了当前中小学校探索推进适应新课改模式的现实需要。一方面，教育部颁发的《完善中华优秀传统文化教育指导纲要》鼓励各地各学校充分挖掘和利用本地中华优秀传统文化教育资源，开设专题的地方课程和校本课程。本读本的设计与开发，在引导学生全面了解、认识李时珍以及李时珍的医药事业的辉煌业绩的同时，注意研究和考察李时珍作为一个中医药文化巨匠的成长经历与他的故乡蕲春县蕲州之间的关联，从而使得读本具有浓郁的蕲州地方文化的色彩。另一方面，凸显加强学生综合素质培养的主旨和原则。本读本的设计与开发，突破了单一的学科拓展课程的局限，引导学生多维度地了解、认识和研究李时珍的人格魅力、精神境界和体现在多领域里的卓越成就。同时，在拓展与体验的环节中，引导学生把课程的研修与学校开展的以李时珍精神为主线的校园文化建设活动，以及对李时珍故乡蕲州镇历史与现实的考察研究结合起来，顺应了新课改的教学改革创新的需要。

读本的编写是培养学生综合素质、提升学校文化品位的重要举措。本课程与读本的设计与开发，注重通过拓展体验等实践性教学环节，进一步增强了学生对中华优秀传统文化和社会主义核心价值观理解和认同，进而帮助他们形成多层面的认识和实践能力。同时，李时珍中学是一所以文化名人命名的普通高中，长期以来，学校广泛、深入地开展以李时珍精神为主线的校园文化建设，在景观设计、场馆建设和校园文化活动等方面都进行了积极的探索，且初显成效。本读本的设计与开发，从整体上与以李时珍精神为主线的校园文化相互作用、相互推进，必将进一步丰富李时珍中学校园文化建设的内涵，进而促进学校文化品位和办学内涵的提升。

总之，本读本是为适应中华优秀传统文化进校园和新课改需要而编写的“名人文化”系列读本之一，具有较强的人文性和教育性，也具有一定的趣味性和实践价值。因此，既可用作中小学校本课程的读本，也可供关心、热爱中华优秀传统文化的社会各界人士参考。作为编者，期待着你们更深入的反馈与交流。

目　录

第一章　赤子李时珍

【主题导读】

“凤凰台下路，一径绕孤城。李杜曾至此，青山纪为名。”这首诗描写的正是文化名城——蕲州。蕲州镇隶属湖北省黄冈市蕲春县，位于长江中下游北岸大别山南麓，是个山清水秀的小镇。这里以其深厚的历史底蕴养育了一大批人才，医圣李时珍便是其中最著名的一位。李时珍自小便对医术感兴趣，可谓是具有精诚的赤子之心，后来更是以其不论贵贱贫富、不虑自身吉凶、专心施治，妙手起沉疴、负重著《纲目》的行为，受到百姓的爱戴。他编写的《本草纲目》也被称为“格物之通典”和“中国的百科全书”。

一、蕲州文化多妖娆

“蕲州美、雨湖春水绿，蕲州美、荷池多鲜藕……”蕲州东北的麒麟山如麒麟蹲伏，气势磅礴；西南的凤凰山山势轩昂，如一只凤凰展翅欲飞，姿态壮观。相传唐代大诗人李白、杜甫曾到凤凰山游历，如今凤凰山下的白甫冲，就是为纪念他们而得名。在这片沃土上，诞生了伟大的医药学家李时珍，著名的文学家顾景星和现代诗人、文艺评论家胡风等名人。这里自古大贤云集、英才辈出，历有“水淹红石头，状元满街游”之美称，镇内700米长的东长街更是被称为“博士街”。这里还是《本草纲目》等古典名著的成书地。中央电视台《国宝档案》栏目也曾在这里拍摄了“蕲州访古”系列节目，讲述蕲州悠悠往事。

想触摸蕲州古城700多年的历史到底有多厚重，可以去城北的雄武门。

这座用巨大青石垒筑的古城门楼至今保存完好，将小镇分为城里城外。雄武门又称蕲州城北门，是一座完整的明代古城建筑，始建于公元1263年，古韵雄风犹存，城门顶平台上还建有纪念李时珍采药的“医圣阁”。

蕲州城虽小，却是一座历史文化名城。从南宋到清初，蕲州先后作为州、路、府、县级行政区的行政中心。今天所见到的蕲州古城始建于南宋景定三年（1262年）。到了明代，这座长江之滨的城镇日渐繁华，它优越的地理条件和自然条件，被明仁宗朱高炽的第六个儿子荆宪王朱瞻堈（堈，gāng）看中，于正统十年（1445年）将自己的王府从江西建昌（今江西省抚州市南城县）迁到蕲州，从此便有了荆王府。蕲州本为古镇，一变为荆王府，便立即成为地方的政治、经济、文化中心。

经过10代荆王近200年的苦心经营，这里社会繁荣，经济富庶，文化发达。蕲口曾作为全国主要货场之一，主要有茶叶、布匹、食盐等物资进出，是长江中游的贸易重镇，号称“四十里长街”，有“千门万户悬菖艾，出门十里闻药香”之誉。

此外，蕲州自古就有“路人皆懂医，指草皆为药”之说。蕲州地理位置特殊，因此具有独特的自然环境和良好的气候，具备得天独厚的中药材种植条件。李时珍在《本草纲目》中记载的1892种药物，蕲州所在的蕲春县就有1000余种。当地人有数百年的采药、种药习惯，及至宋朝，蕲州已成为长江中游的药材贸易集散中心。今天，在蕲州古色古香的街道上还随处可见大大小小的药材批发店。

二、医学世家育英才

李时珍，明代杰出医药学家，因创作医药学巨著《本草纲目》而名垂史册，史称“医圣”。李时珍于明正德十三年（1518年）生于蕲州，卒于万历二十一年（1593年），字东璧，自号濒湖山人。他的家族世代为医，其父李言闻精研医术，医德高尚，与荆王朱厚烇友善，多次为其治愈顽疾。嘉靖二十五年（1546年），嘉靖帝的第三个儿子朱载垕（垕，hòu；此即后来的明穆宗）出生，嘉靖大赦天下，普天同庆，恩补3300名贡生。经荆王举荐，李言闻名列其中，获赐国子监生员，任太医院吏目（不在太医院值守，回蕲州荆王府值守）。后李言闻晚年辞职还乡，医治民众，闻名乡里。李时珍幼承家学，受先辈影响，从小对医药有着浓厚的兴趣。

嘉靖十年（1531年），14岁的李时珍在父亲李言闻的陪同下来到黄州府参加科举考试，中了秀才。后三次到武昌参加乡试，均落第而归。仕途不顺的李时珍立志从医，潜心钻研医学。十年间，李时珍一边苦读博览，一边协助父亲诊治病人。经父亲的言传身教，他很快能够独立行医。嘉靖二十四年（1545年），蕲州大旱过后连发大水，百姓流离失所，缺衣少食，瘟疫流行。李言闻率子救治灾民，扶危济困。

在行医实践中，李时珍从浩如烟海的本草古籍里，发现前人的记载有不少错误。在而立之年，他立下宏愿要对旧的本草书进行全面整理。

嘉靖二十八年（1549年），时年32岁的李时珍被举荐到北京太医院担任医官。太医院，是明王朝的中央医疗机构，拥有大量珍贵的医书资料和药物标本，李时珍在此大开眼界，犹如进入医药知识的海洋。他一头扎进书堆，夜以继日地研读、摘录，描绘药物图形，吸取前人的医学精华。在这里，他可以经常出入太医院的药房、御药库，通过查阅、搜集文献典籍资料，对采自全国各地的药物进行比较、鉴别和验证。在这个过程中，他编写本草医书的愿望更加强烈，故多次向院方提出自己的建议和想法。可他的建议和设想不仅没有被采纳，反而遭讥讽、挖苦和中伤，他深受打击。同时，他也终于明白，要实现理想宏愿，只有靠自己。在太医院供职一年之后，李时珍做出惊人之举，毅然辞职回到蕲州，着手重修本草医书，并将医书定名《本草纲目》。

在编写《本草纲目》前，李时珍带着拟好的思路，身背药篓，脚穿草鞋，长途跋涉，风餐露宿，攀岩入壑，遍寻野岗，足迹遍及湖南、广东、河北、江西、安徽、江苏、河南等地，拜渔人、樵夫、药农、车夫、药工、捕蛇者为师，收集了大量标本和民间单方、验方；在实地考察中，他对药物的性状、生长、分布情况作了详细记录，尝遍百草，历尽艰辛。

历经27个春秋，倾注毕生精力和心血，三易其稿，李时珍终于完成了近200万字的书稿《本草纲目》。

三、时珍著述誉全球

李时珍最著名的著作是《本草纲目》，该书的创作始于嘉靖三十一年（1552年，李时珍35岁），终于万历六年（1578年，李时珍61岁），其书历时27年，参阅古籍800多种，三易其稿而成书。李时珍的著作除《本草纲目》之外，还有《濒湖脉学》《脉诀考证》《奇经八脉考》《三焦客难》《命门考》《五脏图论》《濒湖医案》《濒湖集简方》《天傀论》《李时珍濒湖脉学诗四言举要便读》《李濒湖氏时珍脉诗》等。

《本草纲目》总结了我国历代本草学的成果，被誉为“格物之通典”和“中国的百科全书”。《本草纲目》全书共52卷，收载药物1892种，还附有1100余幅插图，以及1万多个药方。在本书收录的药方中，有8100多个药方都是李时珍亲自收集的。这些药方既有古代医学典籍中收录的经方，又有金元以后的医药著作中记载的时方；既有临床效果极佳的验方，又有民间广泛流传的单方。经过深入考察和长时间的验证实践，李时珍不断地发现新的药物，使我国药物学在明代达到登峰造极的高度。《本草纲目》作为一部集我国历代药学之大成的空前宏大而又精深的本草学专著，它改进了中国传统的本草学，系统地总结整理了医药学发展的成就，是中国古代最完备的本草学著作和药学巨著。此外，《本草纲目》在化学和矿物学方面也有卓越贡献，它收录了矿物药材100多种。李时珍还是世界上第一位发现了黑辰砂中含汞较多，有很高的经济价值的人。《本草纲目》的基本特点可以概括为四大方面。其一，篇幅巨大；其二，内容广博；其三，考订精深；其四，编纂科学。李时珍说：“《本草纲目》一书，虽非集成，亦粗大备。”这是毫不虚夸的。万历二十四年（1596年），《本草纲目》在金陵（今南京市）正式面世。几年后，先传到日本，接着被译成拉丁文以及法、德、英、俄等多国文字，流传于亚洲、欧洲、美洲的众多国家，在世界上产生了巨大影响。达尔文称之为“中国的百科全书”。2011年，《本草纲目》入选联合国教科文组织《世界记忆名录》，成为中国医药史上一座永恒的丰碑！

《濒湖脉学》（附《脉诀考证》）是李时珍在脉学方面的代表作。本书成书于1564年，是李时珍的另一本影响较大的重要著作。《脉诀考证》亦属李时珍存世之作。据李时珍《濒湖脉学》自序所言，他之所以著脉学，是因为当时流传的伪托王叔和所著《脉诀》错误之处颇多，影响太坏，以致学医者"习诵以为权舆，逮臻颁白，脉理竟昧"。为此，李时珍取其父所作《四诊发明》之精华，并附以本人经验心得而撰成《濒湖脉学》。同时为考证《脉诀》是否出于伪托，纠正其内容的错误，使医者有所遵循，因此写成《脉诀考证》，可见《脉诀考证》应该是《濒湖脉学》的一个附篇而不是一部独立的脉学著作。在《明史·艺文志》中也仅记载了李时珍的一部脉学著作，即《濒湖脉学》，并未提及《脉诀考证》。

《奇经八脉考》是李时珍关于经络学说和气功理论方面的一部著作，在《明史·艺文志》和《白茅堂集》中均有记载。据张鼎思的《重刻脉学奇经八脉序》，本书得自李时珍的乡人、临川令袁君（世振）之手，袁嘱："李君平生学力尽在此，幸并刻之为全书。"此书为李时珍的著作是无可怀疑的。书完成于隆庆六年（1572年）或其以前，因该书前有壬申年吴哲的序。

《三焦客难》《命门考》《五脏图论》均在《白茅堂集》中有所记载。在《脉诀考证》文末也提及："予尝著有《命门考》《命门三焦客难》二说，凡二千余言。"《白茅堂集》之作者顾景星是李时珍的世交后辈，故其记载是可信的。后世虽未见有关本书的记载，但从李时珍对动物五脏的细致论述及对男女生理异常导致不育的"五不女""五不男"的描述，也证明李时珍对人体解剖学是下过功夫的。

《濒湖医案》《濒湖集简方》均已亡佚，但可见于《本草纲目》引据书目。《濒湖医案》在《本草纲目》第三十九卷［五倍子］条"百药煎"（用五倍子为粗末制成）附方中存有一则，但已删去脉案，只留下了治法、方药部分，成为一个附方："定嗽化痰：百药煎、片黄芩、橘红、甘草各等分，共为细末，蒸饼丸绿豆大，时时干咽数丸，佳。（《濒湖医案》）"此外，在《本草纲目》中征引《濒湖集简方》的有205处之多。所引方皆在其下注明为《集简方》或《李时珍濒湖集简方》。《濒湖集简方》多收集民间或士人所传的简验方，药味少，易得而又效佳。这些处方均采自民间，并有不少是经李时珍亲自试用有效的。《濒湖集简方》是李时珍对中国医药宝库的一份重要贡献，其内容涉及临床各科，粗略统计，内科方占39%，外科方占36%，五官科方占12%，小儿科方占6%，妇产科方占7%，值得临床各科研究推广。

传为“李时珍著”的《天傀论》，目前仅存抄本。该书现存上海中华医学会图书馆，是一本专论妇科生理、病理及治疗的著作。《李时珍濒湖脉学诗四言举要便读》在明代翟良《脉诀汇编说统》的书末有附，亦收录在《中医图书联合目录》。《李濒湖氏时珍脉诗》也在《中医图书联合目录》中有收录。

四、赤子精神放光彩

（一）大医精诚的高尚医德

人最宝贵的是生命。医者行医用药涉及患者的生命安全，承担着治病救人的光荣使命，厚德载医自古就是正道常理。李时珍出身医学世家，积极热心为民众治病，不论贵贱贫富，不虑自身吉凶，专心施治，医术精湛。通过对疑难杂症的钻研，李时珍往往凭借精湛的医术妙手起沉疴，受到了百姓的尊敬。

（二）躬亲实践的求知精神

医药学是“至精至微之事”，特别注重从临床诊疗实践中总结经验，探求真理，修正谬误。李时珍“远穷僻壤之乡，险探仙麓之华”，涉深山野岭寻访采药，行程遍及湖北、江西、湖南、安徽等地，制标本、画药图、写记录，拜渔人、樵夫、药农、车夫、药工、捕蛇者为师，考古证今、钻研医理，弄清了许多疑难问题。为了研究药性，他还以神农尝百草的牺牲精神，亲自服用过多种药物，亲身验证过其药性。

（三）广泛积累的求学精神

李时珍编著《本草纲目》的过程，也是他总结前人成果的过程。在编写过程中，他大量阅读了前人的本草著作，例如唐代的苏敬等人编写的《新修本草》以及宋代刘翰、马志编写的《开宝本草》，掌禹锡、林亿等人编写的《嘉祐本草》，唐慎微的《证类本草》，汉末名医所作的《名医别录》，等等。这些医学成果为《本草纲目》的著成提供了大量可供考证的实例。

（四）继承发展的创新精神

李时珍能够完成《本草纲目》这部皇皇巨著，固然离不开中华传统文化的滋养，但他并不盲从前人论断，在研读医学典籍时，始终抱着含英咀华、去伪存真的态度。针对历代本草著作中存在的收药不全、真伪混杂、品数繁多等问题，创造性运用传统科学方法进行辨析与勘正，“穷搜博采，芟烦补阙”。《本草纲目》中新增了374种有效药物，其中不仅有国内的新药，还包括了一批来自域外的引进药物。他潜心研究，不仅发现了许多药物的新用途，而且创造了许多药物炮制的新方法和医疗运用的新见解，撰写出了《奇经八脉考》《濒湖脉学》《五脏图论》等医学著作，丰富了中医学宝库。

（五）不畏艰难的奋勇精神

李时珍在编撰《本草纲目》的过程中，遇到了很多难题，但无论是亲身试药对自身生命产生的威胁，还是违反政府禁令而对自由的威胁，他都没有退缩，将难题一一化解。李时珍这种不畏艰难的精神，正是中医药人所应该继承发扬的。特别是在中药学专业人才的培养过程中，更应该让他们学习这种不畏艰难、迎难而上的精神。

【时珍传说】

一、湖口觅神方

江西湖口县位于长江与鄱阳湖的交汇处，水多湖多泽地多是湖口特色。明朝嘉靖年间的一个秋天，与湖口城新县衙仅隔一条街的泉龙巷，一家新医堂开业，门上挂着的“高德医堂”的镏金大匾甚为醒目。

医堂老板高德，字子君，是湖口乃至江州（宋元时湖口隶属江州）的名医。高德的老家在湖口的潜龙洼，距县城七八十里地，他的祖上五代皆事岐黄，有祖传治大肚子病（血吸虫病）的秘方。湖口是水乡泽国，得大肚子病的人特别多，高氏秘方药到病除，远近闻名。到高德祖父这一辈时，高家在湖口城开了家药行，生意越做越大。高德承祖业，在湖口新县衙背后买下了一块地，做成了一条商巷，借用老家潜龙洼的“潜龙”字音，将商巷取名泉龙巷。

高德人如其名，为人乐善好施。泉龙巷的高家店铺对外出租，租金一律从优。除了给孤寡群众、穷人看病开药只收成本外，每年夏冬两季，他还会分别开一个月的粥铺向穷人施粥饭。眼下还是九月，因新医堂开业，高德破例加一个月的施舍，施粥铺与医堂同时开业。

这天，高德施粥时得知排队领粥的队列中有人昏倒了。人们七手八脚地将倒地的年轻人抬到刚开张的医堂里，高德给年轻人捺了脉、掐了人中后，让人扶着给他喂了大半碗薄粥油。不一会儿，那人缓缓地醒来，向高德连连施礼致谢。

高德细细询问年轻人青春年少却食不果腹、昏倒街头的原委。年轻人重新施礼后告诉高德，他叫李东璧，湖广蕲州人。几天前到湖口寻亲未果，身上的盘缠在街边被人偷走，故而三天未食，露宿街头。闻听高德医堂开张施粥，方赶来领粥充饥，不想心急肚饥而倒地。

这李东璧，就是李时珍。

李时珍半个月前到湖口寻访治大肚子病的神方。经打听，湖口潜龙洼的高氏药行就有专治大肚子病的神方。高氏药行老板高德是个大善人，正在湖口城建新医堂，要施粥庆祝医堂开业。李时珍一琢磨，那可是个进入高氏医堂的好机会。于是，他忍饥受饿三天不食，今日一早就赶来排在领粥人的队伍里。为了引起高德高神医的注意，故意装昏倒地。

等李时珍再次吃了两碗半粥后，高德让人给李时珍拿了二两银子做路费。李时珍连连摇手说："恩人，大恩不言谢。不过，我暂且不想回家。因为我要找的至亲留话，出去有事十天半月才能回来。晚生想在湖口等他回来见上一面，好回家向双亲交代。眼下，若老伯不嫌弃晚生笨手笨脚，晚生就在医堂里端茶扫地，只要有口粥饭、有个晚上安身的地方即可，不要任何工钱，如何?"高德没有半点犹豫，笑着让人给李时珍拿了套高氏医堂的店服，安排好住宿事宜后就走了。

进了高氏医堂，只是迈出了第一步，要得到高氏的治病神方非一日之功。

高氏医堂祖传治大肚子神方，说白了，很简单，就是吃鸡蛋。当然，这种鸡蛋不是普通的鸡蛋，而是施了药的药蛋。只要诊断出患有大肚子病，高德会亲自拿出一枚煮好的鸡蛋，剥去蛋壳，亲眼看着患者吃完并喝三口水漱口，确保病人吞下后才会让其离开。即使是要吃三至五枚药蛋的重症患者，高德也从不例外，每次皆像吃第一枚蛋一样服侍，不厌其烦。足见高德对其神方是守口如瓶的。由于高德的药蛋之神秘神奇，湖口人给高德送了个外号——“神蛋高”。在湖口，只要问到“神蛋高”，3岁小孩儿都会指路。

李时珍进高氏医堂快一个月了，对高德的神奇药蛋连影子都未看到。仅从后厨厨师那里听说，“神蛋高”的药蛋要用熟糯米。至于是用熟糯米包鸡蛋煮，还是怎样，大厨也一无所知。

在高氏医堂，李时珍除了每天扫扫抹抹之外，偶尔也主动给炮制药材的药工当下手，做一些诸如洗药、晒药、切药之类的杂活。有一天，医堂里回了几马车大黄、地黄。李时珍与药工搬运时，刚进院子的高德冲着药工喊道：“高良，你把这刚回的大黄先洗干净，再用清水泡它一个时辰左右，再晒一下。”

李时珍一听，心里嘀咕：哟，今日怎么了？高伯是忙糊涂了吧。这大黄别说入水浸一个时辰，就连洗都不能洗的，一见水，药性就没了，只有渣子。郎中的职责本能，促使李时珍立马说道：“高老伯，这大黄是不能用水洗泡的。一洗一泡，药性全无。”

高德连声回答：“啊、啊，对对对，我说错了，是让高良把地黄先洗后浸再切晒。”

第二天早上，高德在院子里见到李时珍时，漫不经心地问道：“年轻人，你家在蕲州是干啥的？”

李时珍怔了怔，回答：“开澡堂的。”

“你家不是开澡堂的，是开药堂的。”高德说完径直走了。

这事对李时珍触动很大，他心想，看来今后不能乱多嘴多舌了。前日因大黄多话，似乎已经引起了高德的警觉。李时珍暗暗告诉自己，“神蛋高”可不是一般人，如果让他察觉了自己的企图，极有可能弄巧成拙，最后被赶出医堂。可到了关键时刻，在郎中的良知驱使下，李时珍还是自食其言。

几天后的一个下午，高德的小儿媳抱着3岁的儿子小高为匆匆赶到医堂。原来，3岁的小高为病了，病得很重。高德给孙子把脉问诊后断定是小儿惊风。开方抓药熬煎并亲自喂服后，高德很自信地认为孙子晚上就可以减轻症状。没有想到，半夜里，小儿媳又抱着孩子哭哭啼啼地敲开了医堂的门。原来，小高为吃了爷爷的药后，不仅不见好转，反而病情加重发生了惊厥。

但此时高德除了给孙子扎针施救外，似乎也有些力不从心。因为小儿惊风是由血气不和、热实在内、心神游移不定所引发的。若初诊未效，则掣缩成痫，甚为棘手。而小儿惊风，又有寒热虚实证和惊邪入脏腑之别。从小高为面黑恶叫、啮乳咬牙、骨骼脆响的症状及脉诊判定，他应是惊邪入肾，以镇惊、化痰、安神、定志之法下药应该没错。没想到，从其现状所断，高德的药似乎没有对症。

怎么办？就在高德眉头紧锁、一筹莫展时，李时珍站在了他的面前。“高老伯，您孙儿的惊邪已经转为惊痫了。单一的治惊方难以起效。我家有一祖传专治小儿惊痫的神方。其方药甚简，即以大蒜七枚，在烧红的青石上磨成蒜泥，再以僵蚕一两，去其头安之于蒜泥之上，用大碗密盖一夜，不透其气，次日再取僵蚕研末，吸入鼻内，即有神效。现行急救，请取蒜于石上捣汁，加热酒泡僵蚕，捶泥敷于孙儿百会、涌泉二穴……”

就这样，李时珍忙乎了一夜，先施急救法，第二天再用除根法，很顺利地就将小高为的病治好了。高德一家上下是千恩万谢，感激不尽。

第三天晚上，高德来到李时珍的房间直言道：“东璧贤侄，你不要再瞒了，你叫李时珍，东璧是你的字。李家是蕲州宿医，你父李言闻已补朝廷贡生，与荆王府交谊甚厚。贤侄三次乡试不第，方弃儒从医。你来湖口是专寻治大肚子病神方才入我高氏医堂……”

他将李时珍半月不走就引起他的怀疑，于是，以“大黄浸水一时辰”试过李时珍后，派人专程到蕲州城对其进行了一番调查的前前后后一吐为快。

此时此刻，李时珍也没什么好隐瞒的，遂将蕲州大肚子病患增多，而他无药施治等经过一股脑地说了个痛快。他又把自己那天晚上被小高为和他母亲的号哭啼叫声吵醒，站在一边，了解小高为的惊恐之症，当时也曾犹豫过，如果自己暴露了郎中身份，很有可能前功尽弃，得不到高氏神方，但又想即便得不到高氏神方，也要站出来献方施治，以尽郎中天职的所思所想说了个清楚。

高德失态般地抱住了李时珍，动情地说道："与时珍贤侄相比，高某自愧不如。贤侄为万民治病求方，不远千里寻觅，忍饥三天不食，为进医堂受屈。在危急关头又不弃同行，献神方救我孙子。老朽的神蛋方不交给你，岂不是猪狗不如！"

高德说完，将神蛋方的研发经过及制作之法、服用之忌，竹筒倒芝麻似的告诉了李时珍。

湖口自古水患甚多，附有血吸虫卵的钉螺到处泛滥，大肚子病患者甚多。高德的太祖父那一辈，经过几代人的深研细究，发现血吸虫是钻进人之血脉（管）的虫子，一般的驱虫药是毫无作用的，只有用毒性更强的药才可以入脉攻克，于是发明了药蛋这一治疗方法。为了病人的安全，百余年来，高氏医门订下铁规，每一枚药蛋必须由药蛋传人亲自服侍病人服下才行。病者服蛋后，只需依据脉象补服和施用补养之剂调理月余，百分之七八十的大肚子病患者皆能恢复健康，因此，高氏医堂的神奇药蛋自然是远近皆知。

李时珍回蕲州后，用高德的神奇药蛋治好了当地不少大肚子病患者。江对面的阳新一带的大肚子病人也慕名而来，李时珍声名大振。

相传，李时珍写《本草纲目》时，也曾将高德的神蛋方写入书中。但后来担心药方中有剧毒之物，稍有不慎就会死人。再者，大肚子病是有区域方位性的，一般地方极其少见。故而在修改中复将此方删除。可他给小高为治疗小儿惊痫的家传神方，仍然写进了《本草纲目》的第二十六卷。

二、十钱钩吻害人命

史载李时珍编著《本草纲目》花费了27年的时间，书编著成后，绘图、修改又用了3年，实际上耗费了他整整30年的宝贵光阴。在当时一些人的眼里，李时珍的所作所为令人费解，一个小小的郎中，有这个必要去做本应是朝廷做的事吗？李时珍为什么要编著《本草纲目》呢？原因可能有十种百种，甚至更多。但有一条尤为重要，那就是李时珍的责任心所致。

史料记载，到李时珍生活的这个年代，朝廷已有300多年没有编纂本草医书了，医家所遵循使用的都是几百年前宋代官方编纂的医书。几百年的变化太大，原有医书上的错讹不胜枚举，如：将补药说成毒药、毒药归类于补药或郎中用错药、药铺发错药致人死亡的事常有发生。做郎中的，救死扶伤是天职，但在当时郎中将人治死了却心安理得的事却屡见不鲜。这不能说是郎中、药店的责任，因为他们是照着药书药典上的记载来做的。

别人怎么样，李时珍管不了，可要李时珍对此视而不见他却绝对做不出来。民间相传，李时珍“心如铁石坚”地著《本草纲目》，是“十钱钩吻害人命”那件事对他的触动最大。

这个故事说的是，有一年冬天，李时珍的父亲李言闻到蕲州荆王府给荆王及王妃开进补膏方。荆王的好朋友佟侍郎自武昌楚王府回建昌，途经蕲州，顺道来拜访荆王。佟侍郎有个五劳七伤的顽疾。什么叫五劳七伤呢？五劳，即心劳、肝劳、脾劳、肺劳、肾劳；七伤，即忧愁恐惧伤心，大怒气逆伤肝，饱食懒散伤脾，形寒饮冷伤肺，强力举重伤肾，久坐湿地伤形，邪盛浊滞伤神。听荆王介绍李言闻是蕲州的名医，便要李言闻给他开个进补的膏方。李言闻给佟侍郎把了脉后，认为佟侍郎五劳七伤的症候有些严重。给佟侍郎开的方子按治劳伤以“后天之治本血气，先天之治法阴阳，肾肝心肺治在后，脾损之法同内伤”的治法，先用李东垣的“补中益气汤”加味黄精服三帖后，再用自己的“补益膏”。他还反复叮嘱佟侍郎，服完“补中益气汤”后要先观察几天，如无不良反应，再服“补益膏”。

李时珍当时刚二十几岁，三次考举人落榜后，父亲李言闻才让他承接岐黄之业。这次，他背着药囊，与父亲一同到荆王府给荆王及王妃开膏方。给佟侍郎开的“补中益气汤”和“补益膏”就是李言闻口授，他执笔开的方。当时说好了，佟侍郎在蕲州荆王府多住些时日，将“补中益气汤”服完了再带“补益膏”回建昌。没想到，建昌家里派人送信来，要他速速回家有急事处理。于是佟侍郎需要连夜启程赶回建昌，李言闻这才将两张方子交佟侍郎带走了。

十几天后，荆王爷派人将李言闻紧急召至王府，告诉他一个晴天霹雳般的消息，佟侍郎回建昌服了李言闻所开的“补中益气汤”后，半夜死亡了。李言闻听了这个消息，当时就差点晕倒。回到家里，李言闻将儿子李时珍叫到身旁，将那天所开的“补中益气汤”重新口授了一遍，让李时珍逐一写出来，仔仔细细、反反复复地看了又看，没有丝毫差池。那佟侍郎为什么会死掉呢？这可不是闹着玩的，人命关天。更何况佟侍郎是吏部侍郎，是朝廷的三品大员，因母亲去世丁忧在家，才有空到荆王府与挚友荆王相聚。眼看着还有几个月就要回京履职，听说李言闻的医术好，本想好好地补养补养，没想到事与愿违，五劳七伤没治好，反而一命呜呼了。

第二天一大早，李言闻就带着李时珍随同荆王府总管匆匆赶往建昌佟侍郎的家里。一番询问，才弄清佟侍郎死亡的真正原因是药铺伙计错将补药抓成毒药给毒死的。

那天，佟侍郎赶回建昌处理完事务后，就拿着李言闻开的“补中益气汤”方子到建昌最大最有名的药堂保和堂点药。接待佟侍郎的店小二是刚进保和堂的一位新手。小伙子十分敬业，业务也十分娴熟，一有空，就捧着前人的药籍苦读细究。佟侍郎进药堂时，堂里刚好没有客人，小伙子正在读药书。见堂堂三品侍郎亲自来点药，小伙子既殷勤又麻利地搬出一把椅子先让佟大人坐着，然后脚快手快地抓药。

小伙子照方抓药，一抽黄精药匣，黄精刚好不多，过戥（děng）子一称，只有五十钱，比李言闻的方子六十钱（三贴）少十钱。药堂里一时找不出人来替手，他抽不开身到后院库房拿药，又怕佟大人久等。正好他刚刚在药书上看到的正是记载黄精的那一章，书上说，黄精与钩吻是一药异名，黄精可以替代钩吻，钩吻也可以代替黄精。

于是小伙子从钩吻的匣子里称了十钱，添到差十钱的那包药里。

古人发药、包药、捆药皆有讲究，从左到右，由下而上。那包掺有十钱钩吻的药正好捆在三包药的最上面。佟侍郎将药提回家交给厨娘。厨娘解开药包线，由上至下取了一包用罐子煎好送给佟侍郎。佟侍郎端起碗就喝，喝下不到二盏茶的工夫，就一命呜呼了。

南城县衙的县太爷顺着剩下的两包药和药罐里的药渣子查到南城保和堂。药堂发药的伙计听说是他将十钱钩吻当黄精毒死了佟大人后，当时还有一肚子大道理。他说《新修本草》上将黄精、钩吻二药合为一物（《本草纲目》［钩吻］条“正误”部分说：“江南人说黄精茎苗稍类钩吻。……陶说钩吻似黄精者，当是。”）可再有道理也不行，两者毕竟不同。于是药堂伙计趁人不注意，在屋里扯下腰带往梁上一抛，一绳子吊死了。

李时珍跟随父亲李言闻到佟侍郎的家里查寻后，对此事的经过是再不清楚不过了，对李时珍而言，如同生吞蜈蚣一样，是百爪挠心，难忘难忍。打那时候起，李时珍就坚定了一个信念：重修《本草》，迫在眉睫。当楚王和太医院的院判、院丞对他重修《本草》的建议置之不理，甚至嗤之以鼻时，他就毅然决然地辞去太医院候补之职，回到蕲州编纂《本草纲目》。

在编写《本草纲目》时，李时珍特意在草部第十七卷的［钩吻］条之“气味”下作了以下特注：“其性大热。本草毒药止云有大毒，此独变文曰大有毒，可见其毒之异常也。”

【《本草纲目》中的诗】

一、《茯苓赞》

茯苓赞

王微

皓苓下居，彤丝上荟。

中状鸡凫，其容龟蔡。

神侔少司，保延幼艾。

终志不移，柔红可佩。

（一）引言

诗载于《本草纲目》木部第三十七卷［茯苓］条。作者王微。

王微（415—453），字景玄，南朝宋文学家。祖籍琅琊临沂（今属山东）。其人淡泊直率、不慕荣利。《诗品》把王微和谢瞻、谢混、袁淑、王僧达等合在一起品评，认为“其源出于张华，才力苦弱，故务其清浅，殊得风流媚趣”。在骈文流行的刘宋文坛，王微的散文较有特色，文辞比较质朴，风格接近魏末的嵇康等人。

（二）解读

“皓苓下居，彤丝上荟。”洁白的茯苓生长在松树蔸下，会有如红丝般的灵气集中在地上飘动。皓，洁白，因茯苓切开，里肉呈白色故有此说；荟，表集中。李时珍说："下有茯苓，则上有灵气如丝之状，山人亦时见之。"刘禹锡《淮南子》里说，千年的松树，下面有茯苓，上面有菟丝。故本诗后有"观此彤丝，即兔丝之证矣"一句为注释，但此处是否指菟丝当存疑。

"中状鸡凫，其容龟蔡。"有的茯苓形状像鸡和野鸭，有的外貌像龟兽。凫（fú），野鸭。《本草纲目》［茯苓］条"集解"引保升曰：茯苓"生枯松树下，形块无定，以似龟、鸟形者为佳"。蔡，大龟。

"神侔少司，保延幼艾。"像少司神一样，使幼小的生命得以保护，老人得以延年益寿。少司，即少司神；侔，相等，可理解为像；艾，为老年。《礼记·曲礼上》："人生十年曰幼……五十曰艾。"

"终志不移，柔红可佩。"茯苓志向坚定，外层呈粉红色，令人钦佩。终志不移，自始至终不改变志向。柔红，粉红色。李时珍《本草纲目》［茯苓］条"释名"中说，"伏灵大如拳者，佩之令百鬼消灭"。"柔红可佩"之"佩"，亦可作佩戴解。

（三）药物介绍

茯苓为多孔菌种植物的干燥菌核。常见者为菌核体。多为不规则的块状，呈球形、扁形、长圆形或长椭圆形。茯苓寄生于松科植物赤松和马尾松等树根上，深入地下20～30厘米。菌核的外皮（茯苓皮）、下方淡红色部分（赤茯苓）、中间带有松根的白色部分（茯神）均可供药用。

茯苓味甘淡，性平，主要作用是使停留在体内的水湿从尿道排出，故可治水湿不化而成痰饮以及小便不通等症，也常用于因水湿而引起的水肿胀满和泄泻等症。化痰涎常用白茯苓，利小便则用赤茯苓。用治水湿停滞的水肿胀满、小便不利等症，常与猪苓、白术、泽泻、桂枝同用，以加强利水之功；治脾虚不适的神倦食少、腹胀肠鸣、大便溏泄等病，常与党参、白术、山药、莲子米同用；治脾虚水湿停滞的痰饮、眩悸等症，又常与桂枝、白术、猪苓、泽泻，或半夏、生姜等药同用；治惊悸、失眠，属心脾两虚者常与党参、当归、龙眼肉等同用，心气不足或心肾不交者又常与人参、龙齿及远志、菖蒲、朱砂等同用。大别山区的黄冈罗田县为道地茯苓产地，湖北省政府于2019年7月行文将罗田茯苓列为湖北十种"一县一品"道地药材之一。

二、《木兰诗》（节选）

木兰诗（节选）

爷娘闻女来，出郭相扶将。
阿姊闻妹来，当户理红妆。
小弟闻姊来，磨刀霍霍向猪羊。
开我东阁门，坐我西阁床。
脱我战时袍，著我旧时裳。
当窗理云鬓，对镜帖花黄。
出门看火伴，伙伴皆惊惶：
同行十二年，不知木兰是女郎。
雄兔脚扑朔，雌兔眼迷离。
双兔傍地走，安能辨我是雄雌。

（一）引言

诗句载于《本草纲目》兽部第五十一卷［兔］条“集解”。李时珍引用了“雄兔脚扑朔，雌兔眼迷离”来驳斥“兔无雄，而中秋望月中顾兔以孕”的错误说法。该句出于《木兰诗》，为六朝时无名氏所作的叙事诗。这个故事可能产生在后魏，以魏与柔然的战争为背景。木兰未必真有其人，关于她的姓氏籍贯，后世众说纷纭（有人说木兰姓魏，有人说姓朱，也有说姓花，也有人说木兰是姓不是名。有人说她是谯郡人，有人说她是宋州人，还有黄州人、商州人等说），都不足信。

木兰诗中的女英雄，既勇敢又机智，反映了人民的可贵品质和功成不受赏的高尚人格。这个故事的塑造和对女英雄的歌颂，打破了重男轻女的传统观念。此诗产生在民间，虽有经后代文人润色的嫌疑，但保存民歌情调的地方仍然很多，如开端和结尾“东市买骏马”“爷娘闻女来”两节，这种特征都很明显。

（二）解读

“爷娘闻女来，出郭相扶将。阿姊闻妹来，当户理红妆。”爹娘听说女儿回来了，相互搀扶着出大门迎接，姐姐听说妹妹回来了，在闺房打扮了一番。

“小弟闻姊来，磨刀霍霍向猪羊。”小弟听说姐姐回来了，急忙在磨刀石上磨刀，准备杀猪宰羊。霍霍，急速状。

“开我东阁门，坐我西阁床。脱我战时袍，著我旧时裳。”打开东阁的房门，坐在自己西阁的床上，脱下征战时的战袍，穿上旧时的衣裳。

“当窗理云鬓，对镜帖花黄。”对着窗子整理发型，对着镜子贴上碎花装饰。云鬓是古代一种发型。

“出门看火伴，伙伴皆惊惶：同行十二年，不知木兰是女郎。”当年一起出征的伙伴都来了，“我”梳妆完毕去迎接他们。伙伴们感到吃惊惶恐。十余年戎马生涯在一起，同伴都不知道木兰竟是女子呀！

“雄兔脚扑朔，雌兔眼迷离。双兔傍地走，安能辨我是雄雌。”提着兔子耳朵使其悬空时，雄兔的脚时时动弹，雌兔的两只眼睛时常眯着，所以容易分辨雌雄，但当它们贴着地面跑的时候却分别不出来。

在《本草纲目》中，李时珍介绍：“或谓兔无雄，而中秋望月中顾兔以孕者，不经之说也。今雄兔有二卵，古乐府有‘雄兔脚扑速［朔］，雌兔眼迷离’，可破其疑矣。”李时珍批评“中秋望月中顾兔以孕”为不经之说，引用《木兰诗》中的句子，证明兔有雄雌之分。

（三）药物介绍

兔，为兔科动物。种类有蒙古兔、东北兔、高原兔、华南兔等。其肉、血、脑、骨、皮毛、屎均可作药用。

兔肉：味辛，性平，无毒；能补中益气，治热气湿痹，止渴健脾，凉血，解热毒，利大肠。兔血：味咸，性寒，无毒；能凉血、活血，解胎中热毒，催生易产。兔脑：能涂冻疮，催生滑胎。兔骨：治热中、消渴，也治霍乱吐痢。兔肝：主治目暗，可明目补劳，治头旋眼眩。

三、《客中作》

客中作

李白

兰陵美酒郁金香，玉碗盛来琥珀光。

但使主人能醉客，不知何处是他乡。

（一）引言

诗载《本草纲目》第二十五卷［酒］条“集解”。在“集解”中李时珍引用了诸家对酒的评价，尤其提到“入药用东阳酒最佳，其酒自古擅名”。李时珍说：“东阳酒即金华酒，古兰陵也，李太白诗所谓‘兰陵美酒郁金香’即此，常饮入药俱良。”

李白（701—762），字太白，号青莲居士，自称祖籍为陇西成纪（今甘肃秦安西北）。其先辈隋末寓于碎叶（今吉尔吉斯共和国托克马克附近），李白即出生于此。后随家又迁居绵州昌隆（今四川江油）。玄宗开元十三年（725年）出蜀漫游，先后隐居湖北安陆和山东徂徕山。天宝元年（742年）奉诏入京，供奉翰林，因得罪权贵赐金还山。此后又漫游全国各地，天宝末年，安禄山叛乱，李白奉诏入永王李璘幕府，王室内讧，李璘被杀，李白受连累被捕入狱，获释后流放夜郎，后于白帝城途中遇赦返回江夏，重游洞庭、皖南。代宗宝应元年（762年）卒于当涂（今安徽马鞍山）。李白一生以大鹏自喻，以“安社稷”“济苍生”为己任，然终未得志。其诗与杜甫齐名，杜甫被誉为“诗圣”，李白则被誉为“诗仙”。作品散失甚多，今存近千首。《全唐诗》存诗十九卷，《全唐诗外编》及《全唐诗续拾》补诗三十六首。

（二）解读

这首诗反映了诗人好美酒、重友情、喜游历的性格，诗人乐在他乡，乐而不觉他乡为他乡。由于此诗作于诗人第一次漫游时期，即开元盛世时期，这首诗不仅流露出了诗人豪放飘逸的个性特征，也从一个侧面体现了盛唐的时代气息。

“兰陵美酒郁金香，玉碗盛来琥珀光。”来兰陵做客，品尝这里的美酒，经香草加工的兰陵美酒散发着郁金香的气味。那酒盛在晶莹剔透、色调温润的玉碗里，闪着琥珀一样的光泽。古兰陵即今浙江东阳一带。

“但使主人能醉客，不知何处是他乡。”盛情的主人能使客人陶醉美酒之中，客人自然也就更加喜欢这本属客居的兰陵，从而忘记了此处是异地他乡了。

（三）药物介绍

李时珍说：“东阳酒即金华酒。古兰陵也。”东阳、金华明代同属浙江金华府，故李时珍说“东阳酒即金华酒”。这一地区古代称为兰陵，所以李白有“兰陵美酒”之句，可以想象当年东阳酒在全国享有盛名。

东阳酒，李时珍在《本草纲目》中介绍它“味甘，辛，无毒”，用制诸药良。也就是说用东阳酒制成药酒，优于用其他酒制成的药酒。

【中医药文化】

望闻问切

望、闻、问、切四法，简称“四诊”，是中医诊察疾病、收集病情资料的基本方法，其造诣精深之时分别有神、圣、工、巧之称。

“四诊”所收集的病情资料是疾病表现出的各种异常现象。中医认为，人体是一个以五脏为中心的有机整体，脏腑、形体、官窍通过经络相互联系，维持机体生理功能的协调平衡，《黄帝内经》中有诸形于内，必形诸外之箴。体内的生理、病理变化必然反映于外，所以通过诊察疾病显现于外部的各种征象，以整体观念为指导，分析疾病的原因、病机和病位，可了解脏腑的盛衰变化，为辨证论治提供依据。诊察疾病时必须望、闻、问、切“四诊”并用，从不同角度全面地搜集临床资料，不应片面夸大某一诊法的作用，更不能相互取代。同时又须“四诊”合参，方能“见微知著”而不致贻误病情。

（一）望而知之谓之神

望诊，是指医生对病人整体的神、色、形、态和局部表现进行有目的的观察，以了解健康、测知病情的方法。望诊在中医诊法中占有重要的地位，故有“望而知之谓之神”的说法，主要包括望神、色、形、态，望头颈、五官、皮肤、二阴、舌、排泄物等局部。其中，最重要的是望神、望面部气色、望舌。

人体是一个有机整体，体内的气血阴阳、脏腑经络等生理和病理变化，会在体表相应的部位反映出来。因此，对体表的观察，可作为了解体内病变的客观依据，故《灵枢·本脏》曰：“视其外应，以知其内脏，则知所病矣。”

中医认为，神是机体生命活动的体现，神不能离开人体而独立存在，有形才能有神，形健则神旺，形衰则神惫。精气是构成人体的基本物质，也是神的物质基础。精气能生神，神能御精气，精气足则神健，精气衰则神疲。精、气、神三者关系密切，盛则同盛，衰则同衰。只有精气充足，才能体健神旺；若精气亏虚，则体弱神衰，患病多重，预后较差。所以望神可以了解病人的精气盈亏、脏腑盛衰，判断病情轻重及预后情况。

望神的关键在于两目、神情、气色、体态。健康之人两目有神，视物清晰；神识清明，思维有序，表情自然，反应灵敏；皮肤（以面部为主）色泽荣润；形体强硕灵动。反之，若目无光彩，视物模糊；神识昏蒙，表情淡漠，思维混乱，反应迟钝；皮肤色泽枯槁；形体瘦削僵硬，是谓无神，多属病重。

望色的关键在于面部色泽是否光泽荣润，常色是否分明，病色是否明显，五脏在面部对应部位色泽是否正常。

（二）闻而知之谓之圣

闻诊，是通过听声音和嗅气味来诊断疾病的方法。主要包括听病人的呼吸、语言、咳嗽、呕吐、呃逆、肠鸣等各种声响，以及嗅病体发出的异常气味及病室的气味。

中医学将声音按照高低清浊分为角、徵、宫、商、羽五音与呼、笑、歌、哭、呻五声，分别与肝、心、脾、肺、肾相对应。在正常情况下，声音反映了人们情志的变化；在病理情况下，则分别反映了五脏的病变。健康人的声音，虽有个体差异，但发声自然、音调和畅，此为正常声音的共同特点，是气机调畅的表现。反之则为疾病的征兆，如语声重浊、嘶哑、呻吟，语声低微，呼吸气喘等。

正常人的口气、汗味、鼻气、身体没有浓重或特殊的臭味。若能闻到浓重或特殊的臭味，则提示某种病变。如有口臭，多属消化不良；小便黄赤浊臭，多是湿热；味苦，有烂苹果样气味，多见于消渴病人。

（三）问而知之谓之工

问诊，是指医生通过对病人或陪诊者进行有目的的询问，了解疾病的起始、发展及治疗经过、现行症状和其他与疾病有关的情况，是诊察疾病的一种重要方法。

与疾病相关的众多情况，如病因、病变过程、诊疗经过和自觉症状、思想动态及既往患病情况、生活习惯与饮食嗜好、情绪状态等，只有通过详细询问才可获得。所以，历代医家都比较重视问诊环节。如《素问·三部九候论》曰："必审问其所始病，与今之所方病，而后各切循其脉。"

临床中要运用好问诊之法，除了必须掌握问诊内容，具有较坚实的理论基础和较丰富的临床经验之外，还应注意在较为安静适宜、无干扰的环境中进行，语言交流要尽量通俗易懂。此外，对危急病人应扼要地询问，不必面面俱到。

（四）切而知之谓之巧

切诊，是医生用手在病人体表的特定部位进行触、摸、按、压，以获取病情、诊察疾病的一种方法。切诊分脉诊和按诊，其中脉诊是触按以了解受诊者的脉象，按诊则是对病人的肌肤、手足、胸腹、腧穴进行触压，两者均为中医诊病的重要手段。

脉象不同于脉搏。脉搏的形成，是由于心脏搏动将血液推向脉管，脉管扩张和回复所产生的搏动。脉象是脉动应指的形象，由脉搏所显示的部位、速率、形态、强度和节律等组成，通过医生手指触觉所感知分辨。脉诊的基本原理，主要在于脉象是各脏腑功能活动相互协调下的综合反应，故脉象能反映脏腑病位及精气神的整体状况。

【草药认识】

一、蕲山药

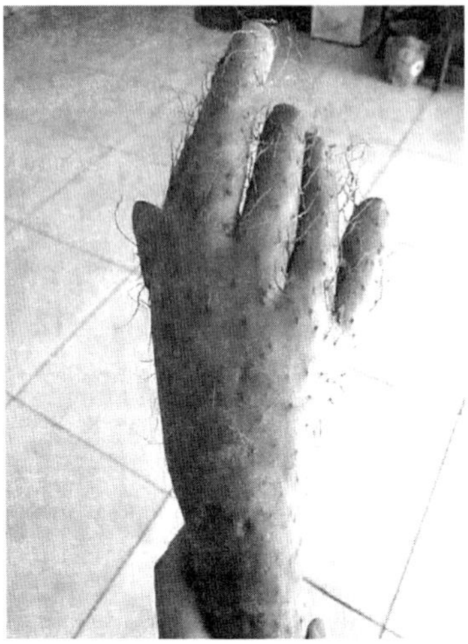

蕲春手掌山药（陈中文　摄）

蕲山药苗藤（陈中文　摄）

蕲山药是湖北省黄冈市蕲春县的特产。蕲春县地处长江中游北岸，大别山南麓，鄂东边陲，位于北纬30°、东经115°附近。县境地域东与湖北省黄梅县、武穴市和安徽省宿松县3个县接壤，西与湖北省浠水县毗连，北与湖北省英山县和安徽省太湖县两县交界，南与湖北省阳新县隔江相望。这里属亚热带季风性湿润气候，雨量充沛，光照充足，气候温和，四季交替明显。山药生长期为10个月，蕲北山区的冲积物为山药生长提供了合适的土壤。独特的自然生态环境下生长的山药，营养成分非常高，湖北省农科院已成功试制了十几种以山药为原料的产品，有山药面、山药粉、山药片、山药罐头、山药糕点等。蕲山药主产区为蕲春县青石、刘河、漕河三个乡镇，在三个乡镇的生产面积分别为青石镇10000亩、刘河镇2000亩、漕河镇3000亩左右，共计约15000亩，总产量约4500万斤。

蕲山药，形似棒槌，棒长20～30厘米，重100～500克，鲜品表皮色黄亮，有须根，内质色白细腻而多汁，味清爽香甜，煮食汤色纯白，糊厚滑爽，营养丰富，深受消费者青睐。

蕲山药是蕲春县青石镇的传统特产，也是桐梓河流域的重点农作物，其优质美味闻名于世，盛名由来已久。当地人说蕲山药有三奇。一奇是长在青山绿水间。青石镇的蕲山药主产区位于高溪村一带，这里背靠大山，前临蕲河，青山绿水，环境洁净无污染。二奇是用在饮食可延年益寿。山药枝肥个大，淀粉丰富，色白多汁，食味香甜。据《本草纲目》记载：山药，“甘，温平无毒”，有“益肾气，健脾胃，止泻痢，化痰涎，润皮毛”之功效。蕲山药富含多种营养，尤其多糖含量较高。其中多糖是公认的山药主要活性成分，据报道，山药多糖具有抗肿瘤、调节免疫、抗突变、抗衰老等药理作用，因此，用山药做粥叫“神仙粥”，山药做饭叫“仙人粒”。三奇是种在田野效益丰。2013年，青石镇高溪村种植的蕲山药亩产3500 ~ 4000斤，售价平均6元/斤，每亩纯收入16000元以上。产品远销湖北各地乃至省外。

桐梓河流域的蕲山药以高溪为龙头，带动芭桥、龙溪、界岭、温泉、许冲等村形成了连片种植5000多亩的规模，当地申请注册了“蕲山药”商标，改进了包装，效益明显提高，每亩平均产值达到12000元，每亩平均纯收入过万元。

2013年，经蕲春县农业技术推广中心申报，蕲山药通过农业农村部农产品质量安全中心审查和组织专家评审，实施国家农产品地理标志登记保护。此外，青石蕲山药凭借明显的保健功能和药用价值，通过GAP生产中成药加工和国际标准化认证，蕲山药将走向国际市场。

二、荷叶

荷叶（何丹生 摄）

荷叶为睡莲科植物荷的叶。荷叶多折成半圆形或扇形，展开后类圆盾形，直径20~50厘米，全缘或稍成波状。荷叶上表面呈深绿色或黄绿色，较粗糙；下表面呈淡灰棕色，较光滑，有粗脉21~22条，自中心向四周射出，中心有突起的叶柄残基。质脆，易破碎。微有清香气，味微苦。以叶大、整洁、色绿者为佳。荷叶的茎是绿的，上面布满了小刺儿，好像一把伞柄；如果把荷叶茎折断，茎上就有许多连着的丝。

荷叶的药理作用主要有四方面。

一是荷叶可以减肥降脂。《本草纲目》说，“荷叶服之，令人瘦劣”。临床也用荷叶治疗肥胖症和高脂血症，并取得了良好的效果。研究发现，荷叶中的黄酮类成分可以降低高脂血症大鼠的血清胆固醇、甘油三酯，减轻体重，提高血清HDL-C、HL和LPL酶活力。荷叶提取物还能降低身体消化能力，减少脂肪和糖的吸收，促进脂肪代谢并调节能量消耗，从而有效治疗肥胖症。

二是荷叶具有抗氧化作用。荷叶总黄酮可以清除DPPH自由基并抑制亚油酸氧化。在低浓度时就能达到一半的清除效果。

三是荷叶具有抑菌作用。荷叶乙醇提取物对青霉、酵母菌、黑曲霉和红酵母都有一定的抑制作用，但对酵母菌和红酵母的抑制作用比对青霉和黑曲霉更强，而且随着提取物浓度的增加，抑菌作用也增强。有专家研究表明，乙醇、正丁醇和乙酸乙酯部分具有很好的抑菌活性，进一步验证了黄酮、苷元、生物碱及其盐类是荷叶的主要抑菌活性成分，这些成分对细菌、霉菌和酵母菌都有抑制作用。同时也得出结论，乙醇部分提取率最高，抑菌活性最强。

四是荷叶具有抗惊厥作用。荷叶碱可以抑制由谷氨酸引起的神经兴奋，但对由天冬氨酸引起的神经兴奋的抑制作用较弱，无法抑制乙酰胆碱诱导的兴奋作用。

三、山楂

山楂（李世升　摄）

山楂又名山里果、山里红，是蔷薇科山楂属落叶乔木，植高可达6米。山楂的果实核质硬，果肉薄，味微酸涩。其果可生吃或作果脯果糕，干制后可入药，是中国特有的药果兼用树种，具有降血脂、降血压、强心、抗心律不齐等作用，同时也是健脾开胃、消食化滞、活血化痰的良药，对胸膈脾满、疝气、血瘀、闭经等症有很好的疗效。山楂内的黄酮类化合物牡荆素，是一种抗癌作用较强的药物，其提取物对抑制体内癌细胞生长、增殖和浸润转移均有一定的作用。

四、青蒿

青蒿（李世升　摄）

青蒿（hāo）是菊科蒿属一年生草本植物。青蒿植株有香气，其主根单一，垂茎单生，高可达150厘米，上部多分枝，下部稍木质化，叶片两面呈青绿色或淡绿色，无毛；裂片长圆形，基部楔形，叶柄基部有小型半抱茎的假托叶；头状花序为半球形或近半球形，基部有线形的小苞叶，外层总苞片狭小，呈长卵形或卵状披针形，背面绿色、无毛，花序托球形；花淡黄色；花冠狭管状，花柱伸出花冠管外，瘦果长圆形至椭圆形。6—9月开花结果。

青蒿含挥发油，也含艾蒿碱及苦味素等，可入药，但非中药“青蒿”之正品。据报道，该种植物青蒿有清热、凉血、退蒸、解暑、祛风、止痒之效，作阴虚潮热的退热剂，也可止盗汗、中暑等，但其不含“青蒿素”，无抗疟作用。《本草纲目》等古本草书记述的青蒿花色淡青，淡黄色者可能是果种；《救荒本草》与《野菜博录》所载“邪蒿”亦为该种。

【中医中药小常识】

服药期间常见禁忌

为提高药物疗效，在服药期间需注意以下禁忌。

（一）忌糖

糖尿病人用药期间，应限制吃糖，以减轻胰岛细胞的负担。服苦味健胃药可促进胃液分泌和增加食欲，但与糖同服会降低药效。

（二）忌盐

食用钠盐过量，会使体内水、钠滞留而导致水肿、心力衰竭，胃炎和高血压患者要尽量少吃盐。

（三）忌茶

茶碱能使大脑皮层兴奋，抵消药效。治疗中枢神经系统的药大部分都不宜与茶同服。茶中的鞣质会使许多药物沉淀进而影响药效。

（四）忌酒

饮酒引起兴奋，会和镇静药相抵触。

（五）忌奶

牛奶含钙丰富，会影响四环素、上霉素、铁制剂的吸收。

（六）忌高蛋白

慢性肾功能减退的患者忌吃鱼肉类高蛋白食物，该类食物易使血中氮增高而引起尿毒症。

（七）忌油腻

含油脂多的食物会增加患动脉粥样硬化和血栓的概率，对患有冠心病、高血压的病人没有助益。肝炎、胆囊炎、胆结石症患者也应忌油腻。

【拓展与体验】

一、思考

（1）李时珍为什么会被人称为“医圣”？

（2）李时珍的治学精神对当代学者的启示是什么？

（3）阅读课外书，思考为什么李时珍能够写出医药巨著《本草纲目》。

二、实践活动

（1）举行李时珍的治学精神研讨会。

（2）观察荷叶，了解其特性。

（3）了解中医文化望闻问切的精髓。

第二章　中医学家李时珍

【主题导读】

除《本草纲目》外，李时珍对中医基础理论的发展也做出了积极贡献。其所撰《濒湖脉学》《奇经八脉考》《脉诀考证》三书都是有关脉学的论著，在中医脉诊方面影响深远。它使医药的理论与实践有机地融合在一起，保持和发扬了中医药理论的整体性，切合了时代发展的需要。可以说，本草这门科学的理论和实践升华到一个更新的高度，与李时珍在中医学各个方面的努力与探索密不可分。

一、李时珍的医学思想贡献

（一）开创了中华医学史上五个“最”

1.最早论定“脑为人的元神之府”，在中华医学史上第一次明确提出了大脑是人的思维器官，是精神活动总枢纽

在李时珍之前的医家皆把人的心脏作为人的思维器官和精神活动总枢纽。如心想事成、心甘情愿、口是心非、心照不宣等五十多个带“心”字的汉语成语，皆是由古代医家的错误讹定而衍生。李时珍在《本草纲目》木部第三十四卷的［辛夷］条下，大胆地、科学地扭转古代医家对人的脏器之论述。《素问》《灵枢》等古医籍都认为脑与人的视觉、听觉以及运动器官的功能有关系，而人体的精神活动和思维、记忆等功能则是由心所主宰。李时珍对此有不同看法，他在《本草纲目》中提出：“鼻气通于天。天者头也，肺也。肺开窍于鼻，而阳明胃脉环鼻而上行。脑为元神之府，而鼻为命门之窍。人之中气不足，清阳不升，则头为之倾，九窍为之不利。辛夷之辛温走气而入肺，其体轻浮，能助胃中清阳上行通于天。所以能温中，治头面目鼻九窍之病。”后被总结为“脑为元神之府”说。他还明确指出：“人之头圆如盖，穹窿象天，泥丸之宫，神灵所集。”“元神”“泥丸宫”都是道家用语，道家以人的灵魂为元神，“泥丸宫”是对头脑一部分的称呼，是“元神所在之宫”。李时珍吸取道家内功派的理论，认为脑为“泥丸之宫”，是神灵所集之处，即精神意识集中的场所。用现代医学的说法，李时珍所指“元神之府”是泛指人体主宰精神意识、思维记忆的高级神经中枢的功能。这一学说的创立，大大推动了中医学对人脑机能的认识，对后世医家产生了很大的影响，如清代王清任据此说和解剖脏腑的直接观察也提出“灵机记性在脑”的观点，并认为耳听、目视、鼻闻均归于脑。

2. 最早提出人的命门在“七节之旁，两肾之间”的观点，开创了“补脾不如补肾，补肾不如补命门”的新理论

“命门”一词，首见于《灵枢·根结篇》，其云：“太阳根于至阴，结于命门。命门者，目也。”这里命门指的是经脉起止根结，《难经》记载：“肾两者，非皆肾也。其左者为肾，右者为命门。命门者，诸精神之所舍，原气之所系也，故男子以藏精，女子以系胞。”虽指出了命门的部位和生理功能，但较简单，不能作为指导临床的依据，历经唐、宋、元各代，有关命门学说未超出《难经》范围，无甚进展。

李时珍认为《难经》“不知原委体用之分，以右肾为命门，谓三焦有名无状。高阳生伪撰《脉诀》，承其谬说，以误后人”，进而著《命门考》《命门三焦客难》两书，惜此二书已亡佚。但李时珍有关命门解剖、生理、病理、药治等的见解散见于《本草纲目》中，从中可归纳出命门的部位与形态为在“七节之旁，两肾之间”，“其体非脂非肉，白膜裹之”，“胡桃仁颇类其状”，其生理功能为“藏精系胞”“生命之原”“相火之主”“精气之府”“精血之府”。并阐述命门与其他脏腑的关系为“三焦之本原”，借三焦“下通二肾，上通心肺，贯属于脑”，并“与冲、任、督三脉相通”。以上观点为肾间命门学说理论体系的建立奠定了基础，丰富了中医藏象理论。

李时珍在《本草纲目》中首次明确提出“补脾不如补肾，补肾不如补命门”的理论。他悉心钻研历代诸家对“命门”的认识，明确指出了命门的位置在“两肾之间”，且命门为有形质之体，强调了命门为生命形成之本原，是创生人和一切生物的关键所在。此外，他还指出了命门是三焦气化的本原，三焦是命门元气的通道。

3.最早论述人的胆石症

《本草纲目》在兽部第五十卷论述：“诸兽皆有黄，人之病黄者亦然。因其病在心及肝胆之间，凝结成黄，故还能治心及肝胆之病。”

4.最早发明用冰冻外敷来退烧降温

《本草纲目》在水部第五卷中［腊雪］条指出：“解一切毒，治天行时气温疫，小儿热痫狂啼，大人丹石发动，酒后暴热、黄疸，仍小温服之。”［夏冰］条指出，其气味“甘，冷，无毒”，主治“去热烦……解烦渴，消暑毒。伤寒阳毒，热盛昏迷者，以冰一块置于膻中良。”

5.最早发明用蒸气消毒法预防瘟疫

《本草纲目》服器部第三十八卷［病人衣］条曰：“天行疫瘟。取初病人衣服，于甑上蒸过，则一家不染。”

除提出上述五项医学之最外，《本草纲目》还在第三卷、第四卷上设“百病主治药”，较为详尽地论述了182种常见疾病的主治之药。这182种疾病涵盖了今天的内科、外科、妇科、儿科以及诸风之症、癫痫卒厥、伤寒热病、心腹胁痛以及痈疽诸疮等疑难杂症的方药疗法，这在前人的所有医著中是没有过的。在《本草纲目》所收载的附方11096种中，现行中医药典收录了8000余种。也就是说，《本草纲目》中所载的万余种附方中，仍有8000多种在为人类的健康作贡献。

（二）对奇经八脉学说的贡献

奇经八脉和十二经脉、十五络脉都是经络学说重要组成部分，早在《内经》中已有记载，其后，对经络学说虽历代都有记述，但对奇经八脉的论述却都略而不详，难以掌握应用。李时珍参考诸家之说，加上自己的理解，写成《奇经八脉考》，对奇经八脉的定义、作用及生理、病理、临床应用都作了较明确的阐述。

李时珍首先指出奇经八脉的特点及其与正经的关系。他说，“奇经凡八脉，不拘制于十二正经，无表里配合，故谓之奇。盖正经犹夫沟渠，奇经犹夫湖泽，正经之脉隆盛，则溢于奇经”，“转相灌溉，内温脏腑，外濡腠理”。这种认识较前人深刻得多。

李时珍在《奇经八脉考》一书中，对八脉的循行路线、病症及治法，逐条进行了考证，并提出了自己的观点和结论。现代有人用实验方法观察经络的循行路线，其中有六条同《奇经八脉考》作对照，结论大体一致。可见书中内容经得起实践检验。李时珍整理了散见于群书之中有关奇经循行路线的论述，扩大了针灸临床的选穴范围，揭示了八脉的证治雏形，充实了经络学说的基础理论。为后世的张介宾、叶天士等诸家治疗奇经八脉疾病，奠定了理论基础。

（三）对辨证论治的贡献

李时珍曾著有《频湖医案》，这是他临床治疗经验的总结，可惜已遗佚。《奇经八脉考》附在《本草纲目》中，结合药物的功用，记录有不少医案和辨证用药规律，从中也可窥见其经验之一二。其辨证特点可概括为以下两点。

1.结合体质，辨证用药

如言麦门冬以地黄为使，服之令人头不白，补髓，通肾气，但“惟火盛气壮之人服之相宜。若气弱胃寒者，必不可饵也”。言天门冬“若脾胃虚寒人，单饵既久，必病肠滑，反成痼疾”。言威灵仙“风湿痰饮之病，气壮者服之有捷效，气弱者亦不可服之”。再如言知母、黄柏，惟少壮气盛者可服，胡桃宜于虚案，等等，都是密切结合体质、辨证施治的。

2.药食同用，相得益彰

李时珍在书中记录了“魏刺史子久泄，诸医不效”的医案，用“此药末（指骨碎补）入猪肾中煨熟与食，顿住”。李时珍在食物疗法上甚有研究，《本草纲目》中收录的仅药粥就有48种，在猪、牛、羊等条目下的许多附方，也都是药食同用的典范。

（四）对医疗技术及其他方面的贡献

李时珍在医疗技术上也有不少创新。例如他在［狗尾草］条下记载：

“茎主治疣目，贯发穿之，即干灭也。凡赤眼拳毛倒睫者，翻转目睑，以一二茎蘸水戛去恶血，甚良。”前者与现代治疣基底部结扎法相似，后者类似治沙眼的乌贼棒刮除法。此外，如产科接生时的会阴切开术：“产门生合不开，用铜钱磨利割开，以陈石灰敷之，即愈。”

二、李时珍的脉学成就

李时珍是一位出色的药学家，同时也对脉学有深入研究。他的脉学著作《濒湖脉学》《奇经八脉考》《脉诀考证》简洁易懂，后世医师广为称赞。这些书自明代开始流传，对推广和发展脉学作出了巨大贡献。其中，《濒湖脉学》不仅言简意赅、通俗易懂，而且音韵协调、易于诵读。作者遵循了能用两句话概述决不多写的原则，结合了“体状诗”、“相类诗”和“主病诗”三种诗的特点，全书只使用了两万余字，系统地阐述了脉搏的生成原理、诊脉方法和切脉部位，详尽地讨论了二十七种脉搏的体概、工作机制、主要疾病以及相似脉搏之间的区别、兼脉主要疾病和治疗原则。

（一）论脉理，原委精详

脉学的论述最早见于《黄帝内经》，后来《脉经》首创了用寸口诊脉法。东汉末年，张仲景把脉诊和病状结合起来，创立了平衡脉搏和辨证的方法。西晋王叔和整理历代诊脉方法，根据自己的经验撰写了我国第一部脉学专业著作《脉经》。《脉经》内容深奥，不易学习，宋代出现了冒用王叔和名字的《脉诀》。因此，李时珍广泛阅读各种书籍，参照古今医学，并根据他父亲的研究成果，系统地批判了《脉诀》中的错误观点，全面阐发了《脉经》和《黄帝内经》中的脉学理论。

脉搏是如何产生的？为什么寸口脉可以诊察五脏六腑的疾病？这是脉学需要首先解决的问题。李时珍认为，脉搏不是自己产生的，而是随着气血运行而来，气动脉应和血脉的循环象征着阴阳之道。他强调，两手的六脉都是与肺经相关的，我们只需通过寸口脉来观察五脏六腑的气的盛衰，而不需要通过脏器所在的具体位置。这是因为肺经与全身脉搏相连，寸口脉成为观察五脏六腑气血状况的关键。

李时珍不同意《脉诀》的分类方法，他认为应该按照《黄帝内经》《脉经》和张仲景的论述进行脉象分类。他将二十七种脉搏归为阴脉、阳脉、阴中的阳脉和阳中的阴脉四类，并详细列举了各种脉搏的体概和主要疾病。这种分类方法既符合《黄帝内经》的本意，又能在临床实践中显得简洁明了，是对《内经》《外经》和张仲景脉象分类的进一步发展。李时珍还根据《黄帝内经》的相关论述，提出了“气口九道脉”的诊察方法。他还对奇经八脉在寸口的分布、体概和主要疾病也进行了详细讨论，并绘制了九道图，使这一宝贵的医学遗产得以保存和传承。

（二）辨脉象，生动形象

脉象就是我们用手指感受到的脉搏跳动的形象，它受到许多因素，包括体质、精神状态以及季节和气候等的影响而不断改变。中医认为，人体的血脉贯通全身，内连脏腑，从心脏发出的阳气推动着血液在脉管中流动，循环不息。因此，脉象可以反映全身脏腑功能、气血情况和阴阳平衡等综合信息。脉象的产生与心脏的跳动、心气的盛衰、脉管的通畅程度以及气血的盈亏等有直接关系。所以，要正确地辨认和掌握脉象的形态，是一件不容易的事情。

为了帮助大家更好地理解脉象的形态和状态，李时珍根据自己的临床经验，编写了“体状诗”和“相类诗”，通过形象的比喻来描绘二十七种脉象的形态和状态。比如浮脉，“体状诗”中描述道：“浮脉惟从肉上行，如循榆荚似毛轻”；“相类诗”中则说：“浮如木在水中浮……浮脉轻平似捻葱。”这些描述揭示了浮脉的体概特征，即它位于脉底表浅的位置，按压时跳动明显，就像柳树的榆荚或者羽毛一样轻盈飘扬，或者像木头浮在水面上，又或者像捻葱叶那样柔软而没有力量。浮脉属于阳脉，是因为人体的卫阳功能使然，所以呈上方有轻盈的形态。《脉诀》把浮脉称为“太过”，但李时珍认为，这实际上是在描述浮脉紧缩或者充盈过度的状态。

另外，滑脉的形态描述如下：“滑脉如珠替替然，往来流利却还前，莫将滑数为同类，数脉惟看至数间。”这说明滑脉的形态像圆滑的珠子从手指下滑过，来回很顺畅，但是每分钟的跳动次数并没有增加，和数脉有明显的区别。现代对脉学的研究证实，浮脉在把脉时波形明显、振幅高，有更多的小波动，而在中取或沉取时波形和振幅则没有浮取时那么明显。滑脉的波形特点是升幅上升缓慢，降幅下降缓慢，波峰较为圆钝，振幅不高，降后的水平段比较平坦。通过脉搏图显示的图像与《濒湖脉学》中的“体状诗”所描述的脉搏形态基本一致。

总之，了解脉象的形态和状态对于中医诊断非常重要。通过形象的比喻，如柳树榆荚、水面浮木，我们可以更好地理解脉象的特点和意义。借助李时珍的“体状诗”和“相类诗”来学习和理解脉象，可以提升中医诊断的准确性。

（三）别相类，明确具体

脉搏种类很多，变化很复杂。在同一类脉象中，各脉在体概上非常相似，且几种脉象往往同时出现，临床上很难区分。李时珍通过比较脉搏的深浅部位、次数快慢、形态特点、气势强弱、节律变化和脉象机理等几个方面，编写了“相类诗”，列出了相类脉象的鉴别要点。

例如浮脉、芤（kōu）脉、洪脉、虚脉、霤脉、散脉，都属于浮脉类。由于各种脉象形成的机理不同，因此脉象的体概也不同。浮脉的“相类诗”中写道：“浮如木在水中浮，浮大中空乃是芤。拍拍而浮是洪脉，来时虽盛去悠悠。浮脉轻平似捻葱，虚来迟大豁然空。浮而柔细方为濡，散似扬花无定踪。”这几种脉都在浅表部位，但气势不完全相同。芤脉的特点是浮大中空，洪脉的特点是浮大无力、来势盛而去势衰，虚脉的特点是浮大无力、举按感觉空虚，霤脉的特点是浮细无力、气势柔软，散脉的特点是浮散无根、按之则无。

另外，促脉、结脉、代脉是另一类脉象。虽然它们都有歇止的现象，但促脉是快而一停，结脉是慢而一停，两者的歇止时间较短，停止后都能迅速恢复。代脉是慢而一停，停止的次数有一定规律，不能自行恢复。正如代脉的“相类诗”中所说：数而时停是促，缓停就是结脉。停止而不能恢复就是代脉，结脉的产生与消失有着明显的区别。可见这三种脉的次数和气势都不一样。根据现代脉搏图分析，促脉波是每分钟脉搏超过90次，且间歇有停止现象，停了几次再跳动，没有一定的规律，小的次谐波跳动明显；结脉波是每分钟脉搏跳动90次以下（缓慢或延迟），且间歇有停止现象，停了几次再跳动，没有一定的规律；代脉波是脉搏停止的次数有一定规律。对脉搏图的分析与李时珍提出的鉴别要点完全符合。在“体状相类诗”中，李时珍也提到了牢脉和革脉的区别，他说“革虚牢实要详看”，指出革脉属于虚，牢脉属于实，这两者在形证上都存在差别。

（四）明主病，条分缕析

脉搏和症状是临床辨证的主要客观依据。历代脉学著作中关于脉象主病的论述内容繁多，不易掌握。李时珍编写的“主病诗”系统地概括了脉象主病的一般规律。

李时珍论脉象主病，首先以主脉主病为基础，然后根据寸、关、尺的脉象分别候诊脏腑，根据主脉出现在哪些部位，进一步辨明脏腑的病证。然后根据主脉相同而其他脉象不同的情况，讨论它们不同的主病。通过这种方法，前后连贯，可以在复杂的脉象主病中游刃有余地运用。

例如沉脉的“主病诗”写道：“沉潜水畜阴经病。”沉脉属于胡脉，出现沉脉，多是因为体内有过多的水分，这是辨别沉脉主病的依据。“主病诗”中具体描述了沉脉在寸、关、尺的病症，如寸脉沉滑、关脉沉迟、尺脉沉等，并提出了寸、关、尺脉沉与其他脉象主病的关系，如“沉脉主里。有力里实，无力里虚，沉则为气。又主水畜，沉迟痼冷，沉数内热，沉滑痰食，沉涩气郁，沉弱寒热，沉缓寒湿，沉紧冷痛，沉牢冷积。”简洁地总结了沉脉及其相兼脉象主病的特点。其他脉象也有类似的总结。

李时珍虽然对于脉学有深入研究，但并不赞成凭借脉象来断定疾病，而是主张综合运用“四诊”。《濒湖脉学》中说，上等医生要全面了解，不可不掌握“四诊”。又说，学医者应该诊脉、问病症、听声音、观察面色，只有掌握了这“四诊”，才能不出差错。这些观点对于正确理解脉搏和症状之间的辨证关系，深入研究脉学，具有重要意义。因此，我们在进行临床分析时，应该同时参考脉搏和症状，而非仅凭一方面来确定疾病。

三、李时珍的临床治疗方法

（一）重视辨证

李时珍继承发扬了前代医家辨证论治的用药思想，如他根据病情，将“泄”证分为肾泄、水泄、寒泄等进行治疗。

针对肾泄，李时珍在《本草纲目》中记载了“魏刺史子，久泄，诸医不效”的医案。李时珍“用骨碎补为末入猪腰中，煨热与食”，使患者病情好转。他认为“盖肾主大小便，久泄属肾虚，不可专从脾胃也”。

针对水泄，《本草纲目》草部第十五卷［麻黄］中有记载：“一锦衣夏月饮酒达旦，病水泄，数日不止，水谷直出。服分利消导升提诸药则反剧。时珍诊之，脉浮而缓，大肠下弩，复发痔血。此因肉食生冷茶水过杂，抑遏阳气在下，木盛土衰，《素问》所谓久风成飧（sūn）泄也。……遂以小续命汤投之，一服而愈。”

关于寒泄，书中有记：“一老妇年六十余，病溏泄已五年，肉食、油物、生冷犯之即作痛。服调脾、升提、止涩诸药，入腹则泄反甚。延余诊之，脉沉而滑，此乃脾胃久伤，冷积凝滞所致。……遂用蜡匮巴豆丸（巴豆一粒，针头烧存性，化蜡作一丸）药五十丸与服，二日大便不通亦不利，其泄遂愈。自是每用治泄痢积滞诸病，皆不泻而病愈者近百人。”

由上可见，李时珍对于肾泄用骨碎补、猪腰以补肾止泄；水泄用小续命汤以升阳止泄，寒泄用蜡匮巴豆丸以逐寒止泄，体现了辨证的精神。

（二）善用单验方

李时珍在《本草纲目》中记载了大量民间行之有效的治疗各种疾病的单验方药。

（1）治胃脘（wǎn）痛方。“荆穆王妃胡氏，因食荞麦面着怒，遂病胃脘当心痛，不可忍。医用吐下行气化滞诸药，皆入口即吐，不能奏功。大便三日不通。……乃以玄胡索末三钱，温酒调下，即纳入，少顷大便行而痛遂止。”

（2）治雷头风方。荷叶一枚，升麻五钱，苍术五钱，水煎温服，名清震汤。一人病此，诸药不效，李时珍以此方治之而愈。

(3) 治血淋方。一男子病血淋，痛胀祈死，李时珍用藕汁调发灰，每服二钱，服三日而血止痛除。

时珍用单验方药用得得心应手。他说："盖妙在配合得宜，药病相对耳。"所谓"药病相对"，即运用单验方药亦必须辨证论治，药证相符，方可取效。

（三）异病同治

由于李时珍对药的特性有深刻的认识。在每种药物之下记载了可治的多种不同病例，即如一味葱叶亦可治数种疾病。

如人头目重闷疼痛，可用葱叶插入鼻内二三寸并耳内，气通即便清爽也。如外伤出血，可用葱白连叶煨热，或锅烙炒热，捣烂敷之，冷之再易。石城尉戴尧臣试马时损伤大指，血出淋漓。李时珍用此方，再易而痛止，翌日洗面，不见痕迹。

李时珍说："［葱］所治之症多属太阴、阳明，皆取其发散通气之功，通气故能解毒及理血病。"说明了葱能治愈不同病症的原因。

（四）因人制宜

李时珍治病常根据病人体质和病情用药。

针对体瘦而冷者，如荆府都昌王，体瘦而冷，无他病。李时珍让他每日以附子煎汤饮，兼嚼硫黄，如此数年。

针对体肥便秘者，如有一宗室夫人，年六十。平生苦肠结病，旬日一行，甚于生产。服养血润燥药则泥膈不快，服硝磺通利药则若罔知，如此三十余年。李时珍诊断认为，她体肥膏粱而多忧郁，日吐酸痰数碗许乃宽，又多火病。这是因为上焦之气壅（yōng）滞，有升无降，津液皆化为痰饮，不能下滋肠腑，非血燥比也。润剂留滞，消黄徒走入血分，不能通气，俱为痰阻，故无效也。乃用牵牛末、皂角膏丸与服，即便通利。自是但觉结肠，一服就顺，亦不妨食，且复精爽。

从上可见，病人的不同体质与病情，也是李时珍临床用药的依据。

（五）内病外治

李时珍对于脏腑疾病，不仅采用内服法，还运用外治法治疗，例如：一妇产后子肠不收，李时珍用蓖麻子捣膏，贴其丹田，一夜而收；一妇衄血一昼夜不止，诸治不效，李时珍令以蒜敷足心，即时血止。上述内病外治法，是中医特殊疗法之一，值得进一步研究。

（六）食疗用药

关于食疗用药，《本草纲目》中有诸多记载。

如脾积泄泻时，可用荞麦面一味作饭，连食三四次即愈。李时珍壮年时曾患症此两月，瘦怯尤甚，用消食化气药俱不效，后一僧授此而愈。如有人内寒、暴泄如注时，令食煨栗二三十枚，顿愈。肾主大便，栗能通肾，于此可验。李时珍在《本草纲目》中所录食物作药用的甚多，如果部、菜部的品类，很多都既是食品又是药物。以上所述，仅是略举一二而已。

（七）化载古方

时珍勤求古训，但不泥于古方，善于对古方辨证化裁。试举两例。

（1）千金神秘汤加麻黄治愈风水。如一士妻自腰以下浮肿，面目亦肿，喘息欲死，不能伏枕，大便溏泄，小便短少，服药罔效。诊脉沉而大，沉主水，大主虚，乃病后冒风所致，是名风水也。用千金神秘汤加麻黄，一服喘定十之五，再以胃苓汤吞深师薷（rú）术丸，二日小便长，肿消十之七，调理数日全安。

（2）东垣羌活胜风汤加减治愈内障目翳（yì）。如一士子频病目，渐觉昏暗生翳。李时珍用东垣羌活胜风汤加减法与服，而以慈珠丸佐之。两月遂如故。

师古而不泥于古，这是治学的正确态度，任何科学都是在原有基础上发展起来的，所以必须重视继承；然又不能停留在原有的水平上，故而又需不断研究，不断发扬，李时珍正是这一方面的楷模。

（八）创制新方

创制新方为李时珍临床的一大特色。如用牵牛子治愈精隧壅塞：李时珍的外甥柳乔，素多酒色，病下极胀痛，二便不通，不能坐卧，立哭呻吟者七昼夜。医用通利药不效，于是请人找到李时珍。李时珍想到这是湿热之邪在精道，壅胀隧路，病在二阴之间，故前阻小便，后阻大便，病不在大肠、膀胱也。乃用楝（liàn）实、茴香诸药，入牵牛加倍，水煎服。一服而减，三服而平。牵牛子，前人只知可治水湿肿满，并无能通精隧的记载，李时珍用其“走精隧，开气壅”，治二便不通，用药之妙，诚属创新。除此之外，李时珍还记载以茺（chōng）蔚子治疗妇科疾病，夏枯草治疗咽痛的组方用药经验，皆有新意，于后人颇有启迪。

四、李时珍的医论特色

（一）融合创新，医理深博

李时珍善于吸取和总结历代医家的精华，他重视实践，善于纠正前贤之弊端并推陈出新。隋唐医家中对李时珍影响最大的是孙思邈和陈藏器。在《本草纲目》中载录《千金方》达908首，用《本草拾遗》384方，并将陈藏器诸多用药凡例列入《本草纲目·序例》。金元医家中，李时珍对张元素尤为推崇，对以脏腑病机及其辨证为中心的易水学派亦甚为赞赏。《本草纲目·序例》中《脏腑虚实标本用药式》一篇，在很大程度上吸取了张元素的辨证用药经验。在这里，李时珍全面总结了前人以及他本人的辨证用药经验，为后世制订了一个简明而又系统的临床用药大纲。

李时珍在《本草纲目》中肯定了刘完素的“六气皆从火化”的医论，并在此基础上有新的创见。他指出“火为百病”“痰病火病十居六七”“木草医方，皆知辨水而不辨火，诚缺文矣”。李时珍在《本草纲目》火部第六卷中，还特别对火的性质及发病机理作了专门论述，并引证诸家精论，叙述详明。

李时珍还对李杲（gǎo）的学说有所发挥。他治病宗脾胃为元气之本，立法以阴阳升降为枢机，拟方以培土升发为根本。这既源于李杲而又高于李杲。《本草纲目》反复强调脾土为本的医学思想。李时珍在［黄精］条下指出：“土者万物之母，母得其养，则水火既济，木金交合，而诸邪自去，百病不生矣。”进一步阐明《黄帝内经》关于脾胃在人体的生理作用的理论。

（二）纠误阐真，病因分类

李时珍在临床医学方面的实践和理论探讨充实了前人的许多不足。徐之才创“十剂”，李时珍于《本草纲目·序例》载之，但又认为徐氏之言甚狭，错误之处甚多，因而作了深入的阐述和发挥。如“宣剂”，李时珍对“宣剂”的适应证阐述得相当全面，并且对不同的“郁”分别提出了不同的治法。他根据前人的论述和区分，将郁分为六类阐发：

（1）气郁者，用之以开，以运之；

（2）火郁者，用之以散，以发之；

（3）湿郁者，用之以燥，以胜之；

（4）痰郁者，用之以化，以涌之；

（5）血郁者，用之以行，以逐之；

（6）食郁者，用之以消，以去之。

李时珍这种按病因分类及各异的治法是完全符合临床实际的。又如“通剂”，徐氏曰：“通可去滞，通草、防己之属是也。”徐对“滞”并无一字解释，使后学无所宗循。李时珍对此作了精确的解释，弥补了徐氏的不足。他说：“滞，留滞也。湿热之邪留于气分，而为痛痹癃闭者，宜淡味之药上助肺气下降，通其小便，而泄气中之滞，木通、猪苓之类是也。湿热之邪留于血分，而为痛痹肿注、二便不通者，宜苦寒之药下引，通其前后，而泄血中之滞，防己之类是也。”李时珍不仅补充了徐之才之说过分简单片面之弊，而且提出了气血分治之法，全面阐述了留滞宜通的治疗原则。

李时珍在“十剂”篇中，对湿的病因、证候分析以及提出的治法有着很高的理论性和临床价值。他认为，“湿有外感，有内伤。外感之湿，雨露风雾，地气水湿，袭于皮肉筋骨经络之间；内伤之湿，生于水饮酒食及脾弱肾强，固不可一例言也。故风药可以胜湿，燥药可以除湿，淡药可以渗湿，泄小便可以引湿，利大便可以逐湿，吐痰涎可以祛湿。湿而有热，苦寒之剂燥之；湿而有寒，辛热之剂燥之，不独桑皮、小豆为燥剂也。湿去则燥，故谓之燥”。李时珍辨证施治的独到见解，实为许多医家所莫及。《本草纲目》中还有许多不同凡响的医论和临床经验，此书这方面的成就很值得我们去深入研究和总结，这对发展提高中医理论和临床医疗水平有重要的现实意义。

（三）医乃仁术，大医精诚

李时珍崇尚自然，追求真理，以“治身以治天下”“寿国以寿万民”的思想为理念，研习本草以治病救人为目的。李时珍治病救人，恪守医德，对患者一视同仁，不分富贵贫贱。例如李时珍为明代楚王之子治惊风之症，病愈后，王妃重金相送，他却分毫未取。对于穷苦患者，李时珍也往往免费诊治，因此深受百姓爱戴，在民间享有很高声誉。李时珍论医以济世救人、仁爱为怀、淡泊名利为旨归，可谓大医精诚的典范。

【时珍传说】

一、黎企里拜骗医

何谓“骗医”？大概相当于今天的兽医。文献记载，兽医在明代以前，还没有称“医”的资格，一律称骗户、骗客、骗业、骗行。到清咸丰年间才有骗医之说。为叙述方便，本文以骗医称之。

李时珍什么时候拜的骗医？他为什么要拜骗医？这事三言两语是难以说清楚的，得从樊山王朱载坽（qǐn）的邀约说起。

樊山王朱载坽是明代仁宗皇帝朱高炽的第六世孙，他比李时珍小几岁，喜欢游历山水，擅长诗词歌赋。明史记载他“折节恭谨，以文行称，读《易》穷理”，留下了不少诗文传世。《中国古代文学家词典》中有朱载坽父子的相关记载。

朱载坽与李时珍交好，两人兴趣相投，曾几次结伴到黎企里（即今天的蕲春县清水河黄厂、铁山一带）采风。黎企里在当时是蕲州有名的地方。北宋名相王安石曾给他的好友、官至罗田税赋执事的黎企人张彦博写有墓志铭，引得文人士子纷至沓来。朱载坽在当世子的时候，就与李时珍结伴来过。

大约在明朝嘉靖三十年（1551年），已经是樊山王的朱载坽再次邀约李时珍到黎企里一游。时值八月，李时珍也曾考虑过要到黎企里的凤凰山、金鸡山一带采药。二人一拍即合，轻车熟路地来到了黎企里，住进了凤凰山下的尼姑庵——莲花堂。一般情况下，男人是住不进庵堂的，但此次系樊山王出面，莲花庵主持当然不好拒绝。

樊山王与李时珍安顿好后，走出庵堂院不过一箭之远时，突然脚底生滑，身往前窜，趴到地下。等到李时珍从后面赶上前将他扶起时，他叫喊连连，脚不沾地。李时珍躬身细看，只见樊山王的左脚脖子到脚背瘀血斑斑，很快肿了起来。

好在李时珍是郎中，虽对跌打骨伤不内行，但毕竟通晓人之经络骨道，逐推捏按摩了一番后，与侍从将樊山王扶进庵堂。庵堂老尼迅速找出一些治骨疗伤的草药，让李时珍捣碎敷好包扎。晚上，樊山王疼痛难忍，呻吟了一夜没合眼，等到天亮居然打起了呼噜，睡得挺香。

李时珍轻声嘱咐侍从好生服侍樊山王。若他醒来，就说自己到外面转悠去了。

李时珍说是转悠，实际上是有心事的，他在思考着如何尽快使樊山王的脚伤康复。樊山王这次是世袭王位后的第一次出行，除了一名贴心的侍从外，没有带任何其他人。再就是他们此次出行系临时起意，没有给地方打招呼，算是微服私访。现在出了意外，他李时珍是要负责任的。莲花庵老尼所给的药，李时珍也曾用过，都是些治疗跌打损伤的常用之药，如松针、杉树皮、五加皮根捣碎拌热酒加糯米饭调制的敷料，等等。这些药效果不错，可就是见效挺慢的。有没有速效的药方呢？李时珍边思考边信步而行，不知不觉地来到了一处塆村山道上。此时正是八月，山里人收禾割稻一片繁忙。李时珍见一位老者挑着一担草头（鄂东方言，指捆好的稻谷禾）有些吃力地往塆中走，便一把接担在肩，一边走一边与老人搭起了话，询问当地有没有专治跌打损伤的骨伤郎中。老人将李时珍引至自家的稻场，放下草头后，告诉李时珍，这方圆几十里还真没有治骨伤的郎中。不过，往前五里地的黄厂街，倒有一个骟医善治跌打损伤。

“骟医？骟医能给人治跌打损伤？”李时珍一边擦汗，一边问道。老伯说：“能治，能治。十几天前，我隔壁的侄子不小心从屋顶滚到地下，把腿摔断了，那蔡骟医用药给敷了三天，就消肿去痛，整个人好多了。”

李时珍问清骟医的住处后，告别老伯就往黄厂街赶去。

到了黄厂街，李时珍毫不费力就找到了蔡骟医的家。一进门，李时珍稽首便拜：“蔡郎中在上，蕲州李时珍拜见高师。”

那蔡骟医正在米汤盆里洗脸，糊里糊涂不知所云，犹豫了大半天，有些结巴地说道：“年轻人，你……你……你是不是搞错了。老朽既不是郎中，更不是什么高师，只是一个骟牛马、阉猪鸡的骟户。”

“虽是骟医，但只要给人治过病，当然就是郎中。人畜有别，可疼痛无二。”

“别……别……别给老朽戴高帽子，我还真的治不了人的病。”

李时珍昂头说道：“适才听前垮程老伯说，他的侄子从屋顶摔下地，是您给敷施跌打损伤之药而愈的。”

“啊，你是说治跌打损伤的吧？”

蔡骗医一听说是治骨伤之痛的事，立马眉开眼笑，说：“治跌打损伤，人畜虽不尽相同，却也大同小异。消肿止痛的愈伤之药，牛马可立竿见影，用在人身上当然是效果甚佳。来，年轻人，我带你到后街看看‘现实’。”

他所说的“现实”，就是后街口一家农户的牛，三天前，在山里折断了后腿，蔡骗医用他的单味药，敷在牛的后腿上，伤处现已全部消肿，牛已能自行站起。

李时珍仔细询问了牛受伤前后经过，蔡骗医无不得意地告诉李时珍，他给牛治骨伤的药，是祖传三代之方。如用之于人，消肿治痛之效尤为上乘。

见蔡骗医说得高兴，李时珍便借机插话，将他的一位好朋友日前摔伤了脚，他专程慕名来求药的事说了一遍。

蔡骗医一口应承。回到家里，很快找出一包药粉交给李时珍，并告知此药用热酒调匀，拌熟糯米饭敷于伤处即可，散瘀去痛片刻见效。

“真的有如此神奇之效？”李时珍接过药包，闻了又闻，看了又看。有些犹豫地自言自语。

一旁的蔡骗医显然也是个急性子，眉头一皱，正欲张嘴说什么时，隔壁一声猪叫，使他立马改变了主意，猛地手一伸，拉着李时珍就往隔壁的杀猪坊走去。只见一头二三百斤的肥猪已咽气无声，凳下的一大盆血也已经凝固。

蔡骗医用手在成块的热猪血上按了几按后，让李时珍将那包药粉抓上半把，撒在了凝固的猪血盆里。

不过片刻，奇迹发生了，已经凝固成形的猪血，渐渐解体，溶成了一盆红红的血水。李时珍心想，不用说，这药粉活血化瘀的功效真是神奇无比。

就这样，李时珍带着蔡骗医的药粉回到莲花庵，给樊山王敷上此粉。果然，不出几天，樊山王真的能下地走路了。

十天后，李时珍带着樊山王所赐的一百两白银，再次来到黄厂街蔡骗医的家里。双手呈银的李时珍，双膝着地，高声说道：“李时珍代好友给恩师磕头谢恩!”

蔡骗医是庙背后起火——慌（荒）了神。面红耳赤地伸手去扶李时珍起来。可不管怎么扶，李时珍就是不起身。

蔡骗医连扶了三下扶不动，有些气喘地说：“年轻人，你真是煞杀了老朽呀！前些时你拿药，已经给了一两银子，那可是要买几百包药粉的。我听你劝收下了。你现在又给一百两白银，那可是要买我黄厂半条街的房子呀！我不敢要。再说，你跪着磕头，我头晕昏昏。你要是再不起身，我也给你下跪。”说完，蔡骗医也往地下跪。

李时珍双手挡住说：“恩师要我起身很容易，只要答应弟子一件事。”

“什么事，只要老朽能办到的。”

“请恩师将您神奇的活血化瘀之药的真实配方告诉我。”

“这……”

没等蔡骗医说话，李时珍就把前朝本草之著错讹太多、误人害命不计其数，故而，他准备重修一部本草的想法和盘托出。

“年轻人，若是这样，你直言拜上，老朽也不是那种小肚鸡肠的小气鬼。况且，你是仁心高德之医，我岂能不答应你呢？快快起来，快快起来!”

待李时珍起身坐稳，蔡骗医就滔滔不绝地告诉李时珍，他的活血化瘀神药，就是遍地丛生的苎麻叶所制。他家祖传的陶弘景的《名医别录》宣德手抄本上记载，苎麻叶、根、籽皆是活血化瘀之要药……

李时珍的黎企里之行，收获不小。在后来的《本草纲目》里，李时珍在［苎麻叶］条下写道：“苎麻叶甚散血，五月五日收取，和石灰捣成团，晒干收贮。遇有金疮折损者，研末傅［敷］之，即时血止，且易痂也。……如瘀血在腹内，顺流水绞汁服即通血皆化水。以生猪血试之，可验也。秋冬用干叶亦可。”

二、庐山治贪官

庐山的五老峰，奇花异草多不胜数，李时珍隔三岔五地就爱上五老峰采药。天长日久，五老峰下普济寺的济源方丈就与李时珍成了好朋友。

这一年的深秋，李时珍与弟子庞宪又到五老峰采药，晚上照样住在普济寺的客房里。劳累了一天，李时珍将白天采回的药草进行了一番清理后，逐一进行记载，弄完了这些，到半夜子时左右，他方才上床。刚刚有了睡意，寺中上厢房里突然有人怪叫连连，喊声惨惨，紧接着灯火通明，一寺上下都忙碌起来。

李时珍此时睡意全无，一下子坐了起来，披衣到上厢房察看情况。普济寺方丈济源见了李时珍，双手合十念了声佛号，继而说道："搅扰了施主，罪过、罪过。"紧接着，济源方丈告诉李时珍，那怪叫连连的人是九江府的曾知府。他们一家人几天前上庐山赏秋，住在普济寺，没想到突发怪病，就在曾知府一家人急得大哭不止时，济源方丈引着李时珍向知府家人作了介绍："诸位莫急，知府大人真是吉人天相。此乃湖广蕲州名医李东璧，让李施主给瞧瞧，定能药到病除。"

此时的曾知府正鼓目摇舌，嘴角不断地冒出一串串泡泡，不一会儿就双眼上翻，牙关紧咬，手舞足蹈，大呼小叫。大概是喊累了，叫腻了，他又双手按住胸口不断地捶打，又张口想吐，可似乎又吐不出来地干呕不止。

李时珍一搭曾知府的脉腕，就判断出他是肝逆肺寒，痰热内结，心胸积瘀所致。按此脉象，曾知府一定是受过外伤，积瘀未消后又伤脾损肺致使络脱经滞，上焦闭阻，运化逆行。经打听，这九江知府本是一个地方恶棍，依仗当吏部尚书的舅舅才当上了知府。平日里无恶不作，坏事做尽，老百姓恨之入骨。恶人遇上了恶人磨。半个月前，曾知府与一土匪头子争风吃醋，被那土匪头子一脚踢在了心窝上。几天前上庐山，名义上是上山赏秋景，实际上是疗伤治病。病情略见好转，曾知府又贪吃寺里的柿子和石鱼、石耳等大凉之物，故有此怪病。

李时珍给曾知府诊了脉象后，不言不语扭头便走。曾知府的家人急得捶胸顿足，一把拉住李时珍说道："李神医莫走哇，快给老爷开方用药呀！"

李时珍说："无须用药，无须用药也！"知府家人一听慌了神，带着哭腔问："依先生之见，咱老爷没救了？"济源方丈也略显惊愕地看着李时珍。

李时珍知道他们误会了，遂给济源方丈边作揖边说道："大师勿虑。曾知府病得急，也当去得快也，若用草石之药难得快愈，当用特药之方即可化厄。只是这特药之方恐有大不敬之处，时珍怕多有不便，故而不愿施方。"

“哎呀，李神医，只要能治好大人的病，你用什么法子都行，别说有不敬之处，就是让我们包括老爷给你磕头都行。”

曾知府的家人拉住李时珍就要下跪。济源方丈何等聪明，当即对曾知府家人说道：“口说无凭，李施主是要你们写个字据，老衲愿当见证也。”

拿到曾知府家人所写的“只要大人病愈安康，任凭神医施妙方”的字据，李时珍回到自己房内写了张方子折叠好后，交给知府让他先双手按在胸口，然后让人搬来一个大斛桶，令知府站在齐胸高的斛桶内，要曾知府摊开手中药方，大声朗读药方的十二味药名。知府将药方摊开，刚看了几眼，便勃然变色，怒发冲冠，拍桶擂拳，刚想张口大骂，一口瘀血喷出丈余远。这瘀血一出，当即身子轻缓，胸舒气平。实际上，李时珍所开的药方一味药都没有，只是一首令九江百姓痛快淋漓、拍手称快的顺口溜：

官居知府宝座，实是无赖恶徒。理案狗屁不通，害民手狠心毒。
草菅人命该死，抢男霸女短寿。好酒好色该死，日猖夜狂伤脉。
千刀万剐泄恨，剜心割肺民悦。看你吐是不吐，不吐抛尸喂狗！

顺口溜后面还附有一行字十分醒目：此方无药金不换，一次服完，除病化厄，万不可重服。否则，神仙也救不了你的命。

九江知府病好了以后，再也不敢胡作非为了。

【《本草纲目》中的诗】

一、《商於》

商　於（wū）

李商隐

商於朝雨霁，归路有秋光。
背坞猿收果，投岩麝退香。
建瓴真得势，横戟岂能当。
割地张仪诈，谋身绮季长。

清渠州外月，黄叶庙前霜。
今日看云意，依依入帝乡。

（一）引言

在《本草纲目》兽部第五十一卷［麝］条中，李时珍引用了李商隐《商於》一诗中“投岩麝退香”句。现录全诗。

李商隐（约813—约858），字义山，号玉谿（xī）生，又号樊南生，怀州河内（今河南沁阳）人。自祖父起迁居郑州（今属河南人）。文宗开成二年（837年）登进士第。次年，入泾原节度使王茂元幕，娶其女。后为秘书省校书郎，旋调补弘农尉，武宗会昌元年（841年），应王茂元召而赴陈许幕，两年后，以书判拔萃复入秘书省为正字。宣宗大中年间，曾赴桂管观察使郑亚幕为掌书记，后为京兆尹留假参军事，入武宁军节度使幕，得侍御史衔；妻王氏亡后，复任太学博士，入东川柳仲郢幕。后随柳还朝，因病归郑州，卒。

李商隐为晚唐大诗人和骈文大家，与杜牧合称“小李杜”。与温庭筠并称“温李”。他的近体诗风格独特，工于唱叹，意境朦胧。全唐诗存诗三卷，《全唐诗外编》及《全唐诗续拾》补诗四首。

商於，古地名，战国时秦地，在今陕西商南县以及河南淅川县、内乡县一带。

（二）解读

“商於朝雨霁，归路有秋光。”早晨的商於雨停了，天气放晴。归来的途中，一路伴着秋天的景色。雨霁，雨后转晴的意思。

“背坞猿收果，投岩麝退香。”猿猴隐藏在山坞（被高山遮挡的凹地）摘取野果，麝在受到追捕时便以头撞岩石，并“举爪裂其香，就掣而死，犹拱四足以保其脐”。背坞，隐藏在山坞里。麝，又名香獐，麝之香气远射，故名麝香。麝的脐与生殖孔之间有香腺，香腺分泌物形成麝香，为名贵中药。香腺中成颗粒状的，习称“当门子”，药效更佳。雄麝犬齿发达，有獠牙，猎人追捕时，便以犬齿将香腺咬裂毁掉麝香。

“建瓴真得势，横戟岂能当。”商於占据有利地势，敌人即使跃马横戟，也很难抵挡居高临下的攻击。建瓴，即高屋建瓴的略语，比喻居高临下势不可挡。

“割地张仪诈，谋身绮季长。”身处商於，诗人想到了以欺诈手段对付楚王的张仪，也想到了长于为己图谋、善于“舍之则藏”的绮里季。张仪，战国时谋士。绮季，即“商山四皓”中绮里季的省称。诗文中常以“绮季”泛指隐士。长，擅长，对某事做得特别好，如长于文字。

“清渠州外月，黄叶庙前霜。”清清的渠水映着商州外的明月，四皓庙前树下满地的落叶上面是一层白霜。

“今日看云意，依依入帝乡。”今日身在商於，早晨望蓝天下的白云，它好像依依不舍地飘向天帝所居之处。《庄子·天地》有“乘彼白云，至于帝乡”句。

诗人在商於停留而望京城，看京城雄伟的地形联想到隐居商山，借怀古寄托诗人“用世不如隐居”的感慨。

（三）药物介绍

麝香，也名当门子、麝脐香、四味臭、脐香、元寸、香脐香，等等。为麝科动物麝的雄兽香腺囊中的分泌物。味辛，性温，无毒。能开窍，辟秽，通络，散瘀。治中风痰厥、惊痫，中恶烦闷、心腹暴痛、症瘕癖积、跌打损伤、痈疽肿毒等病。

二、《柳州峒氓》

柳州峒氓

柳宗元

郡城南下接通津，异服殊音不可亲。

青箬裹盐归峒客，绿荷包饭趁虚人。

鹅毛御腊缝山罽（jì），鸡骨占年拜水神。

愁向公庭问重译，欲投章甫作文身。

（一）引言

李时珍引用了“鹅毛御腊缝山罽”这句诗，载于《本草纲目》谷部第四十七卷［鹅］条。李时珍介绍：邕（yōng，水名，在广西）州蛮人选鹅腹毳（cuì，禽兽的细毛）毛为衣、被絮，柔暖而性冷。婴儿尤宜之，能辟惊痫。

诗作者柳宗元（773—819），字子厚，河东（今山西永济西）人，后人称“柳河东”。晚年贬官柳州故又称“柳柳州”。德宗贞元九年（793年）登进士第，任秘书省校书郎。贞元十四年（798年）中博学宏词科，任集贤殿书院正字，三年后，调蓝田县尉。贞元十九年（803年）任监察御史里行。唐顺宗即位，他参加了王叔文集团的政治革新，做了一些有益于人民的事，但新政仅仅实行了146天就因宦官和旧官们的联合反攻而失败，参与改革者分别遭到迫害，柳宗元被贬永州（今湖南零陵）司马达十年之久；后又改贬为柳州刺史，元和十四年（819年）卒于任所。在文学史上，柳宗元开创了以“唐宋八大家”为代表的古文传统，其散文种类繁多，形式多样，特别是他利用寓言这一形式创作了大量作品，往往通过短小的篇章讽刺腐败的社会和政治，语言简洁锋利，风格冷峻、沉郁。因其对山水游记发展的巨大贡献而被后人称为“游记之祖”。柳宗元的诗歌，大都为抒发悲愤抑郁和离乡去国之情的寄赠诗以及情致深婉而意境清幽的山水诗。这些作品内容丰富，形式多样，长于哀怨，得《骚》之余意，其诗与陶渊明同格，深得陶之“峻洁”。

（二）解读

峒，山洞，多用于地名；氓，古代称百姓。峒氓，此指居住在山洞里的当地百姓。

“郡城南下接通津，异服殊音不可亲。”从郡城往南，是通向渡口的大道。那里的土著居民穿着奇装异服，说着听不懂的话，使人难以亲近。津，渡口；异服，奇装异服；殊音，说话听不懂。

“青箬裹盐归峒客，绿荷包饭趁虚人。”他们用青青的竹箬裹着盐回到山洞里，又用绿色的荷叶包着饭行走在集市上。虚，通“墟”，集市。箬，竹的一种，蔑和叶可编织帽子或器物。

“鹅毛御腊缝山罽，鸡骨占年拜水神。”为了抵御冬腊月的严寒，他们用鹅毛缝制成山里人用的毡被，还用鸡的骨头来占卜祭拜水神、祈祷丰年。罽，用动物毛做成的毡子一类的御寒用品。

“愁向公庭问重译，欲投章甫作文身。”我对在公庭中为了公务依靠翻译再三询问感到厌烦，真希望抛弃章甫的冠带，断发文身，成为峒氓中的一员。章甫，标志为官者的一种礼帽。

（三）药物介绍

鹅，为鸭科动物，也名家雁、舒雁，《本草纲目》介绍，其肉、血、卵、涎、毛以及掌上黄皮、屎，均作药用。

诗中所指鹅毛，李时珍介绍了两个药方。一为“通气散”：治误吞铜钱及钩绳，取鹅毛一钱（烧灰）、磁石皂子大（煅）、象牙一钱（烧存性）为末，每服半钱，新汲水下。一用以治噎食病：白鹅毛尾烧灰，米汤下，每服一钱。

三、《春寒》

春　寒

白居易

今朝春气寒，自问何所欲。
酥暖薤白酒，乳和地黄粥。
岂惟厌馋口，亦可调病腹。
助酌有枯鱼，佐餐兼旨蓄。
省躬念前哲，醉饱多惭忸。
君不闻靖节先生樽长空，广文先生饭不足。

（一）引言

在《本草纲目》菜部第二十六卷［薤］条里，李时珍引用了《春寒》一诗中的“酥暖薤白酒”句。

白居易（772—846年），字乐天，晚号香山居士，河南新郑人。先世本龟兹人，汉时姓白氏。德宗贞元十六年（800年）登进士第，后中上判拔萃科，授秘书省校书郎。元和元年（806年）中，登才识兼茂明于体用科，授盩厔（zhōu zhì，今陕西周至）尉。历任集贤校理、翰林学士、京兆府户曹参军。元和十年（815年），因越权言事，被贬为江州（今江西九江）司马。后任地方官多年，以刑部侍郎致仕。白居易是唐代著名诗人、散文家、文学评论家，与元稹齐名并称“元白”。他早期的讽喻诗就是其“文章合为时而著，歌诗合为事而作”理论的实践。《全唐诗》收诗三十九卷，《全唐诗外编》及《全唐诗续拾》补诗三十八首。

（二）解读

“今朝春气寒，自问何所欲。”今年遇到倒春寒的天气，外面寒气逼人，我还想做何事？春气寒，倒春寒天气，欲，想，此处引申为想做何事。

“酥暖薤白酒，乳和地黄粥。”饮着以酥（油）炒薤白浸泡的酒，吃着用牛羊乳和地黄熬成的粥，而感到十分暖和。酥，牛、羊奶制成的食品，古代指酥油。

“岂惟厌馋口，亦可调病腹。”难道这仅仅是为了满足嘴馋吗？这也是为了调理有病的脾胃。厌，原意表示嫌恶、憎恶，也作满足解，如贪得无厌、学而不厌，此处作满足解。

“助酌有枯鱼，佐餐兼旨蓄。”下酒菜有咸鱼，还有贮藏的很多美好的食品来助餐。酌，饮酒的意思。枯鱼，咸干鱼。旨，味美，《诗经·小雅·鹿鸣》有“我有旨酒”句。兼，全部、整个，《商君书》：“兼天下之众，莫敢不为其所好。”此处引申为很多。

“省躬念前哲，醉饱多惭忸。”反躬自省，不由得思念前代的贤人。为官多年，为生活优裕而感到很不好意思。省躬，反躬自省；醉饱，引申为生活优裕；惭忸，羞愧、不好意思。

“君不闻靖节先生樽长空，广文先生饭不足。”您没听说过靖节先生因无钱买酒，酒杯经常是空的的故事吗？在广文馆里那些清苦闲散的儒学老师难得温饱。靖节先生即陶渊明，字元亮，浔阳柴桑（今江西九江市西南）人。其祖父和父亲都做过太守，他自己曾做过几任小官，但时间都很短，最后出任彭泽令，因“不为五斗米折腰”而辞职归去隐居，过了二十年田园生活直到逝世。樽，酒杯。长空，意无钱买酒喝。广文先生，泛指儒学执教人员。唐天宝九载（750年），在国子监增开广文馆，设博士、助教等职，郑虔曾任广文馆博士，时人视为冷官。杜甫有《醉时歌》：“诸公衮衮登台省，广文先生官独冷。甲第纷纷厌粱肉，广文先生饭不足。”

这首诗叙述了在一个春寒料峭的日子，白居易与诗酒为伴，自斟自饮时的感慨。反映了诗人安于现状、自得其乐的闲适心境。

（三）药物介绍

这首诗提到了酥、薤白、地黄三味中药。

酥，为牛乳或羊乳提炼而成的酥油。酥，也名苏酪、白酥油等。味甘，无毒。有补肾脏、益气血、止渴、润燥等功效。能治阴虚劳热、肺痿咳嗽等病。

薤白，为百合科植物小根蒜或薤的鳞茎。也名藠头、野蒜、薤白头等。味辛、苦、温、无毒，有理气、宽胸、通阳、下气、散血、安胎等功用，主治胸痹、心痛彻骨。治胸痹疼痛、痰阻不振，常与瓜蒌、半夏、桂枝、枳实等同用。配柴胡、白勺、枳实、甘草治下痢后重。与黄柏煎煮汁服治赤痢不止。李时珍在《本草纲目》中引用王祯《农书》“薤生则气辛，熟则甘美。种之不蠹，食之有益。故学道人资之，老人宜之。”可见薤也是一种不被人们注意的养生保健食品。

地黄，为玄参料植物，因炮制方法不同可分为生地、熟地。生地又有干品和鲜品的分别，但都能清热凉血，鲜生地清热作用较强，且能生津液。干生地养阳作用较强。熟地是滋肾补血、益髓填精、乌须黑发的重要药物。

【中医药文化】

一、天地分阴阳

（一）一阴一阳之谓道

阴阳学说最早见之于《易》，阴阳学说研究阴阳的内涵及其运动变化规律，并用以阐释宇宙间事物的发生、发展和变化的古代哲学理论。中医学在形成和发展进程中，受到了阴阳五行理论的深刻影响，并将其作为中医学理论体系的基本架构。阴阳、五行学说融合贯穿于中医学的各个方面，是中医学理论体系的重要组成部分，对构建中医理论和指导临床实践具有重要的影响。

阴阳学说认为，世界是物质性的整体，世界本身是阴阳二气对立统一的结果。阴阳二气的相互作用，促进了事物的发生、发展和变化。如《素问·阴阳应象大论》说：“阴阳者，天地之道也，万物之纲纪，变化之父母，生杀之本始，神明之府也。”

阴阳是对自然界相互关联的某些事物或现象对立双方属性的概括，所谓“阴阳者，一分为二也”（《类经·阴阳类》）。

阴阳最初的含义是指日光的向背，向阳为阳，背阳为阴。如《说文解字》说，“阴，暗也。水之南，山之北也”，“阳，高、明也”。后来，随着观察面的扩展，阴阳的含义逐渐得到引申。如向阳则温暖、明亮，背阳则寒冷、晦暗，于是古人就以黑暗、光明，寒冷、温暖分阴阳。如此不断引申，就把自然界所有的事物和现象都划分为阴与阳两个方面。阴阳从特指日光的向背变为一个概括自然界具有对立属性的事物和现象双方的抽象概念。

宇宙间存在相互关联又相互对立的事物或现象，或同一事物内部相互对立的两个方面。例如，相互对立的事物或现象，如天与地、日与月、水与火等；同一事物或现象内部对立着的两个方面，如寒与热、升与降、明与暗等，都可以用阴阳来概括分析其各自的属性。一般来说，凡是运动的、外向的、上升的、温热的、明亮的、兴奋的都属于阳；相对静止的、内守的、下降的、寒冷的、晦暗的、抑制的都属于阴。如以天地而言，则“天为阳，地为阴”。由于水与火具备了寒热、动静、明暗的特性，故成为阴阳属性的标志性事物。《素问·阴阳应象大论》说：“水火者，阴阳之征兆也。”以水火而言，则“水为阴，火为阳”，由于水性寒而润下故属阴，火性热而炎上故属阳。

中医将阴和阳的相对属性引入医学领域后，将人体中具有中空、外向、推动、温煦、兴奋、升举等特性的事物及现象统属于阳，而将具有实体、内守、宁静、凉润、抑制、沉降等特性的事物和现象统属于阴。如脏为阴而腑为阳，精为阴而气为阳，营气为阴而卫气为阳等。

事物的阴阳属性，是根据事物或现象不同的运动趋势、不同的功能属性、不同的空间和时间等，通过相互比较而归纳出来的。因此，事物的阴阳属性既有绝对性的一面，又有相对性的一面。若该事物的总体属性未变，或比较的对象或层次未变，它的阴阳属性就是固定不变的。如上述的水与火，水属阴、火属阳，其阴阳属性一般是固定不变的，不可反称。如水不论多热，对于火来说，仍属阴；火不论多弱，对于水来说，仍属阳。其他如天与地、日与月、上与下、升与降、动与静、热与寒、明与暗、温煦与凉润、兴奋与抑制、躁动与宁静等，其阴阳属性具有不可变性和不可反称性，所以说事物的阴阳属性在某种意义上是绝对的。若事物的总体属性发生了改变，或比较的层次或对象变了，则其阴阳属性也随之改变，故事物的阴阳属性在某种意义上说又是相对的。事物阴阳属性的相对性，主要表现在以下三个方面。

1.阴阳互化，生生不已

事物的阴阳属性在一定条件下，可以发生相互转化，阴可以转化为阳，阳也可以转化为阴。如属阴的寒证在一定条件下可以转化为属阳的热证，属阳的热证在一定条件下也可以转化为属阴的寒证。病变的寒热性质变了，其证候的阴阳属性也随之改变。

2.阴阳之中，复有阴阳

阴阳中的任何一方又可以再分阴阳，即所谓阴中有阳，阳中有阴。例如：昼为阳，夜为阴。白天的上午与下午相对而言，则上午为阳中之阳，下午为阳中之阴；夜晚的前半夜与后半夜相对而言，则前半夜为阴中之阴，后半夜为阴中之阳。由此可见，自然界中相互关联又相互对立的事物可以概括为阴阳两类，每一事物内部又可分为阴和阳两个方面，而每一事物内部的阴或阳的任何一方，还可以再分阴阳。事物这种既相互对立而又相互联系的现象，在自然界是无穷无尽的。

3.阴阳无定，随遇而定

若比较的对象发生改变，那么事物的阴阳属性也可以随之改变。如一年四季中的春天，与冬天比较，其气温而属阳；若与夏天比较，则其气凉而属阴。事物的阴阳属性，既有以阴阳两分法表示的，也有以阴阳三分法表示的。上述的昼夜时段分属于阳中之阴、阳中之阳、阴中之阴、阴中之阳，即属阴阳的两分法。《周易·系辞上》所谓“易有太极，是生两仪，两仪生四象，四象生八卦”，以阴阳两分法说明八卦的生成及其阴阳属性。以阴阳三分法表示事物的阴阳属性，是将一阴分为三阴，即太阴、少阴、厥阴；一阳分为三阳，即阳明、太阳、少阳。这一理论不仅用以阐释自然界气候变化的规律，也可以用来说明经脉及脏腑的阴阳属性和伤寒病的六经辨证体系。

（二）阴平阳秘是根本

阴阳学说的基本内容，包括阴阳对立制约、阴阳互根互用、阴阳消长平衡、阴阳相互转化等几个方面。这些关系并不是孤立的，而是彼此互相联系的，维持着阴阳的动态平衡。如果这种平衡遭到破坏，又失去了自我调和的能力，在自然界就会出现反常现象，在人体则会由生理状态进入疾病状态，甚至死亡。

阴阳双方中的一方过于亢盛，则过度制约另一方而致其不足，即《素问·阴阳应象大论》所谓“阴胜则阳病，阳胜则阴病”，可称为“制约太过”。阴阳双方中的一方过于虚弱，无力抑制另一方，则可能导致一方相对偏盛，即通常所说的“阳虚则阴盛”“阴虚则阳亢”，或“阳虚则寒”“阴虚则热”，可称为“制约不及”。

如果由于某些原因，阴和阳之间的互根互用关系遭到破坏，就会导致“独阴不生，独阳不生”（《春秋繁露·顺命）》），甚至因为“阴阳离决，精气乃绝”（《素问·生气通天论》）而死亡。如果人体阴阳之间的互资互用关系失常，就会出现“阳损及阴”或“阴损及阳”的病理变化。

若阴阳的消长变化超越了正常的限度，在自然界的表征是异常的气候变化，在人体则表征为疾病的发生。前述的“阳胜则阴病”“阴胜则阳病”及“阳虚阴盛”“阴虚阳亢”，皆属阴阳对立制约关系失常而出现的超过正常限度的此长彼消或此消彼长，而“精气两虚”“气血两虚”，则属阴阳互根互用关系失常而出现的异常的阴阳皆消。

阴阳转化是阴阳运动的又一基本形式。阴阳双方的消长运动发展到一定阶段，事物内部阴与阳的比例出现了颠倒，则该事物的属性即发生转化，所以说转化是消长的结果。阴阳相互转化，一般都产生于事物发展变化的“物极”阶段，即所谓“物极必反”。因此，在事物的发展过程中，如果说阴阳消长是一个量变的过程，阴阳转化则是在量变基础上的质变。在疾病的发展过程中，阴阳的转化常表现为在一定条件下寒证与热证的相互转化。如邪热壅肺的患者，表现为高热、面红、咳喘、气粗、烦渴、脉数有力等，属于具有一派实热性表现的阳证。邪热极盛，耗伤正气，可致正不敌邪，突然出现面色苍白、四肢厥冷、精神萎靡、脉微欲绝等，转化为具有一派虚寒性表现的阴证。

阴阳的对立制约、互根互用、消长平衡和相互转化，是从不同角度来说明阴阳之间的相互关系及其运动规律的，表达了阴阳之间的对立统一关系。阴阳之间的这些关系及其运动规律并不是孤立的，而是彼此互相联系的。阴阳的对立互根是阴阳最普遍的规律，说明事物之间相辅相成的关系。事物之间的阴阳两个方面通过对立制约取得了平衡协调，通过互根互用而互相促进，不可分离。阴阳的消长和转化是阴阳运动的形式。阴阳消长是在阴阳对立制约、互根互用基础上表现出的量变过程，阴阳转化则是在量变基础上的质变，是阴阳消长的结果。阴阳的动态平衡由阴阳之间的对立制约、互根互用及其消长转化来维系。

在临床上，通过分析"四诊"所收集的各种资料，包括即时的症状和体征，从而判断阴阳失调的具体情况，就可以指导疾病的诊疗。正如《素问·阴阳应象大论》所说："善诊者，察色按脉，先别阴阳。"

养生最根本的原则就是要"法于阴阳"，即遵循自然界阴阳的变化规律来调理人体之阴阳，使人体中阴阳与四时阴阳的变化相适应，以保持人与自然界的协调统一。正如《素问·四气调神大论》所说："春夏养阳，秋冬养阴。"

由于阴阳失调是疾病的基本病机，而偏盛偏衰和互损又是其基本表现形式，因而在把握阴阳失调状况的基础上，用药物、针灸等方法调整其偏盛偏衰和互损，恢复阴阳的协调平衡，是治疗疾病的基本原则之一。故《素问·至真要大论》说："谨察阴阳所在而调之，以平为期。"

可见，养生和防治疾病的关键都是调整阴阳，使之保持或恢复相对平衡，从而达到"阴平阳秘"的健康状态。

二、万物归五行

（一）五行之初衍万物

五行，即水、火、木、金、土五种物质及其运动变化。"五"，指由宇宙本原之气分化的构成宇宙万物的水、火、木、金、土五种基本物质；"行"，指这五种物质的运动变化。但从方法论的角度来看，五行已超越了其物质性的概念，衍化为归纳宇宙万物并阐释其相互关系的五种基本属性。

五行最初的含义与“五材”有关，是指水、火、木、金、土五种基本物质或基本元素。《左传·襄公二十七年》说：“天生五材，民并用之，废一不可。”五行一词，最早见于《尚书》。《尚书·洪范》对五行的特性从哲学高度作了抽象概括：“水曰润下，火曰炎上，木曰曲直，金曰从革，土爰稼穑。”此时的五行，已从水、火、木、金、土五种具体物质中抽象出来，上升为哲学的理性概念。古人运用抽象出来的五行特性，采用取象比类和推演络绎的方法，将自然界中的各种事物和现象归为五类，并以五行“相生”“相克”的关系来解释各种事物和现象发生、发展、变化的规律。

（二）五行之义源自然

一般认为，《尚书·洪范》所说的“水曰润下，火曰炎上，木曰曲直，金曰从革，土爰稼穑”是对五行特性的经典性概括。

“水曰润下”：润，即滋润、濡润；下，即向下、下行。润下，是指水具有滋润、下行的特性，引申为凡具有滋润、下行、寒凉、闭藏等性质或作用的事物和现象，归属于水。

“火曰炎上”：炎，有焚烧、炎热、光明之义；上，是上升。炎上，是指火具有炎热、上升、光明的特性，引申为凡具有温热、上升、光明等性质或作用的事物和现象，归属于火。

“木曰曲直”：曲，屈也；直，伸也。曲直，是指树木的枝条具有生长、柔和、能屈能伸的特性，引申为凡具有生长、生发、条达、舒畅等性质或作用的事物和现象，归属于木。

“金曰从革”：从，顺也；革，即变革。从革，是指金有刚柔相济之性。金之质地虽刚硬，可作兵器以杀戮，但有随人意而更改的柔和之性，引申为凡具有沉降、肃杀、收敛等性质或作用的事物和现象，归属于金。

“土爰稼穑”：爰，通“曰”；稼，即种植谷物；穑，即收获谷物。稼穑，泛指人类种植和收获谷物的农事活动，引申为凡具有生化、承载、受纳性质或作用的事物和现象，归属于土。故有“土载四行”“万物土中生”“万物土中灭”“土为万物之母”说。

（三）五行归类，纲举目张

事物和现象的五行归类方法，主要有取象比类法和推演络绎法两种。

1. 取象比类法

“取象”，即从事物的形象（形态、作用、性质）中找出能反映本质的特有征象；“比类”，即以五行各自的抽象属性为基准，与某种事物所特有的征象相比较，以确定其五行归属。如事物或现象的某一特征与木的特性相类似，则将其归属于木；与水的特性相类似，则将其归属于水。例如可以方位配五行：日出东方，与木之生发特性相类似，故东方归属于木；日落于西方，与金之沉降相类似，故西方归属于金；南方炎热，与火之特性相类似，故南方归属于火；北方寒冷，与水之特性相类似，故北方归属于水；中原地带土地肥沃，万物繁茂，与土之特性相类似，故中央归属于土。

2. 推演络绎法

此法指根据已知的某些事物的五行归属，推演归纳其他相关的事物，从而确定这些事物的五行归属。例如：已知肝属木，由于肝合胆、主筋、其华在爪、开窍于目，因此可推演络绎胆、筋、爪、目皆属于木；心属火，而小肠、脉、面、舌与心相关，故亦属于火。

中医学以五行为中心，以空间结构的五方、时间结构的五季、人体结构的五脏为基本框架，将自然界的各种事物和现象及人体的生理病理现象，按其属性进行归纳，从而将人体的生命活动与自然界的事物或现象联系起来，形成了联系人体内外环境的五行结构系统，用以说明人体及人与自然环境的统一。

（四）五行之间，生克制化

五行之间主要有四种关系：五行相生与相克、五行制化、五行相乘与相侮、五行的母子相及。其中，最重要的是相生相克关系。

1. 生克制化

五行相生，是指木生火，火生土，土生金，金生水，水生木。

五行相克，是指木克土，土克水，水克火，火克金，金克木。

五行制化，源于《素问·六微旨大论》“亢则害，承乃制，制则生化”之论，属五行相生与相克相结合的自我调节。五行相生和相克是不可分割的两个方面：没有生，就没有事物的发生和成长；没有克，就不能维持事物间的正常协调关系。因此，必须生中有克，克中有生，相反相成，才能维持事物间的平衡协调，促进稳定有序的变化与发展。

五行制化的规律是五行中一行亢盛时，必然随之有制约，以防止亢而为害。即在相生中有克制，在克制中求发展。具体地说，即木生火，火生土，而木又克土；火生土，土生金，而火又克金；土生金，金生水，而土又克水；金生水，水生木，而金又克木；水生木，木生火，而水又克火。如此循环往复。

2. 相乘相侮

五行相乘，是指五行中一行对其“所胜”行的过度制约或克制，又称“倍克”。五行相乘的次序与相克相同，即木乘土，土乘水，水乘火，火乘金，金乘木。导致五行相乘的原因有“太过”和“不及”两种情况。如，正常情况下，木能克土，土为木之所胜。若木气过于亢盛，对土克制太过，可致土的不足。这种由于木的亢盛而引起的相乘，称为“木旺乘土”。若土气不足，即使木处于正常水平，土仍难以承受木的克制，因而造成木乘虚侵袭，使土更加虚弱。这种由于土的不足而引起的相乘，称为“土虚木乘”。

相乘与相克虽然在次序上相同，但本质上是有区别的。相克是正常情况下五行之间的制约关系，相乘则是五行之间的异常制约现象。在人体，相克表示生理现象，相乘表示病理变化。

五行相侮，是指五行中一行对其“所不胜”行的反向制约和克制，又称“反克”。五行相侮的次序：木侮金，金侮火，火侮水，水侮土，土侮木。导致五行相侮的原因，亦有“太过”和“不及”两种情况。例如，木气过于亢盛，其“所不胜”行金，不仅不能克木，反而受到木的欺侮，出现“木反侮金”的逆向克制现象，这种现象称为“木亢侮金”。但当木过度虚弱时，则不仅可金乘木，而且土也会因木的衰弱而“反克”之。这种现象，称为“木虚土侮”。

3. 母子相及

五行的母子相及包括母病及子和子病及母两种情况，皆属于五行之间相生关系异常的变化。

母病及子的一般规律：母行虚弱，引起子行亦不足，终致母子两行皆不足。例如：水生木，水为母，木为子。若水不足，不能生木，导致木亦虚弱，终致水竭木枯，母子俱衰。

子病及母的一般规律有三种：一是子行亢盛，引起母行亦亢盛，结果是子母两行皆亢盛，一般称为“子病犯母”；二是子行虚弱，上累母行，引起母行亦不足，终致子母俱不足；三是子行亢盛，损伤母行，以致子盛母衰，一般称为“子盗母气”。

（五）五行治病，有规可循

中医学以五行为中心，以五方、五季、五脏为基本框架，将自然界的各种事物和现象及人体的生理病理现象，按其属性进行归纳，从而指导疾病的诊断和防治。就五脏而言，肝属木，心属火，脾属土，肺属金，肾属水。五脏病变之间的联系可以用五行生克制化的关系体现出来。

例如，肾属水，肝属木，水能生木，故肾为母脏，肝为子脏。肾病及肝，即母病及子。如肾精不足不能资助肝血，将导致肝肾精血亏虚证；肾阴不足不能涵养肝木，将导致肝阳上亢证。

又如，面见青色，喜食酸味，脉见弦象，可以诊断为肝病；面见赤色，口味苦，脉象洪，是心火亢盛之病。若脾虚患者，而面见青色，为木来乘土，是肝气犯脾；心脏病患者，而面见黑色，为水来乘火，多见于肾水上凌于心等。

中医五行学说以五行相生相克规律来确定治则和治法。

1.相生四法

中医临床上运用五行相生规律来治疗疾病，其基本治疗原则是补母和泻子，“虚则补其母，实则泻其子”（《难经·六十九难》）。

补母，指一脏之虚证，不仅须补益本脏以使之恢复，同时还要依据五行相生的次序，补益其“母脏”，通过“相生”作用而促其恢复。补母适用于母子关系的虚证。如肝血不足，除须用补肝血的药物外，还可以用补肾益精的方法，通过“水生木”的作用促使肝血的恢复。

泻子，指一脏之实证，不仅须泻除本脏亢盛之气，同时还可依据五行相生的次序，泻其“子脏”，通过“气舍于其所生”的机理，以泻除其“母脏”的亢盛之气。泻子适用于母子关系的实证。如肝火炽盛除了须用清泻肝火的药物外，还可用清泻心火的方法，通过“心受气于肝”“肝气舍于心”的机理，消除亢盛的肝火。

依据五行相生规律确定的治法，常用的有四种。

（1）滋水涵木法

是滋肾阴以养肝阴的治法，又称滋肾养肝法、滋补肝肾法。适用于肾阴亏损而肝阴不足，或肝阳上亢之证。

（2）益火补土法

是温肾阳以补脾阳的治法，又称温肾健脾法、温补脾肾法。适用于肾阳衰微而致脾阳不振之证。按五行生克次序来说，心属火，脾属土，火不生土应当是心火不生脾土，而益火补土应当是温心阳以暖脾土。但自命门学说兴起以来，多认为命门之火具有温煦脾土的作用。因此，目前临床上多将“益火补土”法用于肾阳（命门之火）衰微而致脾失健运之证，而少指心火与脾阳的关系。

（3）培土生金法

是健脾生气以补益肺气的治法。主要用于脾气虚衰，生气无源，以致肺气虚弱之证。若肺气虚衰，兼见脾运不健者，亦可应用。

（4）金水相生法

是滋养肺肾之阴的治法，亦称滋养肺肾法。主要用于肺阴亏虚，不能滋养肾阴，或肾阴亏虚，不能滋养肺阴的肺肾阴虚证。

2.相克四法

临床上运用五行相克规律来治疗疾病，其基本治疗原则是抑强扶弱。

抑强，适用于相克太过引起的相乘和相侮。如“木旺乘土”，治疗应以疏肝平肝为主；“土壅木郁”，治疗应以运脾祛邪除湿为主。抑其强者，则其弱者功能自然易于恢复。

扶弱，适用于相克不及引起的相乘和相侮。如“土虚木乘”，治疗应以健脾益气为主；“土虚水侮”，治疗应以健脾为主。扶助弱者，加强其力量，可以恢复脏腑的正常功能。

依据五行相克规律确定的治法，常用的有四种。

（1）抑木扶土法

是疏肝健脾或平肝和胃以治疗肝脾不和或肝气犯胃病证的治法，又称疏肝健脾法、调理肝脾法（或平肝和胃法）。适用于木旺乘土或土虚木乘之证。

（2）培土制水法

是健脾利水以治疗水湿停聚病证的治法。适用于脾虚不运，水湿泛滥而致水肿胀满之证。

（3）佐金平木法

是滋肺阴、清肝火以治疗肝火犯肺病证的治法，也可称为滋肺清肝法。适用于肺阴不足，右降不及的肝火犯肺证。

（4）泻南补北法

是泻心火、补肾水以治疗心肾不交病证的治法，又称为泻火补水法、滋阴降火法。适用于肾阴不足，心火偏旺，水火不济，心肾不交之证。若由于心火独亢于上，不能下交于肾，则应以泻心火为主；若因肾水不足，不能上奉于心，则应以滋肾水为主。

【草药认识】

蕲芹（陈中文　摄）

一、蕲芹

宋代苏东坡被贬黄州时，将当地的芹菜和家乡带来的春鸠脍（kuài）一起烹制，留下了一道名为“蕲芹春鸠脍”的菜肴。明代高启在咏芹诗中感叹：“饭煮忆青泥，羹炊思碧涧。无路献君门，对案空三叹。”明代徐渭在《赋得芹芽》诗中吟道：“青春曲水湄，芹吐小芽滋。在野未堪摘，献君知几时。暖风来燕子，寒食拌棠梨。一夜休教老，留尖煮鲙丝。”清代张雄曦在《食芹》诗中赞道：“种芹术艺近如何，闻说司宫别议科。深瘗（yì，埋藏意）白根为世贵，不教头地出清波。"《红楼梦》作者曹雪芹最爱吃雪底芹菜，据传，雪芹之号出自苏东坡诗"泥芹有宿根，一寸嗟独在。雪芽何时动，春鸠行可脍"和苏辙的"园父初挑雪底芹"，以示心情和古人相通，以慰自己无尽的寂寥。

蕲芹（蕲菜）产地范围为湖北省蕲春县蕲州镇、八里湖办事处、赤东镇、漕河镇、横车镇、彭思镇、管窑镇、株林镇、刘河镇、狮子镇、青石镇、向桥乡、张塝镇、檀林镇、大同镇15个乡镇现辖行政区域。

二、蕲春杜仲

蕲春杜仲（李世升　摄）

蕲春县被列为国家杜仲生产基地县，现有170余个药材种植场，种植面积达20万亩。其中蕲北大王山李时珍药材场，为全国重点药材种植基地。

杜仲，既可指仲科植物杜仲，又可指一种中药材。植物杜仲作为落叶乔木，树高可达20米。小枝光滑，呈黄褐色或较淡，具片状髓。皮、枝及叶均含胶质。单叶互生；叶片呈椭圆形或卵形，长7～15厘米，宽3.5～6.5厘米，先端渐尖，基部广楔形，边缘有锯齿，幼叶上面疏被柔毛，下面毛较密，老叶上面光滑，下面叶脉处疏被毛；叶柄长1～2厘米。花单性，雌雄异株，与叶同时开放，或先叶开放，生于一年生枝基部苞片的腋内，有花柄；无花被；雄花有雄蕊6～10枚；雌花有一裸露而延长的子房，子房1室，顶端有两个叉状花柱。翅果为卵状、长椭圆形而较扁，先端下凹，内有种子1粒。花期在4—5月，果期在9月。中药材杜仲指植物杜仲的树皮。为了保护资源，获取杜仲树皮一般采用局部剥皮法。在清明至夏至间，选取生长15～20年以上的植株，按药材规格大小，剥下树皮，刨去粗皮，晒干，置通风干燥处。功能主治：补肝肾，强筋骨。治腰脊酸疼，足膝痿弱，小便余沥，阴下湿痒，胎漏欲坠，胎动不安，高血压。《神农本草经》载：主腰脊痛，补中益精气，坚筋骨，强志，除阴下痒湿，小便余沥。《别录》载：

主脚中酸痛，不欲践地。《药性论》载：治肾冷臀腰痛，腰病人虚而身强直，风也。腰不利加而用之。《日华子本草》载：治肾劳，腰脊挛，入药炙用。王好古认为：润肝燥，补肝经风虚。《本草正》载：止小水梦遗，暖子宫，安胎气。《玉楸药解》载：益肝肾，养筋骨，去关节湿淫。治腰膝酸痛，腿足拘挛。《本草再新》载：充筋力，强阳道。

三、蒲公英

蒲公英（李世升　摄）

蒲公英，中药名。别名黄花地丁、婆婆丁、华花郎等。

多年生草本。根略呈圆锥状，弯曲，长4～10厘米，表面棕褐色，皱缩，根头部有棕色或黄白色的茸毛。叶呈倒卵状披针形、倒披针形或长圆状披针形，长4～20厘米，宽1~5厘米，先端钝或急尖，边缘有时具波状齿或羽状深裂，有时具倒向羽状深裂或大头羽状深裂；顶端裂片较大，呈三角形或三角状戟形，全缘或具齿，每侧裂片3～5片，裂片为三角形或三角状披针形，通常具齿，为平展或倒向，裂片间常夹生小齿；基部渐狭成叶柄，叶柄及主脉常带红紫色，疏被蛛丝状白色柔毛或几无毛。花葶1至数个，与叶等长或稍长，高10～25厘米，上部紫红色，密被蛛丝状白色长柔毛；头状花序直径30～40毫米；总苞钟状，长12～14毫米，淡绿色，总苞片2～3层；外层总苞片为卵状披针形或披针形，长8～10毫米，宽1～2毫米，边缘宽膜质，基部淡绿色，上部紫红色，先端增厚或具小到中等的角状突起；内层总苞片为线状披针形，长10～16毫米，宽2～3毫米，先端紫红色，具小角状突起；

舌状花黄色，舌片长约8毫米，宽约1.5毫米，边缘花舌片背面具紫红色条纹，花药和柱头为暗绿色。瘦果倒卵状披针形，暗褐色，长4～5毫米，宽1～1.5毫米，上部具小刺，下部具成行排列的小瘤，顶端逐渐收缩为长约1毫米的圆锥至圆柱形喙基，喙长6～10毫米，纤细；冠毛白色，长约6毫米。花期为4—9月，果期为5—10月。

生蒲公英富含维生素A、维生素C及钾，也含有铁、钙、维生素B_2、维生素B_1、镁、维生素B_6、叶酸及铜等微量元素。具体的元素含量主要是水分，每60克生蒲公英叶含水分51.6克，占比近86%，蛋白质1.6克，碳水化合物5.3克，热量约有108.8千焦。

蒲公英植物体中含有蒲公英醇、蒲公英素、胆碱、有机酸、菊糖等多种健康营养成分。其苗性味甘，微苦，寒。主要可解食毒，散滞气，化热毒，消恶肿、结核、丁肿等。蒲公英可生吃、炒食、做汤，是药食兼用的植物。

四、车前草

车前草（韩进林　摄）

车前草，又名芣苡、蛤蟆衣子、牛舌草等，所结的果实称前仁。

多年生草本，连花茎高达50毫米，具须根。叶根生，具长柄，几乎与叶片等长或长于叶片；叶片为卵形或椭圆形，长4～12厘米，宽2～7厘米，先端尖或钝，基部狭窄成长柄，全缘或呈不规则波状浅齿，通常有5～7条弧形脉。花茎数个，高为12～50毫米，具棱角，有疏毛；穗状花序为花茎的2/5～1/2；花淡绿色，每花有宿存苞片1枚，三角形；花萼4枚，基部稍合生，为椭圆形或卵圆形，宿存；花冠较小，呈胶质，花冠为管卵形，先端4裂，裂片三角形，向外反卷；雄蕊4枚，着生在花冠筒近基部处，与花冠裂片互生，花药为长圆形，2室，先端有三角形突出物，为丝线形；雌蕊1枚，位于子房上位，卵圆形，2室（假4室）；花柱1根，为线形，有毛。

车前草的蒴果呈卵状圆锥形，成熟后约在下方2/5处周裂，下方2/5宿存。种子4～9枚，近椭圆形，呈黑褐色。花期为6—9月，果期为7—10月。生长在山野、路旁、花圃、菜圃以及池塘、河边等地。可以分布于中国各地。

（一）主要成分

车前子种子含多量黏液、车前苷、腺嘌呤、胆碱、梓醇、蛋白质及各种脂肪酸（棕榈酸、硬脂酸、花生酸、油酸、亚油酸、亚麻酸等），黏液中含酸性黏多糖车前聚糖，尚含维生素A、维生素B_1。

（二）药理作用

1.利尿作用

有报道认为内服车前子煎剂，有利尿作用。动物实验表明，车前子能使水分、氯化钠、尿素及尿酸排出增多而有利尿作用。但亦有报告指出，正常人及家兔服车前子煎剂无明显利尿作用，车前种子亦无利尿作用。

2.其他作用

车前子尚有祛痰、镇咳、平喘，抗病原微生物的作用等。

【中医中药小常识】

分辨药材的好坏

药材的真假、质量的好坏，会直接影响临床应用的效果和患者的生命安全，所以对中药材的鉴别有十分重要的意义。社会中许多不法分子利用一些技术手段制造假药来冒充许多名贵中药，导致有些中药仅从外观上很难辨别。那么怎么才能辨别中药的真假呢？

（一）眼观

看表面。不同种类的药材由于用药部位的不同，其外形特征会有所差异。比如，根类药材多为圆柱形或纺锤形，皮类药材则多为卷筒状。

看颜色。我们可以通过对药材外表颜色的观察，分辨出药材的品种、产地和质量好坏。比如，黄连色要黄，丹参色要红，玄参色偏黑等。

看断面。很多药材的断面都具有明显的特征。比如，黄芪的折断面纹理呈“菊花心”样，杜仲在折断时有胶状的细丝相连等。

（二）手摸

手摸法。用手感受药材的软硬程度，例如，盐附子质软，而黑附子则质地坚硬。

手捏法。用手感受药材的干湿、黏附程度。例如，天仙子手捏有黏性。

手掂法。用手感受药材的轻重，质地疏松还是致密。例如，荆三棱坚实体重，而泡三棱则体轻。

（三）鼻闻

直接鼻嗅法。将草药靠近鼻子闻它的气味。例如，薄荷的香、阿魏的臭等。

蒸汽鼻嗅法。将草药放入热水中浸泡后闻它的气味。例如，犀角有清香而不腥，水牛角略有腥气等。

揉搓鼻嗅法。因有些草药的气味微弱，我们可以将它揉搓后再闻味。例如，鱼腥草揉搓后有腥味，细辛有清香味等。

（四）口尝

鉴别药材不仅可通过闻味道，还包括口尝。口尝的“味”分为辛、甘、酸、苦、咸五味，例如山楂的酸、黄连的苦、甘草的甜等。

（五）水试和火试

有些药材放在水中，或用火烧一下会产生特殊现象。如熊胆的粉末放在水中，会先在水面上旋转，然后成黄线下沉而不会扩散。麝香被烧灼时，会产生浓郁的香气，燃尽后留下白色的灰末。

中药材的鉴别有一些非常实用的好方法，但要能正确鉴别药材的真伪优劣，还需要不断积累经验，需要不断充实中药知识，才能准确认药。

【拓展与体验】

一、思考

（1）什么是五行？

（2）我国古代还有哪些名医？

（3）李时珍的医论特色是什么？

（4）李时珍的行医做法对当代的医生有什么启示？

二、实践活动

（1）探寻李时珍文化，弘扬李时珍精神。

（2）观察植物蒲公英，了解其特性。

（3）了解中医文化阴阳五行的精髓。

第三章　药物学家李时珍

【主题导读】

李时珍作为一位杰出的药理学家，对本草学作出了巨大贡献。他写的《本草纲目》被称为“格物之通典”和“中国的百科全书”，对中医药理学产生巨大影响。他呕心沥血编写的《本草纲目》，不仅纠正了许多旧时的错误，而且还增加了许多新的草药，完善了中医药理论体系，创新了本草的分类方法，使药物分类更富有知识性、科学性、逻辑性且条理清晰、查阅方便。在对药物进行研究的过程中，李时珍还形成了自己独特的研究方法，主要有观察实验、比较分类、分析综合、批判继承、历史考证、调查研究等。《本草纲目》创作成就的取得离不开作者李时珍的辩证思想。接下来，就让我们一起来走近伟大的药物学家李时珍吧！

一、李时珍中医药理学贡献

古有“万密斋的方，李时珍的药”之说，这句古语概括了李时珍的中医药理学地位。李时珍所著的《本草纲目》《奇经八脉考》《濒湖脉学》是中华民族的瑰宝，在人类的历史长河中，迸发出璀璨夺目的智慧光芒，是馈赠后世的无价宝藏。其精深的中医理论素养，丰厚的临床医学经验，为我国传统医学的继承、创新与发展作出了重大的历史贡献，现已成为支撑中医学理论的重要基石之一。其中，《本草纲目》对中医药理学说的整理和阐发是李时珍医药学成就的一个很重要的内容。

（一）李时珍完成了药理资料的收集和整理

从先秦到宋元时期，古代先贤们经过不断实践和总结，写出了不少具有建设性的本草书籍，例如东汉时期的《神农本草经》、汉末的《名医别录》、唐朝苏敬等奉敕编撰的《新修本草》、宋朝唐慎微的《证类本草》等。这些本草书籍大大完善了中医草药知识，其中尤以《证类本草》为最；该书载药1749种，因其收药最多、资料最丰、考据最详，宋元至明，被视为“本草之全”。然而李时珍并不满足前人的成果，在实践过程中，他深感“《本草》一书，自炎黄及汉、梁、唐、宋，下迨国朝，注解群氏旧矣。第其中舛谬、差讹、遗漏，不可枚数”。为了更加清楚地了解草药真实的药用价值和形态特征，纠正旧时错误，李时珍先后到湖广、安徽、河南、河北等地，特别是武当山、庐山、茅山、牛首山等险峻山林中收集药物标本和处方，并拜渔人、樵夫、药农、车夫、药工、捕蛇者为师，参考历代医药等方面书籍800余种，考古证今、穷究物理，记录上千万字札记，弄清许多疑难问题，历经27个寒暑，三易其稿，于万历十八年（1590年）完成了近200万字的巨著《本草纲目》。《本草纲目》全书收纳诸家本草所收药物1518种，在前人基础上增收药物374种，合1892种；共辑录古代药学家和民间单方1万多则；书前附药物形态图1100余幅。这部伟大的著作，吸收了历代本草著作的精华，尽可能地纠正了以前的错误，补充了不足，并有很多重要发现和突破，是到16世纪为止中国最系统、最完整、最科学的一部医药学著作。

（二）李时珍完善了中药学的理论体系

李时珍在《本草纲目·序例》中，对金元、明初医家发展的“药类法象”“归经引经”等药性理论进行了全面整理，扩充了药性理论，而且将《神农本草经》《黄帝内经》以及后世医家发展的药性理论融为一体，使中药学的理论体系更加完整。李时珍在各药的性味、主治、发明等项中，多采集前代医家之言，而且还结合自己的临床实践，充分运用这些理论来阐述各药的功效，所以在发展药性理论方面作出了重要贡献。

（三）李时珍完善和发展了我国药物学的分类体系

李时珍的《本草纲目》在药物分类方面的贡献是巨大的。它在《证类本草》的基础上，大大完善和发展了我国药物学的分类体系。李时珍打破了自

《神农本草经》以来沿袭了一千多年的上中下三品分类法，把药物分为水、火、土、金石、草、谷、菜、果、木、服器、虫、鳞、介、禽、兽、人共16部60类。每种药标正名为纲，纲之下列目，纲目清晰。书中还系统地记述了各种药物的知识。包括校正、释名、集解、正误、修治、气味、主治、发明、附录、附方等项，从药物的历史、形态到功能、方剂等，叙述甚详，丰富了本草学的知识。这种分类方法，只要知道药物的名称就大体可以了解所属的部类。反之掌握了部类划分，也易于检索药物。有学者认为，《本草纲目》的名称反映了它的科学体系结构的基本特点，即以纲带目，纲举目张。李时珍如此立部分类，在分类学上是一个伟大的科学创举，它是对前人药物分类思想的巨大突破。

二、李时珍的药物学研究

李时珍认为事物总是不断发展的，前人不认识的药物，后人在实践中可能会发现和了解。所以他强调在本草学的研究中应当“发前人未到处”，对于各种药品凡是“有功用而人卒未识者”，都应当收录起来。李时珍的学术思想和研究方法很有特色，他在新的历史条件下，以自己的实践经验为基础，改善了古代科学方法，积累了科学研究的新经验。他在进行药物学研究的时候，成功地运用了观察实验、比较分类、分析综合、批判继承、调查研究和历史考证等方法。

（一）比较分类和分析综合是李时珍本草药学研究的基本方法

李时珍对药物采用亲自采集、仔细观察以得其真的方法，获得很大成功。作为科学研究的重要任务，分类使药物研究体系化，而分类的关键在于如何确立标准。李时珍打破本草学沿用已久的上中下三品分类法，建立了三界十六部分类法，使分类体系更为科学。此外，他还在陶弘景主治药分类法基础上，建立了更完善的百病主治药分类法，创立了药物归经分类法。李时珍为弄清每味药物，提出释名、集解、辨疑、正误、修治、气味、主治、发明、附方八项任务，这八项不是每味药全有，有的五项、六项不等。实际上是对每味药既作出系统分析，又进行了全面综合，而在分析基础上，又作了高度概括和综合。

（二）批判继承和调查研究是李时珍本草药学研究的重要方法

李时珍研究每味药，总是先参考诸家本草，考核诸家异同，再用自己观察试验的结果，加以参证。如《神农本草经》中只载枸杞之名，未言明药用部位；《名医别录》指出其根大寒，子微寒；《药性论》谓枸杞甘平，子、叶皆同；《本草衍义》说枸杞是梗皮。李时珍说："窃谓枸杞苗叶味苦甘而气凉，根味淡气寒，子味甘气平。气味既殊，则功用当别。此后人发前人未到之处者也。"李时珍经过研究，在批判继承的基础上推陈出新，"发前人未到之处"，这种精神，贯穿于他的全部研究活动中。

李时珍躬亲实践，广泛向劳动人民学习，注意调查研究，是他又一重要研究方法。豨莶一药，众说纷纭，有谓似酸浆，有说为苍耳，有曰即地菘。李时珍经过广泛征询，聚诸草谛视，得出豨莶即猪膏莓之确论。他从京师回乡，见车夫服用旋覆花当茶，遂肯定其有益气续筋、补劳损之功。邻家小儿食积，偶取羊食之果，归而大吐愈，李时珍因此首载此品种入本草。他从菜农处明确芸苔即油菜，从工人处学得防止采矿中毒之法……无论山人、渔翁、农夫、皮匠、猎户，皆是他的老师，使他从调查研究中获益匪浅。

（三）历史考证方法是李时珍本草药学研究的常用方法

通过文献考据，《本草纲目》中记载了来自天竺、大食、南洋等地及由梵文、佛经中得到的医药知识。经过历史考证，他指出"按《本经》胡麻一名巨胜，吴普本草一名方茎，《抱朴子》及《五符经》并云，巨胜一名胡麻，其说甚明……以黄麻子及大藜子伪为胡麻，误而又误矣……不可不辨"。

李时珍主张人定胜天，通过以上研究方法取得的成果，使他更加坚定了这一信念。他认为药性不是固定的，可用人工方法改造其自然性能。药性下沉者，用酒引之使其升；升浮者以咸寒药引之使降，李时珍揭示迷信神仙说之误，批判服食金银飞升之举的荒谬，认为服金银为赖水谷血肉之躯所不堪承受的，"求生而丧生，可谓愚也矣"。指出居住水中，步履水上，是邪说；服食成仙的误食之罪，通乎天下。在他看来，药物"治病可也，服食不可也"。

三、创立本草学新体系

在本草学发展的历史长河中，前人给我们留下了许多珍贵遗产，其于本草学的总结和整理方面不仅创立了一些好的形式和方法，而且逐步形成了一个传统，即每隔一段时间，就有人进行总结和整理，为本草学的发展作出相应的贡献，李时珍的《本草纲目》就是这方面的一个光辉典范。他的《本草纲目》创立了本草学的一个新体系，主要体现在五个方面。

（一）综述诸书，体现了本草知识的全面性

《本草纲目》是我国明代本草学的代表著作，它系统地总结了明代以前我国劳动人民与疾病作斗争的丰富经验，素有“药学大成”之称。然就其内容而言，又远超本草之上，故王世贞誉之为“性理之精微，格物之通典”。达尔文更称其为“中国的百科全书”。该书能获如此声誉，反映了它内容之丰富，知识之全面。为了写好《本草纲目》，李时珍考古证今，通集古代本草文献。全书引用本草文献多达63种，新增药物374种，使药品总达1892种。观其药学内容，更是群书莫比。

（二）归纳分析，加强了药性理论的系统性

《本经》是本草之经典，李时珍先列其“序录”（《本草纲目》称为“名例”）。以原文作为基础，分段或分句给予注释，将后世医家之相应论述归纳于其下，既阐述《神农本草经》的含义，亦使后世医家所发挥的药性理论得以系统化。《神农本草经》未及或论述不详者，如“气味阴阳”“五味宜忌”等，则从《黄帝内经》的原文中采集并加以归纳整理。同时，在用药方面，他总结用药经验，综合用药法式，发展辨证用药理论。他先据《黄帝内经》，总结“四时用药例”“五运六淫用药式”“六腑六脏用药气味补泻”“五脏五味补泻”等各种用药法则、用药禁忌，在《证类本草》的基础上，李时珍还新增了许多后世医家总结的内容。在药物性能方面，他重视药物性味，结合临床效验，充分阐述各药性能。“序例”中高度概括药性，在对各药的分析中强调药性理论的重要性，是《本草纲目》突出的特点。他很重视结合临床效验来探讨药性。

李时珍在整理前人药性理论方面，无论其深度和广度都是无可比拟的。

前人所总结的药性理论，经过他的精心归纳，内容更加充实，条理更加清晰，理论的系统性更加严密，对于后世药性理论的发展起了很大的推进作用。

（三）纲目演绎，增强了本草文献的逻辑性

就全书所有内容而言，“大书”为纲，“分注”为目，凡加粗大书者属“纲”的内容，以小字分行注释者属“目”的内容。就药物的分类体系而言，大部为纲，小类为目。每部前面，均有一序，论述本部药物的分类依据等，此内容皆用大字书写，以突出其纲。而部中小类则只标类名，不加说明。就药物名称而言，正名为纲，释名为目；总名为纲，附品为目。就每药的编写体例而言，标名为纲，列事为目。纲目交织，全书处处有纲目。李时珍就是应用这种“以纲挈目”的方法，将《神农本草经》以下，历代本草的各种药物资料重新剖析整理，使近两百万字的本草巨著体例严谨，层次分明，重点突出，内容详备，确实做到了“博而不繁，详而有要”。

（四）医药结合，提高了医药理论的实践性

医药自古不分家，古代本草，皆示自良医；古之良医，皆精研本草。李时珍的《本草纲目》详注经典，通采诸家，注意医药理论的结合。在各药的编述中，不仅对历代本草中的性味、主治等内容详加注释，而且新设“发明”一项，应用医药理论阐述治病机理，从而进一步密切了医药理论的联系。他广集病证，详列诸药，加强辨证用药的指导，从“序例”析出了专辑“百病主治药”二卷。《本草纲目》相较于前代本草，不仅内容成倍增加，而且体例更为详备，所述病证的数量较前倍增，排列次序也有了规律，先内后外，五官妇儿，各科通列齐备。各证主治药名较前增至数十倍，而且在体例上有了更大的改进。如每一病证之下增加了辨证的内容，每一病证的主治药物，也根据其功能或主治证型加以归纳，充分体现了辨证用药。他还博采众方，印证药效，促进方药结合的研讨。在《本草纲目》中，他通过附方与病例来印证药物的功效，这不仅使人们对药物的认识有了依据，而且对于药物的推广应用也起到了促进作用。

（五）辨疑订误，精纯了本草内容的科学性

他批判邪说，破除迷信，辨正诸药功过。李时珍的批判精神是贯穿全书的，如药物“不分三品，惟逐各部”的分类思想，就是对当时尊经复古思潮的批判。他极力地反对水银等物长期食用可以成仙这种邪说。通过长期的验证，他发现少量的水银在其他药物的搭配下可以成为药物，然而长期食用会致人死亡。可以说，李时珍在纠正前人错误方面，用心最勤。他并不单靠文献，而是深入实践，采访四方。李时珍经常亲采实物，仔细观察；聚集诸草，澄清互混；掘采矿石，解剖动物，深加体审。他还做了许多实验，如炼制丹药、酿制豆豉等。这种亲自实践的方法，乃是获得真知的唯一正确的方法。所以经他订正的内容，大多切实可靠。

四、李时珍的药学辨证思想

恩格斯曾指出：“不管自然科学家采取什么样的态度，他们还是得受哲学的支配。”李时珍一生从事医药学研究和科学实践所取得的成果，与他建立在唯物主义哲学思想基础上的辩证思维有密切的联系。李时珍生活的时代，主观唯心主义的哲学思想和宗教哲学有着广泛的社会影响。但他在医药的理论探讨与科学实践中，并未接受唯心哲学思想的支配，而是比较自觉地接受了唯物主义的哲学思想，运用科学的辩证思维方法探研医药学。

（一）承认物质客观存在，认识物之性理万殊

主观唯心主义哲学的基本观点是认为心为天地万物的本源，即“心即是理”，所谓“心外无理”“心外无物”“心之本体，无所不该”，等等。而李时珍则承认物质的客观存在和它自身的运动变化规律，并不由人的主观意识所决定。《本草纲目·序例》明确指出“气”（最基本的，客观存在的物质）是万物的本源。他以“气”的运动变化，叙述气味阴阳、升降浮沉、四时用药等药学理论以及人的生理、病理机制。虫部第三十九卷说明物质的不同形态、结构和属性，指出“虫乃生物之微者，其类甚繁”“然有羽、毛、鳞、介、倮之形，胎、卵、风、湿、化生之异”，是“各具性气”。说明万物的运动变化，具有各自不同的规律。金石部第八卷说：“石者，气之核，土之骨也。……气之凝也，则结而为丹青；气之化也，则液而为矾汞。其变也：或自柔而刚，乳卤石是也；或自动而静，草木成石是也。……金石虽若顽物，而造化无穷焉。”兽部第五十卷概括出“物之性理万殊”，实是“千派万种，

言不可尽”。可见李时珍已认识到物质变化的普遍规律及其特殊规律。李时珍在《本草纲目》中对中医药理学说进行了充分的辩证阐发。

首先，从药性的寒与热来说，二者既对立又统一，在一定条件下可相互转化。李时珍认为，证型用药，有常有度，忌胶柱鼓瑟、按图索骥。他告诫人们：“变通权宜，又不可泥一也。”这种灵活的辩证观，对于指导临床用药，具有重要的实践意义。四时用药，应明逆顺之理。四时有春温、夏热、秋凉、冬寒之变，又有春升、夏浮、秋降、冬沉之异。李时珍根据《内经》“天人相应”的思想，提出了“逆顺天时”的用药理论。他说：“升降浮沉则顺之，寒热温凉则逆之。”具体的用药原则是春食凉，夏食寒，秋食温，冬食热，逆四时疾病寒热之性而用。又提出“春月宜加辛温之药……夏月宜加辛热之药……秋月宜加酸温之药……冬月宜加苦寒之药……”以顺应四时升降浮沉之气，而体现四时用药的辩证思想。

其次，从药物的升与降来说，虽与药物的质地和气味有一定联系，但可以根据需要人为地加以控制和改革，即“升降在物亦在人也”。李时珍认为：药物升降可因炮制而变。一物之中，有“生升熟降”之不同，也有因配药而变的情况。因此，李时珍将药物升降之性概括为“升降在物亦在人也”，可谓要言不烦，揭示了决定药物升降的重要因素，充实和发展了药性升降理论。

最后，药物都具有若干作用，但概括起来不外乎补泻两端。补与泻是一对矛盾，但彼此相互联系不可分割的。如苦参、黄柏本为苦寒燥湿之品，李时珍却认为“皆能补肾”；龙胆草原本可以泻肝胆之邪热，而李时珍认为可“益肝胆之气”等，皆取其以泻为补之义。这些都表明，药物的补与泻之间有着一定的内在联系，孤立地、静止地看待药物的补泻作用都失之偏颇。李时珍说：“或补或泻，则因五脏四时而迭相施用者也。”可见，补泻药性虽然相反，但配合得宜，却能协同一致，通补兼长，各主其功，并无相互羁绊之嫌。

（二）从实践中求得验证，强调实践的认识作用

主观唯心主义的世界观必然导致先验论的认识方法，认为只要“致吾心之良知于事事物物”，不承认实践对认识事物的决定作用。李时珍对事物的认识和鉴别，取决于自己的实践。他把实践作为检验药物形态、特性、功效的标准，且以此鉴别历代本草著作中论述的是非。如与“细辛”相似的其他草药很多，为了求得真实，他将易于混淆的杜衡、鬼督邮、徐长卿、白薇、白前诸草，不厌其烦地一一采视，从根、苗、色、味等方面，细加辨别，经过多次反复比较，区别相互之间的略似与差异，获得确凿的验证，澄清长期以来的混淆。

如豨莶一药，历代本草书中对其形态众说纷纭，有谓之似酸浆，有说为苍耳，或曰地落，或云猪膏莓。谁是谁非，难以定论。李时珍不以所谓的“良知”来评判是非正误，而是“聚诸而谛视”，区分出细微之处，终于得出豨莶即猪膏莓，非苍耳或地落的正确判断。又如第十一卷［朴消］条记载制硝过程，得出“诸消是一物，但有精粗之异”的科学验证，批评陶弘景及唐宋诸家“因名迷实，谬猜乱度”的主观臆测。他对药物的功效还采用亲口尝试的方法，如第十七卷［曼陀罗花］条记载：“予尝试之，饮须半酣，更令一人或笑或舞引之，乃验也。”由此肯定此药的麻醉作用和使用的安全剂量。

（三）知识的源泉来自群众，虚心求教才能获得真知

古代自然科学家的自然观和认识论大多属唯物主义，但他们的社会历史观受阶级偏见的限制，因而往往带有浓厚的唯心主义色彩。一些医药学家也如此，这主要反映为轻视群众的智慧和实践经验，认为劳动人民属于下等愚凡，只有“私欲”而无“良知”。但李时珍却十分重视人民群众的医药实践经验，从民间汲取有效的治法和方药。《本草纲目》第十五卷［茵陈蒿］条下记载茵陈蒿可解肌下膈，去胸中烦，并注明此方：“本草所无，自出俗方。”

他还注意收集流传在民间的医药谚语，载入《本草纲目》。如“油麻子胀眼睛花”“槟榔为命赖浮留”“七叶一枝花，深山是我家”，等等。第十八卷［旋花］条中有段叙述：“时珍自京师还，见北土车夫每载之。云暮归煎汤饮，可补损伤。”他对此进行实验，证实旋花确有益精气、补劳损的功效。又如第三十卷［山楂］条有段记述：“珍邻家一小儿，因食积黄肿，腹胀如鼓。偶往羊杌树下，取食之至饱。归而大吐痰水，其病遂愈。”于是他将从来不为医生所用的山楂，首次载入《本草纲目》。

李时珍还向群众虚心求教。《本草纲目》记载他入深山，走田径，叩柴扉，临河滨，与山人、猎手、农夫、皮工、渔翁促膝漫谈，仔细聆听、认真笔录，积累大量第一手材料。他从山人介绍中了解到五倍子就是虫所造之巢，并掌握了采集及贮藏的方法。又在皮工那里知道五倍子熬汤还可作皂色染料。从猎手的口述中，证实老虎别名为“李耳”的科学解释，纠正历代一些“穿凿不经之言”。他还从对菜农的访问中，明确了芸薹（tái）即油菜，澄清了前人的含糊认识。

（四）反对宗教哲学的观念，批判荒诞无稽的怪异邪说

宗教神学的唯心主义哲学思想，严重地阻碍自然科学的发展。神学的理论支柱是灵魂可以脱离形体而永存。当时社会上服石之风经久不衰，方士的神鬼邪说流行，把历代本草书中的一些荒诞之言作为依据，炮制所谓仙丹神药，欺骗群众，诈取钱财，坑害了不少无辜的生命。李时珍却敢于向神鬼邪说挑战，使医药学摆脱神学观念的束缚。第十七卷［芫花］条批判方士常服此药年活百余岁的妄言，认为“芫花乃下品毒物，岂堪久服？此方士迂怪之言，不足信也”。第十五卷［泽泻］条批驳方士所言“泽泻久服，令人身轻，日行五百里，走水上”是“无稽之谬言”。第九卷［水银］条下指出：“本经言其久服神仙……抱朴子以为长生之药。六朝以下贪生者服食，致成废笃而丧厥躯，不知若干人矣。方士固不足道，本草其可妄言哉？”

（五）尊古而不斤斤泥古，敢发前人未到之处

对于前人的实践经验和理论，应以辩证的观点在批判中继承，推陈出新，充实提高。李时珍“渔猎群书，搜罗百氏”，系统研究历代诸家本草，广泛阅读各家医学理论和临证经验著作以及经史百家、传奇杂记，从中搜集、摘录、整理出大量极有价值的文献资料，收入《本草纲目》。但是，他不因循守旧，通过自己的科学实践，用正确的认识纠正错误。如从《神农本草》以来，一直错误地把“萎蕤”与“女萎”混为一物。他指出“诸家不察，因中品有女萎名字相同，遂致费辩如此。今正其误”（第十二卷［萎蕤］条）。他不将前代名医的论断视为“金科玉律”，如著名医家李东垣因张仲景治七种湿热小便不利未用过牵牛子，故“极力辟之”。而李时珍却不赞成这种盲目崇拜权威和泥古不前的观点，他说：“东汉时此药未入本草，故仲景不知。假如知之，必有用法，不应捐弃。况仲景未用之药多矣。执此而论，盖矫枉过中矣。”

李时珍在继承的同时有所创造和发展，能“发前人未到之处”。在药物种类上，把前人尚未认识到的或未载入本草书的，以及国外传入的药物，在自己的实际考察或亲自实践证实行之有效的基础上，充实到《本草纲目》中，共增加374余种，大大拓宽了药物研究和运用范围，促进了药物学发展。在编著体例上，也有创造性的突破。在凡例中，他认为历代本草书是“玉、石、水、土混同，诸虫、鳞、介不别”，分类十分混乱。他划分无生命的物质与有生命的物质，在生物方面则按“从微至巨”“从贱（低等）至贵（高等）”的次序排列。这种比较严密而科学的分类，大体上符合物质变化发展的进程，不仅在药物学著作体例上史无前例，而且为生物分类学开辟了新的道路。

《本草纲目》在总体上以部为纲，以类为目，每一药物项下，标其纲，附其目，分以校正、释名、集解、正误、修制、气时、主治、发明、附录、附方等类。其中既包括系统的药物学理论，又全面地阐述药物知识，而且将药物与治疗有机结合，以治带药，以药带方，条理清楚，形成了以药为主、医方为辅和医药相合的完整体系。这种创造为我国药物学著作树立了新的标杆，是李时珍辩证思维的又一充分体现。

【时珍传说】

一、“哑巴”说话

江西湖口县城有家药铺，老板姓王。他本事不大，上门求医的人不多。李时珍到湖口后，上王老板药铺的人就更少了。为这事儿，王老板对李时珍又是嫉妒又是恨。

有一天，王老板突然想了个主意，自己假装得了哑症，叫两个家人用竹床把他抬到李时珍那里，一来想看看李时珍如何诊治，二来打算趁机找个“岔子”，叫李时珍吃不了兜着走。

李时珍仔细地给王老板把了脉，询问了王老板的两个家人，然后吩咐徒弟：“这位先生是瘀血锁喉，快去讨碗童便让他喝下。”

王老板一听，一个跟头从竹床上翻起来，抓住李时珍的衣领口说：“李时珍呀，实话对你讲，我是专程来试你本事的！”

李时珍笑着说：“我就是晓得你是试我的，才开这药方，要不然你不会开口讲话的。”

王老板问：“噢，你怎么晓得我是装哑巴？”

李时珍说：“你不仅是装哑巴，还跟我一样，是靠捏人手腕子（笔者注：捏人手腕子为鄂东方言，指郎中切脉）谋生活的。”

王老板一惊，心想：李时珍真不含糊，连我是个郎中也晓得。可他嘴上还是不服：“李时珍，这就说岔了，我是个种田的哟！”

“种田人长年累月扶犁打耙，挑担拿锄，茧子长在手掌上。”李时珍边说边翻看王老板的手，“可你，茧子长在指头上，说明你常年是靠手指头得力。看病摸脉，替人抓药，不就是指上功夫么？这是其一。其二，种田人留长指甲碍事，他们的指甲都修得很短，只有喝墨水的人才留长指甲，你右手指甲长，说明你不是种田的。左手指甲短，是行医人怕摸脉抓药划了病人手腕才修得短些。其三，只要过细，还能闻出你手上有一股中药味儿。有这三点，还不能说明你是个郎中吗？”

王老板又问：“说我装哑巴，又有什么根据呢？”

李时珍笑了笑，说：“先生是明知故问吧？但凡哑症只有三种：一是中风不语，症状是牙关紧闭，人事不知，喉中痰鸣。二是药物所致，症状是嘴唇燥裂，鼻孔见血，舌苔发青。三是伤了关门穴，症状是耳脉暴青，喉结下陷，面颊红肿。可先生你，这些症状没有半点，我就晓得是个行家师傅来试我医术的，就戏用童便为药，使先生不得不开口。”

王老板听了这番话便不由从心里佩服李时珍了。此后，他也学李时珍处处留心、细心，生意又慢慢做活了。

二、妙对治怪病

明嘉靖二十一年（1542年），在怀庆担任了九年知府的郝守正告老还乡，回到蕲州。郝知府原是世医出身，未入仕途前也曾行医治病。他不仅精通药典，而且特别喜欢用中药名作对联。

回乡后第一个中秋节的晚上，郝知府在园中赏月，突然发现后院常挂的四盏灯笼被风吹熄了一盏。令人查看，原来是灯笼上破了个窟窿。家人用纸将窟窿糊好，灯笼重新点亮。郝知府见后兴致盎然，随口吟了一副嵌中药名的上联：

灯笼笼灯，糊（故）纸原来是防风

可是思来想去，翻书查典闹到天亮，郝知府就是对不出下联。第二天他茶饭不沾，神思恍惚，病倒了。府上的郎中赶紧给他把脉开药，但药吃了十几帖，郝知府不仅未见好转，反而时哭时笑，疯疯癫癫地胡说乱讲起来。等到几天后，其家人把李时珍找来时，郝知府已是命悬一线、奄奄一息了。

李时珍问清郝知府起病的前后经过与医治的情况后，一不把脉，二不开药，找来一面铜锣，在郝知府的床前"当当当"地猛敲起来。锣声震得昏迷了十几天的郝知府微微睁开双眼，李时珍赶紧把锣一丢，贴在知府的耳旁低声说了一句："锣槌槌锣，有（郁）金只好作雷丸。"

郝知府闻声，翻身坐起，李时珍又从药篮里翻出一本药书高声朗读起来。

郝知府全神贯注地听，越听越兴奋，最后也摇头晃脑地随声念起药书来，七念八念，念到"生地""熟地"时，郝知府打断李时珍的话头说："小李郎中，我有一嵌药对联，讲的是我：'做官之士，四海为家，不择生地熟地。'"

李时珍不假思索，马上笑道："郝老大人，小可也有一嵌药之对，说的也是我嘛。那就是'行医之人，一脉相承，岂分桃仁（人）杏仁（人）'。"

"妙对！妙对！看不出你年纪轻轻的，才思竟如此敏捷，但不知指下功夫如何？来，给老夫摸摸脉。"

郝知府等李时珍给他看病开好处方后，将处方横看竖看，左看右看，看到最后竟扑哧一声笑了，抖着处方乐颠颠地说道："纸白字黑，甜酸苦辣咸五味皆有。"

李时珍也笑眯眯地举起手中的毛笔答道："秆硬尖软，采晒炒切炙百活（合）俱全。"

李时珍这么一回答，郝知府哈哈大笑一阵之后，病全好了。

【《本草纲目》中的诗】

一、《寒具》

寒　具

苏　轼

纤手搓成玉数寻，碧油煎出嫩黄深。
夜来春睡无轻重，压扁佳人缠臂金。

（一）引言

诗载《本草纲目》第二十五卷［寒具］条“集解”，李时珍在介绍寒具的形态时，引用了苏轼的这首诗。

苏轼（1037—1101）字子瞻，号东坡居士。四川省眉州眉山（今眉山市）人，仁宗嘉祐二年（1057年）进士，历任福昌县主簿、大理寺评事、殿中丞等。神宗时，因反对王安石变法出为杭州通判，后知密州、徐州。元丰二年（1079年）徙湖州，因写诗被指为“谤讪朝政”被捕入狱，史称“乌台诗案”。出狱后被贬黄州任团练副使，后再徙常州。哲宗即位，起为翰林学士兼侍读，又因不满当权者尽废新法，元祐四年（1089年）出知杭州。后再徙颍州、扬州、定州。后又被贬至惠州、琼州、昌化等地。徽宗即位，遇赦北还，次年卒于常州。苏轼为北宋中期文坛领袖，文学巨匠，唐宋八大家之一。他于诗、词、散文、书画方面都有很高的成就，其词冲破了五代以来“词为艳体”的旧框架。有《东坡全集》《东坡乐府》《东坡易传》等作品存世。

寒具也名捻头、环饼、馓（sǎn）、东坡饼。寒具指古时为寒食节禁烟不炊而事先准备好的一种食品。李时珍解释：“冬春可留数月，及寒食禁烟用之，故名寒具。捻头，捻其头也。环饼，象环钏形也。馓，易消散也。”

（二）解读

“纤手搓成玉数寻，碧油煎出嫩黄深。”纤细的巧手将拌和的面粉搓捻成白玉般的长条，然后将其用麻油煎炸，使其颜色呈金黄色，故称“嫩黄深”。这两句形象地描述了寒具颜色之美。寻是古代长度单位。

“夜来春睡无轻重，压扁佳人缠臂金。”寒具的外表就像美人缠在臂上的首饰，因春夜里人睡得十分香甜，被不知轻重地压扁了似的。这句形象地描述了寒具形态之美。此两句亦作“夜来春睡浓于酒，压扁玉人缠臂金”。

（三）药物介绍

寒具是以糯米粉和面，加入少量盐，牵索扭捻以形成环钏之形，经麻油煎炸后佐糖食之。其味甘咸，性温无毒。主要作用是利大小便、润肠、温中益气。

二、《枇杷》

枇　杷

杨万里

大叶耸长耳，一梢堪满盘。

荔支分与核，金橘却无酸。

雨压低枝重，浆流冰齿寒。

长卿今尚在？莫遣作园官。

（一）引言

《枇杷》诗载于《本草纲目》第三十卷［枇杷］条“集解”，作者杨万里。

杨万里（1127—1206），字廷秀，号诚斋，吉州吉水（今江西吉水）人。绍兴二十四年（1154年）进士，曾任秘书监，通经学，重名节，作诗2万余首，今存4200余首，为中国诗人中多产者之一。

杨万里始学江西诗派，52岁后学唐诗，博观约取，融会贯通而自成一体，人称其诗风为“诚斋体”。其诗善于描写自然景物，清新活泼。

（二）解读

“大叶耸长耳，一梢堪满盘。”枇杷的叶子在树枝上像耸立着的长长耳朵。摘一枝枇杷放在盘里，就是满满一盘子。枇杷叶为单叶互生的革质叶片，宽4～7厘米，长15～30厘米，基部楔形边沿有粗锯齿，上面深绿色有光泽，下面有锈色茸毛。枇杷叶长且大，故称“大叶耸长耳”。枇杷果为浆果，状似梨果，呈圆形或正圆形，为黄色或橙黄色。因为枇杷花每数十朵聚成顶生圆锥形花序，新花谢后成果，故一枝结果数十颗。诗中“一梢堪满盘”即指此。

“荔支分与核，金橘却无酸。”枇杷核好像是荔枝核分化而成的，枇杷果像金橘，但却没有金橘的酸味。因枇杷核的大小颜色像荔枝核，成熟的枇杷果大小颜色像金橘而没有酸味，故有此句。

“雨压低枝重，浆流冰齿寒。”雨水把结满枇杷的枝条压低了，显得那么沉重。枇杷成熟了，甜蜜的果浆在四五月吃起来还觉冰牙齿。

“长卿今尚在？莫遣作园官。”那位名司马相如的长卿如果今天还在，不要派他去做管理果园的官吏了。因为贪吃枇杷会加重他的消渴病。枇杷味甘美，中医学认为多食会引起消渴病。司马相如晚年曾任文园令，管理汉文帝陵园（见《汉书·本传》），即此所谓“园官”。

（三）药物介绍

枇杷为蔷薇科植物枇杷的果实。枇杷树为常绿乔木，其根、皮（树干的韧皮部）、叶、花、种子（枇杷果核）亦供药用。

枇杷果，味甘酸，能润肺、止渴、下气。多食助湿生痰，脾虚滑泄者忌之。

枇杷叶，全年可采收，采摘后刷去叶背面的茸毛，用水洗净，使其表面稍润，切丝、晒干或蜜炙。《本草纲目》介绍，治胃病以姜汁涂炙；治肺病以蜜水涂炙。枇杷叶味苦、平，能清气和胃，降气化痰。治肺气咳嗽、咳血，衄血、胃热呕秽。

枇杷花，民间称土冬花，花期为9—11月。枇杷花味淡、微温，治伤风感冒、润喉止咳。枇杷花蒸蜂蜜可治伤风感冒；润喉止咳可用枇杷花、辛夷等分研末酒服。

三、《枸杞井》

枸杞井

刘禹锡

僧房药树依寒井，井有清泉药有灵。

翠黛叶生笼石甃（zhòu），殷红子熟照铜瓶。

枝繁本是仙人杖，根老能成瑞犬形。

上品功能甘露味，还知一勺可延龄。

（一）引言

诗载于《本草纲目》第三十六卷［枸杞子］条“发明”。作者刘禹锡。

刘禹锡（772—842），字梦得，北魏孝文帝时改汉姓。安史之乱时，全家避居嘉兴（今属浙江），贞元九年（793年）登进士第，又登宏词科。贞元十一年（795年）登吏部取士科，进入仕途。因参与“永贞革新”，失败后被贬为朗州司马。元和十年（815年）奉召回长安，旋出为连州等地刺史，历夔和二州。文宗初年为主客，任礼部郎中兼集贤殿学士。不久，出为苏、汝、同三州刺史。开成初年，以太子宾客分司东都。武宗初，加检校礼部尚书衔。世称刘宾客、刘尚书。刘禹锡以诗文出名，早年与柳宗元并称“刘柳”，晚年与白居易并称“刘白”。《全唐书》称“刘梦得，诗豪者也，其锋森然，少敢当者”。《全唐诗》收其诗12卷。

据《本草纲目》载：“润州开元寺大井旁生枸杞，岁久。土人视为枸杞井，云饮其水甚益人也。”刘禹锡《枸杞井》诗来源于此，《本草纲目》引用了全诗。

（二）解读

“僧房药树依寒井，井有清泉药有灵。”寺庙里僧人住的房屋称僧房。药树，此指枸杞树，枸杞系灌木。依寒井，在一口水井旁长着。井水像山泉一样的清澈，枸杞和它的根皮（地骨皮），作为药物用来治病，是很有灵气（治病灵验，效果好）的。

“翠黛叶生笼石甃，殷红子熟照铜瓶。”甃，井壁。枸杞为丛生，青黛色的叶子遮住了石头砌成的井壁。枸杞子成熟了，殷红的颜色映照着捣药的铜瓶。

“枝繁本是仙人杖，根老能成瑞犬形。”枸杞系丛生，枝叶繁茂，像仙人的拐杖。又陶弘景曰，“枸杞根、实为服食家用，其说甚美，名为仙人之杖”。《续仙传》云：“朱孺子见溪侧二花犬，逐入于枸杞丛下。掘之得根，形如二犬。烹而食之，忽觉身轻。”周密《浩然斋日抄》所说的“宋徽宗时，顺州筑城，得枸杞于土中，其形如獒状，驰献阙下，乃仙家所谓千岁枸杞，其形如犬者”“根老能成瑞犬形”，即指以上情况。

“上品功能甘露味，还知一勺可延龄。”枸杞子味甘、性平，水煎后有淡淡的甜味，故称“甘露”。其味能补肾益肝，《神农本草经》列为上品药，故称其为上品功能。枸杞子坚筋骨，耐老，可去虚老、补精气，故曰“还知一勺可延龄”。

（三）药物介绍

枸杞，为茄科植物枸杞和宁夏枸杞的统称。其子实、叶、根皮均可作药用。枸杞的果实（即枸杞子）《救荒本草》称甜菜子，《本草经集注》称枸起子，河北称枸杞果，山西称枸茄茄、地骨子。枸杞为蔓生灌木，高达一米余，生长于山坡、田埂或丘陵地带，全国大部分地区有分布。枸杞子呈浆果卵形或长圆形，长0.5～2厘米，直径4～8毫米。

宁夏枸杞为灌木，或经栽培后而呈小乔木状，高达2～3米。主枝数条，较粗壮；末枝细长。浆果为卵圆形、椭圆形或阔卵形，长8～20毫米，直径5～10毫米。生长于沟岸及山坡或灌溉地埂和水渠边等处。野生或栽培物均有。枸杞子能滋肾、润肺、养肝、明目。治肝肾阴亏、腰膝酸软、头晕目眩、目昏多泪、虚痨咳嗽、遗精消渴。

枸杞子内服煎汤，可浸酒或入丸散。著名的中成药有杞菊地黄丸，是治肝肾不足、眼睛干涩冷痛的要药，主要成分有熟地黄、酒萸肉、茯苓、山药、牡丹皮、泽泻、枸杞子、菊花，炼蜜为丸。枸杞子浸酒，成枸杞酒，可补虚、益颜色，令人健美。枸杞子与桂圆熬成杞圆膏，长期服用能安神养血、滋阴壮阳、益智、强筋骨、泽肌肤、驻颜色。

枸杞叶为枸杞子的茎叶，味苦甘，性凉，能补虚益精、清热止渴、祛风明目。春夏采摘可食可药。

枸杞的根皮，又名地骨皮，也名杞根。味甘，性寒。全国大部分地区有产。能清热凉血，治骨节烦热、阴虚自汗。

【中医药文化】

一、四气疗疾，养命养性

中药讲“气”，“气”是什么？《神农本草经》中说，“药又有寒、热、温、凉四气”，“疗寒以热药，疗热以寒药”。中医药理论中说到“气”，有27

个义项特指“药性”。我们的先祖用寒、热、温、凉来诠释药的特性，比“毒”要具体、科学得多。这中药的补，不仅内容丰富，而且别具文化情趣。有补气、补心、补血、补肾、补脾、补肝、补肺、补阴、补阳等，与之相关的方药有补心丹、补肝散、补肺散、四物汤、归脾汤、补阴丸、补血荣筋丸、补中益气汤、四君子汤、杞菊地黄丸、六味地黄丸、百合固金汤、补阳还五汤、补肾磁石丸、补肺阿胶汤等。此类补法多是补脏气。这个“补”，是调理、增强的意思；这个“气”，是指生理功能，即用药物来调理增强五脏六腑的生理功能，使之发挥正常作用，充分体现中药对人体功能器官治本的作用。

所谓养命、养性，都突出了中药调养人体，从而保证机体、各个器官组织功能正常的功效，这就是几千年中药文化生生不息的基础之一。而中药学的不断进步，是它的特色，其中也充满了文化意蕴。正是因为其具有疗疾治病的重要作用。中药的这种特性，也被一一体现在每一味药中，对于寒病就要用热性药，对于热病就要用寒性药，这里药性与病性是相逆的，所谓相反相成，这就是药文化的一种具体表现。

二、天人合一，相辅相乐

所谓“天人合一”，是说宇宙自然是一个大天地，人是一个小天地。人和自然在本质上是相通的。一切人事均应顺乎自然规律，达到人与自然和谐，这是中医整体观念的体现。中国传统哲学十分强调自然界是一个普遍联系的整体，先贤们提出天人相应、天人感应等思想，认为天地万物不是孤立存在的，它们之间都是相互影响、相互作用、相互联系、相互依存的。这一观念贯穿于中医学对人体结构、生理、病理、诊法、辨证、治疗及养生等各方面的理性认识之中。

在中华民族文明的发展中，先人们发现，人类应当“应天时，顺地理”，具体来说，就是顺应日月星辰、四季更替、白天黑夜、山川地理而调整自己的生活方式，使身心与天地运行的规律和谐统一，从而实现健康长寿、无病无灾、幸福圆满的人生理想。

于是，天人合一思想水到渠成般成为中医防治疾病的核心思想。

（一）上下五千年，天人本合一

天人合一是中国人最基本的思维方式之一，具体表现在天与人的关系上。这一观点最早由庄子阐述，后被董仲舒发展为哲学思想体系，构建了中华传统文化的主流思想之一。

“天”字，百姓日用只知其源而不知义，它是一个在日常生活中出现概率极高的词，但人们对它的定义却不甚了解。天，不仅是大自然、天空的意思，还包含着季节、气候、日、月以及幻想中神仙居住的地方（天宫）、古代用来记日或者年的字（天干）、自然的或者突出的聪明智慧（天性、天才）等含义。所以，天人合一，不仅是人与大自然的和谐统一，还包括人与时间、季节、思想等的和谐统一。这也是五千年来，中华民族对大自然运行规律的潜心探索。正因为如此，天人合一思想也无时无刻不在影响着中华民族。

例如，《论语》中，儒家圣人孔子多次提到人与天的关系。如“五十而知天命”“天生德于予”“知我者，其天乎”“获罪于天，无所祷也”等。道家先贤庄子亦说：“有人，天也；有天，亦天也。”

社会发展到现在，自然科学、物理学、生物学、环境学等多种学科的出现，使人类愈发认识到只有与大自然和谐共存、与大自然的旋律交融相和，才能拥有美好的环境、健康的身心。

（二）天人合一，催生五行

在天人合一整体观的影响下，中医发展出了“五行”学说。

五行是指古人把宇宙万物划分为五种性质的事物，即分成木、火、土、金、水五大类，并称为“五行”。这里不但将宇宙万物进行了分类，而且对每类的性质与特征都作了界定。后人根据对五行的认识，又创造了五行相生相克理论，这个理论主要体现在“五行生克”定律上面。

五行相生：木→火→土→金→水。

五行相克：金→木→土→水→火。

相生，是指两类属性不同的事物之间存在相互帮助、相互促进的关系。具体是：木生火，火生土，土生金，金生水，水生木。相克，则与相生相反，是指两类不同属性的事物间相互克制的关系。具体是：木克土，土克水，水克火，火克金，金克木。

由此衍化，古人认为人体的五脏与大自然的五行、五岳、五向、五色等，与自身的五官、五声五味等，与情志的五神、五志等有了相生相克的密切联系。

（三）浑然人体，环环相扣

传统的中医学认为，人体是一个以心为主宰，五脏为中心，通过经络“内属于腑脏，外络于肢节”联系的有机整体。

中医在分析疾病的病因病机时，亦立足于整体，着眼于局部病变的整体病理反应，认为任何一个局部的病变，都可以影响整体，因此以“有诸内必形诸外”为理论依据，通过察脉、验舌，以及观察体表的变化，测知内脏及全身功能活动。通过观察分析五官、形体、色脉等外在的病理表现，判断内在脏腑的病理变化。

所以临床医疗用药时，对于局部的病变，中医不是头痛医头、脚痛医脚，而是主张通过整体加以调治。如用清肝的方法，治疗肝火上炎的红眼病；用清心泻火的方法，治疗口舌糜烂、口腔溃疡；用清胃的方法，治疗实火牙痛；用宣肺的方法，治疗感冒鼻塞，以及“上病下取，左病右取”等，都体现了中医人体的整体观。

（四）人与自然，息息相关

人是自然进化的产物，传统中医认为生活在自然环境之中，人的生命依靠着天地之气和水谷精微之气，并伴随着四时寒热温凉、生长化收藏的规律及地理环境的变迁而存在，因而人体与自然界息息相通。自然界的种种变化都可能对人体产生直接或间接影响。

例如，一年有春夏秋冬四季变化，一日有昼夜晨昏之不同，人之生理也因之发生相应的变化。受季节气候变化的影响，各季节有不同的多发病或流行病。一日之中疾病的变化常有“旦慧、昼安、夕加、夜甚”的规律。这就是世界上独一无二的中医文化。

【草药认识】

一、蕲竹

蕲竹源于桃枝竹，别名笛竹、丛竹、孝顺竹、蓬莱竹等。原产于蕲州附近的麒麟山、百家冶山、龙凤山、缺齿山和现在蕲春县北的三角山、大桴山一带，以及蕲河西岸。蕲竹是湖北蕲春县主要特产之一。蕲竹是“蕲春四宝”之一，是湖北蕲春县特产。李时珍《本草纲目》载：“笛竹一节尺余，出吴楚（蕲州有吴头楚尾之称）。”另外晋代戴凯之《竹谱》，元代李衡《竹谱祥录》以及《辞海》（1989年版）及湖广、湖北、蕲州等地方志均有对蕲竹的记载。蕲竹的内膜、竹黄、竹笋、竹根、竹丸等皆可入药，《本草纲目》记载其有清热、泻火、熄风等作用。

大蕲竹贵在作簟，色泽晶莹，有如琉璃、美玉，质地坚韧，劈篾（miè）如丝，用于作簟则柔软如绵，折叠如布。据史料记载，蕲竹制品源于西周，兴盛在唐宋，没落于清末。用它做的竹笛、箫管，音质清幽柔和，素有“蕲州笛竹天下知”的美誉，有“细水下幽潭，珍珠落玉盘”之妙。用它做的竹席，人睡在上面，既透凉，又爽汗。蕲竹所制的手杖，造型奇特，工艺精致，被称为“蕲杖”“神异品”。这里还有蕲竹扇、蕲竹筷等物，均为珍品。可以说，蕲竹制品不仅是皇宫王室珍藏的珍品，也是文人墨客的吟诵对象、相赠佳品。韩愈、刘禹锡、范成大、苏轼、顾景星等也多有咏蕲州的诗词文赋流传，其中不乏写到蕲竹的作品。

蕲竹（又名龟甲竹）　（何丹生　摄）

据《蕲春县志》（1997年）载，民国初年，蕲春篾匠叶彩华用蕲竹编织了两床具有双面图案（一面为二龙戏珠，一面为丹凤朝阳）的蕲簟，1915年送巴拿马万国博览会参展并斩获金奖，至今仍珍藏在英国大不列颠博物馆中。

二、蕲艾

蕲艾，湖北省蕲春县特产，中国国家地理标志产品。

艾草植株高大，高150～250厘米，其香气浓烈、叶厚而呈纸质，白毛密而厚。中部叶羽状浅裂，上部叶通常不分裂，呈椭圆形或长椭圆形，最长可达7~8厘米，宽1.5厘米，叶揉之常成棉絮状。入药，性温、苦、辛、微甘。艾叶挥发油含有桉油素、水芹烯、樟脑、龙脑等，从药理分析，其挥发油对多种霉菌、球菌、杆菌有抑制作用，还有平喘、镇咳作用。

艾草全草入药，有温经、去湿、散寒、止血、消炎、平喘、止咳、安胎、抗过敏等作用。历代医籍记载为“止血要药”，又是妇科常用药之一，治虚寒性的妇科疾患尤佳，又可治老年慢性支气管炎与哮喘。煮水洗浴时可防治产褥期母婴感染疾病，或可制药枕头、药背心，防治老年慢性支气管炎或哮喘及虚寒胃痛等。艾叶晒干捣碎得艾绒，制艾条供艾灸用，又可作印泥的原料。此外，全草可作杀虫的农药或薰烟作房间消毒、杀虫之药，嫩芽及幼苗可做菜。

蕲艾　（陈中文　摄）

中国艾草有多种，如南艾、北艾、川艾、祁艾、山艾、海艾、朝鲜艾等。蕲艾产自湖北省蕲春县。蕲春县地形狭长，形如船帆，地势北高南低，地貌复杂。北部为山区，中部为丘陵地带，南部为平畈围区。境内最高点为青石镇境内的云丹山主峰，海拔1244.1米；最低点为八里湖农场境内的龙凤寺闸，海拔12米。蕲春属亚热带季风气候，四季分明，雨量充沛，气候温和，历年平均无霜期249.1天，降水量1341.7毫米，日照时数2025.8小时，气温16.8度，适宜蕲艾生长。

《本草纲目》载：“（艾叶）自成化以来，则以蕲州者为胜，用充方物，天下重之，谓之蕲艾。相传他处艾灸酒坛不能透，蕲艾一灸则直透彻，为异也。”

2012年，蕲春县开始规模化种植蕲艾。2015年6月，蕲春举办首届李时珍蕲艾健康文化节。2016年6月，中国中药协会授予蕲春“中国艾都”的称号。

三、蕲春夏枯草

湖北省蕲春县在气候上属亚热带季风气候，四季分明，气候温和，雨量充沛。全县森林覆盖率57.3%，生态环境良好，空气清新无扬尘，水质清洁无污染。独特的地理环境和气候条件非常适合中药材的生长，《本草纲目》所记载的1892种中药材，在蕲春境内便有700余种，蕲春夏枯草就是蕲春众多的中药材之一。

蕲春夏枯草与其他地区夏枯草相比，独特之处表现在以下几个方面。一是观感。花序较长，果穗较大。蕲春夏枯草长2~8厘米，直径1~2厘米，而一般夏枯草长仅1.5~6厘米，直径0.8~1.5厘米。二是内质。蕲春夏枯草浸出物含量和迷迭香酸含量较高。前者≥10.5%，最高检测值达到21.5%。后者≥0.20%，最高检测值达到0.36%。两者含量均比其他地区产夏枯草含量高。

据考证，夏枯草之名，始载于《神农本草经》，其后，历代本草药物书籍及现代药典均对其有详细记载。李时珍在《本草纲目》中，对蕲春夏枯草有明确记载：“主治寒热瘰（luǒ）疬（lì）鼠瘘头疮，破症，散瘿结气，脚肿湿痹，轻身。”并附有7个诊治药方。李时珍明确地描述了蕲春夏枯草的药用价值，此述被后代认为是蕲春夏枯草的经典论述，被历代医书所转载。到清代，咸丰年间和光绪年间两次修撰的《蕲州志》之卷三“土产”篇中，都将蕲春夏枯草列为该

蕲春夏枯草　（李世升　摄）

县土特产，作为贡品上缴朝廷。1986年进行的中草药资源普查结果表明，蕲春夏枯草年产量达到10万公斤，是夏枯草的主产区。

蕲春夏枯草还是药食两用的佳品，至今，在蕲春民间依然有用夏枯草制作药膳、煲汤的习惯。

为了维护蕲春夏枯草的质量和声誉，反对不正当竞争，打击假冒伪劣，打造知名品牌，推动产业发展，国家质检总局2014年发布的第55号公告，对蕲春夏枯草实施地理标志产品保护。

蕲春夏枯草产地范围为湖北省蕲春县蕲州镇、八里湖办事处、赤东镇、漕河镇、横车镇、彭思镇、管窑镇、株林镇、刘河镇、狮子镇、青石镇、向桥乡、张塝镇、檀林镇、大同镇共15个乡镇办事处现辖行政区域。

四、蕲春薏苡仁

蕲春薏苡仁　（陈中文　摄）

蕲春薏仁　（陈中文　摄）

薏苡仁是蕲春县北部山区传统种植的特产作物之一。薏苡又名六谷子、薏仁、薏仁米、薏米、沟子米等。薏苡仁是药食兼优的佳品，其营养丰富，含有亮氨酸、精氨酸、赖氨酸、酪氨酸等氨基酸类成分和脂肪酸、糖类。以种仁供药用，为常用中药，有利水渗湿、健脾止泻、清热排脓的功能。

蕲春县薏苡仁的成熟期在10月，常年种植面积在500亩左右，产量100吨左右。

蕲春县薏苡仁主要产地范围为湖北省蕲春县檀林镇、大同镇、张塝镇、青石镇、向桥乡、刘河镇、狮子镇、株林镇、横车镇9个镇现辖行政区域。

【中医中药小常识】

如何熬中药

（一）容器的选择

煎煮容器以陶瓷、砂锅为最好，其次为不锈钢锅、搪瓷锅以及耐高温的玻璃器皿，因为这些容器具有稳定的化学性质，不易与所煎中药的某些成分发生化学反应。一定忌用铁锅、铜锅和铝锅，因为这些元素会与中药的某些成分起化学反应，不利于疾病的治疗。

（二）预处理

第一步："看"。煎煮中药前首先要查看中药的质量，如发现有虫蛀、霉变等问题时应及时进行处理；其次是查看有无须特殊处理的中药，如有应另置并按特殊方法处理。

第二步："泡"。将药店拿回的中药饮片加适量水浸泡20～30分钟，轻质的中药或气温较高时浸泡时间宜短，重质中药或气温较低时浸泡时间宜长，目的是使中药湿润变软，利于有效成分煎出。

（三）煎煮

煎煮中药时需注意以下几点。

（1）煎煮用水：一般使用无污染的自来水即可，忌用反复煮过的水或隔夜水煎煮中药。

（2）加水量：据一般经验，加水量是指超过药物表面3~5厘米；理论计算是按每1克中药加水10毫升计算，将总水量的70%用于头煎，剩下的30%用于第二煎。

（3）煎煮用火：一般应遵循"先武火后文火"的原则，也就是说，沸前用武火，使水很快沸腾，沸后用文火，保持微沸以减少水分的蒸发。

（4）煎煮时间：煎煮时间从沸腾后计算，一般解表药头煎10～15分钟，二煎10分钟；滋补药头煎30～40分钟，二煎25～30分钟。控制煎煮时间是因为长时间高温煎煮会使植物细胞遭到破坏，使药液中不溶性的无效成分增加，而且还有将药煎焦糊底的风险。

（5）煎煮次数：一般煎2～3次，就能煎出80%～90%的中药成分。煎煮后及时滤出煎液，并将每次的煎液混合后即可分次服用。

（四）中药渣的用途

（1）热熏：将药渣加水后再煎煮3～5分钟，放置一会儿后加适量白酒和醋，用其热气熏疼痛部位。

（2）热敷：将煎过的药渣加二两白酒、二两醋拌匀，用纱布包好。白酒活血通络，醋有透皮作用，可促使药物吸收。先垫上一层毛巾，再用纱布包好的药渣热敷湿敷疼痛部位，以免烫伤。

（3）泡脚：将药渣再煎煮3～5分钟，可另加花椒和艾叶各一小把一起煎煮，药液放温后加入白酒、醋与食盐。中医认为肾主腰脚，盐味咸入肾，可引药入肾，使其泡脚效果更好。

以上方法一次10～20分钟，注意避免烫伤皮肤，尤其泡脚水温要适宜。泡脚时间要根据自身情况适度，孕妇、老年人不宜长时间泡脚。

需要提醒的是，药渣外用也有一定禁忌。外用适用于虚寒病症（如关节怕风怕凉、冬天容易手脚冰凉、背部冒凉气、大便稀溏、小便清长）。实热（如局部红肿热痛，关节疼痛伴发热、皮肤发红）的情况下不建议用；关节内积水者不可用；皮肤过敏、伤口处不宜用。

（4）中药煎煮后的剩渣也是一种很好的养花肥料。因为中药大多是植物的根、茎、叶、花、实、皮，以及禽兽的肢体、脏器、外壳，还有部分矿物质，含有丰富的有机物和无机物。植物生长所需的氮、磷、钾类肥料，在中药里也都有。因此，用中药渣当肥料，对花木种植有很多益处，而且可以改善土壤的通透性。

总而言之，喝中药能从根本上对我们的身体进行调养，但是喝中药的时候禁忌多。一些生冷、腥膻、油腻、辛辣的食物在喝中药的时候最好都不要吃，不然会影响中药的药性，有时甚至还会危害身体健康。中药渣也有很好的作用，外敷或是泡脚都能起到养生的效果。

【拓展与体验】

一、思考

（1）李时珍的药理学对后世有什么影响？

（2）请概述李时珍药理学的发展历程。

二、实践活动

（1）收集你家乡生活中常见的中草药资料。

（2）有条件的情况下，模仿李时珍的辨证方法。

（3）我们在夏季该如何通过“四气”养命养性？

第四章　摄生学家李时珍

【主题导读】

自《黄帝内经》始载衰老与抗衰老的中药内容以来，经《神农本草经》《千金方》《圣惠方》《韩氏医通》等中医药典籍的先后发展，至明代已有较丰富的中医药抗衰老认识和一定的中医抗衰老理论，指导了中医抗衰老临床实践。李时珍在其著作中也收载了大量延年益寿的医论及方药，认为保养脾胃、补益肝肾、调摄饮食起居均为抗衰老的重要方向。李时珍提倡服食药物补益脏腑，重视脾胃肝肾与健康长寿的关系；也主张采用食养疗法，重视饮食调节、适度营养与健康长寿的关系。此外，李时珍严谨求证，认真探讨和甄别药养之品，抨击方士的谬论，用以警醒后人。他提出药养要“据人真赋，辨证施养”，充分地论证了对症下药和辨证而施的重要性。他关于药性和水源对于人体养生的观点，也体现着他的养生智慧。李时珍为养生理论诸多理法方药提供了依据，不论是抗衰老方药，还是食养药养思想，都给后人的中医药抗衰老研究以借鉴和启迪。

一、李时珍的摄生学成就

李时珍不仅在医药学上造诣很深，而且在养生保健方面也颇有心得。补益，是我国传统养生的基本方法和手段。李时珍在《本草纲目》一书中不断完善这一法则的同时，还有所创新发明，逐渐将容颜抗衰的方法和方药扩大到祛邪、攻下等方面，对我国养生学的发展作出了重大贡献。

（一）发掘食养的价值

李时珍力崇“寓医于食”，即将食物赋以药用，借食力助药威，既具有营养价值，又可通过食疗调节生理平衡，防病治病，保健强身，对已经出现的寒、热、虚、实等情况加以调治，延年益寿。在《本草纲目》中，李时珍明确提出：“饮食者，人之命脉也，而营卫赖之。故曰：水去则营竭，谷去则卫亡。”他认为一个人的健康长寿，有赖于合理的饮食结构和饮食方法。关于食补和食疗，李时珍在《本草纲目》中论述很多。如豆黄“甘，温，无毒”，可治“湿痹膝痛，五脏不足气，胃气结积。壮气力，润肌肤，益颜色，填骨髓，补虚损”。乌雄鸡肉“甘，微温，无毒”，可“止肚痛，心腹恶气，除风湿麻痹，补虚羸，安胎，治折伤并痈疽”。羊肉是大补之物，能和人参、黄芪相比，但吃羊肉时，肚子要留有余地，不可吃得太饱，饱则伤脾坏腹。在诸多的养生方法中，他特别推崇药粥养生，并将粥推崇为“世间第一补人之物”。《本草纲目》谷部第二十五卷中收载的药粥就细分补气、补血、健胃、清热、解表等17大类50款药膳粥。

（二）重视肾脏的功用

李时珍认为肝肾功能对健康长寿有着很大的影响，指出：“肾气虚弱，则阳气衰劣，不能熏蒸脾胃。”他非常重视养护肝肾以达健康养生，他抓住肾在人体重要地位的特点，在《本草纲目》中记载养肝补肾药物30余种，补肾益肝、舒筋增髓的方药有近160首，足以证明他对于肝肾功能的重视。李时珍温补肾阳法对后世补益肝肾的方法提供了拓展基础，对近代运用补益肝肾以抗衰延年起到指导作用。

（三）完善药养的理论

药养之道，是一种利用药物来防治疾病、益寿延年的一种养生方法。药养拥有悠久的历史以及繁杂的内容，而一些伪诈和神异的内容夹杂其中导致药养的内容良莠不齐。李时珍以严谨的科学态度，对药养之品进行了认真探讨和甄别，揭露了部分方药久服延年的荒诞论述，也提出了药养之道与治病是同一个道理，即因人而施、对症下药、避免盲从，这为后人的药养研究提供了参考。此外，李时珍认为脾为五脏之本，提出了药养应以补脾为先的思想，这也说明了药性的选择对于人体养生的重要性。他抨击和揭露了以前药养思想存在的谬论，也丰富和补充了正确的药养之道，对我们创立今天的现代科学养生学是颇有裨益的。

二、李时珍的食养思想

（一）服食药物健身长寿

李时珍对健身、长寿医学的研究卓有造诣，他极力反对服食金石，抨击超脱尘世的虚幻臆说，提倡服食药物以补益脏腑。《本草纲目》共搜集历代有关健身长寿的方药约552首，而属于李时珍创立的，亦有59首。其中包含丸剂如固精强骨丸、椒红丸、快膈进食方、老小滑泄方、万病丸；膏剂如脾胃虚弱方、人参膏、参术膏、老人虚秘方；散剂如苍术散、理脾快气方、补肾兴阳方等。还有补肝益肾、健脾和胃的酒、粥、饭、服食药物类及外用固齿、乌发、容颜的方药。

其中对粥类的汇集与阐发更是完备。李时珍从《素问》“谷肉果菜，食养尽之”及张子和“养身当用食补”等五谷治病的原理中分析粥膳的功用，发现大多数被记录的粥类是以五谷粮食为主要原料制作而成，目的是使肠胃更好地适应吸收，从而补充和滋养身体的元气，有益于脏腑气血的生化。李时珍还广泛引证历代医家、养生学家对粥食的精辟论述，用来论证其要义。罗天益《宝鉴记》载道：“粳、粟米粥，气薄味淡，阳中之阴也。所以渗利下行，能利小便。”韩柔《医通》云：“一人病淋，素不服药。予令专啖粟米粥，绝去他味。旬余减，月余痊。此五谷治病之理也。”又有张耒《粥记》云：“每晨起，食粥一大碗。空腹胃虚，谷气更作，所补不细。又极柔腻，与肠胃相得，最为饮食之良。”妙奇和尚说：“山中僧，每将旦一粥，甚系利害。如不食，则终日觉脏腑燥涸。盖粥能畅胃气，生津液也。大抵养生求安乐，亦无深远难知之事，不过寝食之间尔。故作此劝人每日食粥，勿大笑也。”又，苏轼文中曾说：“夜甚饥。吴子野劝食白粥，云能推陈致新，利膈益胃。粥既快美，粥后一觉，妙不可言也。”

李时珍在自创的方药中，强调补益脏腑、疏通气血、益精填髓、安神宁志是健身长寿的基础，而补益肝肾、健脾和胃以及注重先天、后天，尤为重要，是延年益寿的关键。元气是人体生理功能的根本，想要拥有健康身体的人，最重要的是在没有生病之前注重脾胃的保养，固其元气，使后天充实，才不会受到损害。因此李时珍创立了人参膏、参术膏、苍术散、快膈进食方、脾虚不化方、老小滑泄方、理脾快气方、薏苡酒、白术酒及各种谷食酒以及服用后可以健脾和胃的药物，并且汇集了历代医家、养生专家关于培补脾胃的方药达80首之多。此外，李时珍深知心脏对于人体的重要性，在《本草纲目》中记载了20余首有关补心安神、益智容颜的方药。如以沉香、茯神组成的朱雀丸，有安神定志的功效；以生地汁、人参末、茯苓、砂糖组成的琼玉膏，有开心益智、乌发固齿的功效；以龟板、熟地、猪脊髓组成的补阴丸，有助于滋阴补水、填髓益神；等等，这些都是延年益寿的重要方药。

（二）补益肝肾健身延寿

李时珍非常重视肝肾功能对健康长寿的影响。李时珍指出："肾气虚弱，则阳气衰劣，不能熏蒸脾胃。"他抓住肾在人体重要地位的特点，在《本草纲目》中记载了30多种养肝补肾药物，有枸杞子、何首乌、女贞子、紫河车、地黄、鹿茸、山萸肉等。例如何首乌，李时珍写道："益血气，黑髭（zī）发，悦颜色。久服长筋骨，益精髓，延年不老。"据现代研究表明，何首乌含蒽醌衍生物、卵磷脂及钙、铁、锌等微量元素，对动脉硬化、高脂血症以及心脑供血不足者有很好的药效。临床发现，何首乌还有提高淋巴细胞的功效，这充分说明何首乌不失为抗衰健身之良药。李时珍的例证也足以说明何首乌的补肾功能："嘉靖初，邵应节真人，以七宝美髯丹方上进。世宗肃皇帝服饵有效，连生皇嗣。于是何首乌之方，天下大行矣。宋怀州知州李治，与一武臣同官，怪其年七十余而轻捷，面如渥丹，能饮食。叩其术，则服何首乌丸也，乃传其方。"

此外，在《本草纲目》记载的众多长寿方中，补肾益肝、舒筋增髓的方药约有160种。其中有以远志肉、白茯神、当归身等组成的固精强骨方，以乌雄鸡合无灰酒组成的肾虚耳聋方；以蛤蚧、虾米、茴香、蜀椒等组成的补肾兴阳方，以阿胶、葱白组成的老人虚秘方，以蜀椒、生地组成的椒红丸，以及酒、粥、服食方75首。这些方药，均具有补肾益肝、益阴壮阳、固齿乌发、容颜益寿的功效，是养生增寿的必备之品。在这些补益肝肾的方药中，李时珍尤为注重肾阳之虚衰。他认为肾阳是人身的根本，可以激发身体的其他脏器，对人体的生长、发育、衰老、死亡整个过程起决定性作用。他的研究不仅为后世补益肝肾的研究奠定基础，也对近代运用补益肝肾以抗衰延年的思路起到重要的指导作用。

（三）谷肉果菜食养保健

我国医学很重视饮食调节、适度营养与健康长寿的关系，主张通过食养疗法，保持身体健康，以延长寿命。基于此，李时珍在《本草纲目》中，除了大量记载抗老延年医论及方药外，还注重收载其他强身疗疾的方法，如食疗、粥疗、酒疗、服食法等。他强调要保持健康长寿，务必讲究卫生，注重饮食营养，认为“饮食者人之命脉也”。书中共收载谷物43种，菜117种，果品134种，动物462种，其中很多可供食用。他还把多达百余种谷食、肉类、鱼类作为药物予以阐述。常用者有胡麻、黑大豆、薏苡仁、莲肉、芡实、谷芽、蜜糖、山楂、鳖肉、牛肉、鸡肉、羊肉等。李时珍对豆腐、米糕、蒸饼等食品的制作予以详细叙述，认为其有益于抗衰延年。例如，胡麻即芝麻，有“补五内，益气力，长肌肉，填髓脑。久服，轻身不老”的功效。现代研究证明，芝麻含大量不饱和脂肪酸、芝麻素、叶酸、烟酸、卵磷脂、维生素E，可降血糖，降胆固醇。而维生素E有降血糖、降胆固醇、防治动脉硬化之功效，对抗衰老有显著作用。

李时珍遵循《素问》“谷肉果茶，食养尽之”的理论，创制药粥、药酒、药茶、药食诸法。他十分看重粥类的保健功效，《本草纲目》所列62种粥食中，自制者10种。收载的糯米粥、籼米粥、粟米粥及芡实粥、绿豆粥、茯苓粥、胡萝卜粥、菠菜粥等，可滋养脾胃，固益精气。这既丰富了老年人防病颐养的食谱，更开创了李时珍食疗之先河。此外，酒是一种良好的有机溶剂，在《本草纲目》中介绍有30余种药酒，有人参酒、五加皮酒、枸杞酒等，药借酒性以疏通血脉、消除疲劳，对抗衰延年大有裨益。现代医学证明，适时适量饮用，可强心提神，助气健胃，增进食欲，促进血液循环，消除疲劳，增强青春活力，对强身延寿颇有裨益。李时珍还善用茶疗治疾，这对今人以茶养生延年、防病治病的思路具有借鉴价值。此外，李时珍喜用薏仁米、莲子仁、芡实、谷芽、羊肉等药性平和、易食易得的药食配制成茶、粥、酒、食，经常服食这些，对抗衰老延年寿有良好的应用价值。

综上所述，养生保健、延年益寿，是我国传统医学中的重要组成部分。古有导引、吐纳、针灸、按摩及药食诸法，而李时珍则在药食养生方面作出了贡献。李时珍在《本草纲目》中收集的抗衰老方药是集我国16世纪之前延缓衰老药物之大成，李时珍冲破封建迷信的桎梏，批判明代中叶以前研究延缓衰老药物的不良化倾向，倡导用无毒易食的补益类动植物药延年益寿，极大促进了我国抗衰老学的发展，并为现代中老年人延年益寿、抗病防老、养生健体提供了丰富的药食保健方法，对提高中老年的生命质量具有极为珍贵的价值。

三、李时珍的药养思想

（一）正误抨谬，警人以慎

药养是利用药物来防御疾病、益寿延年的一种养生方法。药养有着悠久的历史，内容繁多且复杂。在明代，一些伪诈和神异的思想夹杂其中，导致时常有寻求药物延长寿命反而加速死亡的悲剧发生。李时珍对此感受至深，故在《本草纲目》中，以严谨的科学态度，对药养之品进行了认真的探讨和甄别，以警告后人，切勿被不当的言论所误导。

1. 至谬之论，径与删除

李时珍揭露了部分方药久服延年的荒诞论述，例如［杏核仁］条曰：“古有服杏丹法，云是左慈之方。唐慎微收入本草，云久服寿至千万。其说妄诞可鄙，今删其纰谬之辞，存之于下，使读者毋信其诳也。”再如［黄连］条曰：“《本经》《别录》并无黄连久服长生之说，惟陶弘景言道方久服长生。”类似的论述还可见于论述芫花、巴豆等的内容中，故李时珍在各条“主治”中直接将其“久服延年”的说法删除，不予采纳。

2. 方士谬言，予以抨击

李时珍认为，在176种补养药物中，仍然有许多是方士的谬言。虽然他在“主治”中照常录用了药材的“长生”功效，但在其后立即进行了犀利地抨击，对这一说法给予了否定。如［雄黄］条曰：“服雄黄长生之说，方士言尔，不可信。”如［特生礜（yù）石］条曰：“特生礜石久服延年……此皆方士谬说也，与服砒石、汞长生之义同，其死而无悔者乎？”又如［箘桂］

条评“赵佗子服桂二十年，足下生毛，日行五百里，力举千斤”等方士谬言不可信。李时珍为了避免后人被误导，详细地记载并列举了诸如此类的方士谬言，深刻地批判了某些书中以讹传讹、不负责任的记录，足以使后人省觉。

3.其效不确，设问质疑

李时珍十分注重药理分析，面对那些药效不太明确的养生药物，会设问质疑。如［龙胆］条曰：“但大苦大寒，过服恐伤胃中生发之气，反助火邪”，《名医别录》中所载龙胆“久服轻身之说不足信”。［泽泻］条曰：“神农书列泽泻上品，复云久服轻身……愚窃疑之。泽泻行水泻肾，久服且不可，又安有此神功耶？其谬可知。”还有金屑、银屑、玉等条，他也提出了类似的质疑，这些例子都是在告诉人们，药养必须以药物的品性作为依据，千万不要轻易相信方士的谬言，避免发生求生不得、反倒丧生的悲剧。

（二）据人真赋，辨证施养

李时珍认为人的五脏六腑性质各不相同，所以药养之道与治病是同一个道理，都要因人而异，千万不可以看见别人服用什么，自己就跟着服用，否则必定会留下无穷的祸患。凡是药养，必须以辨证为前提，对症下药，才能使得药到病除，达到人们希望的效果。

1.因人而施

可供人们服用的药物种类繁多，然而每种药的功效各不相同，所以药养必须因人而施。如［茯苓］条曰：“阴虚者不宜用也。”［仙茅］条曰：“（此方）惟阳弱精寒、禀赋怯者宜之。若体壮相火炽盛者服之，反能动火。”此外，李时珍还用正反两方面的生动事例来阐述药与人须相宜的重要性。如［硫黄］条曰：“硫黄秉纯阳之精，赋大热之性……韩退之作文戒服食，而晚年服硫黄而死，可不戒乎？夏英公有冷病，服硫黄、钟乳，莫知纪极，竟以寿终，此其禀受与人异也。”

2.服药久暂

李时珍认为，一般说来，药物不适宜长期服用，否则会导致脏器功能的失衡，而身体的器官一旦出现趋近衰竭的迹象，就会给人体带来巨大的损害，即便没有导致死亡，也会对身体产生其他危害。［大枣］条曰：“若无故频食，则生虫损齿，贻害多矣。”［硫黄］条曰：“但炼制久服，则有偏胜之害。”尤其是金石类药更不可久服。［石钟乳］条曰：“五谷五肉，久嗜不已，犹有偏绝之弊，况石药乎？”［金］条曰：“岂知血肉之躯，水谷为赖，可能堪比金石重坠之物久在肠胃乎？求生而丧生，可谓愚也矣。”但若辨证明确，金石药也可久服，如［丹砂］条曰：“临川周推官平生孱弱，多服丹砂，乌、附药，晚年发背疽，医悉归罪丹石，服解毒药不效。疡医老祝诊脉曰：‘此乃极阴证，正当多服伏火丹砂及三建汤。’乃用小剂试之，复作大剂，三日后用膏敷贴，半月而疮平，凡服三建汤一百五十服。”这说明长期服用药物的说法不可拘泥于某一种观点，应当根据疾病的病症、病人的体征等，辨清疾病的原因、性质、部位及发展趋向，从而借助药物协调人体环境与外部环境的关系，以求得新的平衡。

3. 药不囿补

药养必须依据人体的先天禀赋以及后天的调养，而不是一味地依靠中药补养。天门冬“清金降火”，络石、菊花“疏散风热”，蒺藜“祛风逐痹”，芡实“嚼之使华液流通”，都可以用作药养。此外，自然界中秉性耐久、坚刚之品，如松、柏、槐等亦可以天地之秉气合人之理而使人增寿。可以说，现今的一些药养思路都从此说中获取灵感。

（三）补养脏气，脾肾为先

李时珍认为脾为五脏之本，药养应以补脾为先。如［黄精］条曰：“黄精受戊己之淳气，故为补黄宫之胜品。土者万物之母，母得其养，则水火既济，木金交合，而诸邪自去，百病不生矣。《神仙芝草经》云：黄精宽中益气，使五脏调良，肌肉充盛，骨髓坚强，其力增倍，多年不老，颜色鲜明，发白更黑，齿落更生。”补肾亦为传统养生之法，李时珍在重视硫黄、蛇床、仙茅等补命门真火的同时，更注意益肾填精，故《本草纲目》中有何首乌“养血益肝，固精益肾”，女贞“乃上品无毒妙药”“益肾之功，尤可推矣”，胡麻“服食以黑者为良……取其黑色入通于肾，而能润燥也”，五加“添精补髓，久服延年益老，功难尽述”等论述。

1. 药养之剂，平和为佳

因为药养需要服用药物的时间相对说来都较长，所以李时珍对用作药养之药的品质和属性十分看重，以性味平和之品为宗旨，他认为，芡实甘平“其功胜于乳石”，龙眼性平和，这些都是性味平和可用以药养的选择。在《本草纲目》所列的176种养药中，李时珍通过搭配不同种类的药材使其药性归于平和。此外，李时珍认为药养之品不能只追求贵重，也要注重药效，他认为“淮知至茂之中，乃是殊常之效”，所以推荐络石、蛇床等廉价之品作为药养之剂。

2.水养之要，在于水性

李时珍认为水是滋养万物的源泉，是维持饮食、维系人体生命的命脉，尤其是那些体质弱、容易患病的人，要更加注重水的品质卫生。他在［阿井水］条曰：“陆羽烹茶，辨天下之水性美恶，烹药者反不知辨此，岂不戾哉。”又［井泉水］条曰：“凡井以黑铅为底，能清水散结，人饮之无疾；入丹砂镇之，令人多寿。”以此来说明饮用清洁之水，使人长寿，反之则多疾。李时珍在水养中着重谈到水的性味因地而异，就算是同一个地方的水，性味和食水宜忌也是有所不同的。

综上所述，李时珍在《本草纲目》中的药养思想主要体现在科学严谨、讲求实效、生动翔实、便于施养等方面，只要人们能认真加以整理、归纳，并使其发扬光大，无疑对我们今天的现代科学养生学是颇有裨益的。

【时珍传说】

一、蒸稻与珍稻

蕲春北部的横岗山中有个皇帝寨，皇帝寨山高林密，崖陡壁峭，生长着许多奇异药草。年轻时，李时珍的父亲李言闻曾带着他到皇帝寨采过药。为了写《本草纲目》，李时珍带着弟子庞宪又专程赶到皇帝寨采集药草。

时值九月初，天气晴朗，李时珍一登上皇帝寨莲花台，就发现了一棵硕大的灵芝。灵芝采到手后，李时珍心中高兴，攀上蟠桃石，俯瞰山下，顿时心旷神怡，好不惬意。就在他放眼四眺之时，忽然听到一声“哎哟”的惨叫。莫不是有人被蛇咬了或者是遇上了什么不测？李时珍猜想道。于是，他赶紧招呼弟子庞宪分头在蟠桃石附近寻找。

很快，二人就在附近的芭茅林中发现了一位昏死过去的青年人。李时珍检查过后发现青年人是砍柴时不小心砍断了手指。

李时珍将青年人救醒后，得知他姓曾，是名秀才，住在皇帝寨山下的塆子里。眼看天快黑了，曾秀才将李时珍师徒带到家里，向妻子说明了李时珍救命的经过。秀才娘子听说后觉得无甚报答，就从一个罐子里倒出两升谷，准备去舂成米煮饭招待师徒二人。

李时珍是心细之人，见秀才娘子倒出的谷粒比他见到的其他谷粒长得多尖得多，颗粒又十分饱满。再搓开谷壳，发现米粒又长而尖、白而亮、晶莹剔透，很不一般。李时珍便好奇地问道："敢问秀才娘子，我见过的谷种没有十种，也有七八种，从未见过如此稀奇的，莫非你这谷粒有什么特别之处?"

秀才娘子听到后，立时眼泪汪汪，泣不成声。曾秀才便一五一十地讲起了这两升谷粒的故事来。

原来，曾秀才家道衰败，人又老实忠厚，虽考上了秀才的功名，可由于家徒四壁无钱送礼，一直得不到富户的聘用，只好弃文务农。这一年春天，曾秀才找到当地的一位大财主租田借谷种。那个大财主是个出了名的老色鬼，早就垂涎秀才娘子的美貌，便与秀才讲定，以大年三十为限，若还不清田租和谷种的债，必须以妻子作抵押。曾秀才犹豫再三，但囿于生计，最后还是硬着头皮在借据上画了押。

从大财主家里拿回谷种后，曾秀才按照种田的老办法，浸种催芽，准备播种。可是，谷种催了水，生了十几天仍不见发芽，而且时间久了还有一股酒气。秀才去找财主问缘由，财主骗他说，他家的谷种是贡品，与其他谷子不同，只需种下田就行了。秀才只好将浸催了多日的谷种下了田。谷种下了田，不几天全开始发烂发臭，只长出九株秧苗来。

这是怎么回事呢？原来，是阴险狡诈的大财主故意做了手脚。秀才与他签了借据后，当晚他就指使管家将借给秀才的那担谷种放入酒甑蒸了个半熟。快蒸熟的谷种当然不会发芽，种到田里当然会腐烂发臭。

谷种不发芽，秀才租的几亩田当然也就误了季节、荒了田。那长出的九株秧苗是因为当时沾在酒甑的竹篾箍上，才会发芽的。就这样，一担谷种育出的九株秧苗繁育到收割时，只打了两升多谷。秀才娘子是欲哭无泪，将这两升多谷粒装进罐子里，十天半月拿出来看一看，每看一次就要哭上一场。走投无路的曾秀才，骨子里有一股不服软的气，于是便每天上山砍柴，挑到山下卖掉，想要凑钱还财主的债。那天，由于肚中饥饿，头昏眼花，他一刀砍在了手指上……

李时珍听了这两升稻谷的来历后，坚决不同意将这两升谷种舂成米。随后，师徒二人将随身所带的碎银全部翻出来，不仅凑齐了曾秀才欠财主的债款，还余下足够租半亩薄田的银两。秀才夫妻跪地不起磕头长谢，李时珍一把扶起二人，对曾秀才夫妇说道："你们这两升谷种，等同于用血汗浸染，非比寻常，要好好地培育繁殖，将来一定会有大用途。"第二天，李时珍告辞之时，又给两升谷种取名"蒸稻"，并千叮咛万嘱咐要秀才夫妇培育好"蒸稻"。

此后，李时珍隔三岔五派人送些银两接济曾秀才，也与曾秀才成了莫逆之交。曾秀才夫妇对"蒸稻"倾注心血地培育，一年两年越积越多，三年五载后，产量增加，渐渐有了存余。逢年过节时，曾秀才夫妇就到蕲州城给李时珍送上一些，让恩人尝鲜。

有一年的盛夏，荆王妃突然患上了一种怪毛病，一吃饭就喊胸口胀，像针尖刺一样难受。李时珍的父亲李言闻用了许多方子，但效果都不佳。李时珍便同父亲商议，将曾秀才送来的"蒸稻"米试着让王妃食用。神奇的是，荆王妃服食"蒸稻"米饭后，肚子不胀气了。连吃了大半个月后，王妃的胃气疼胀彻底好了。这一下子，"蒸稻"米就出了名，成了名扬荆楚的名米。住在皇帝寨的曾秀才家门口很快门庭若市，前来购买"蒸稻"种子的络绎不绝。曾秀才一家，也因为卖"蒸稻"种子而发了财，彻底摆脱了贫困。为了铭记李时珍的大恩大德，曾秀才特此将"蒸稻"改名为"珍稻"。

二、黄山采药得歙砚

著名的旅游胜地安徽黄山，流传着许多有关李时珍的传说。其中，"黄山采药得歙砚"的故事甚为有趣。

传说，李时珍为了写《本草纲目》，遍尝百草，甄别比较，足迹遍及名山大川，黄山与蕲州相距不远，自然成了他的必去之地。这天，在黄山山脉灵金山东边的一个山洞里，爬了大半天山的李时珍刚解开包袱准备喝点水吃点干粮，突然，一声惨叫伴随着啼哭声传进洞来。李时珍不顾辛劳，急忙起身寻找哭声来源。很快，他在一草丛处见一农妇倒在地下，手背粗肿，上面还有两个针眼，显然是被毒蛇咬伤。李时珍马上帮她挤去毒液，将药篮中的七叶一枝花和半边莲等草药捣碎，敷在农妇手上。深知黄山地区的蛇害严重，李时珍特意在身边带了自配的蛇药。那句“怀揣半边莲，敢伴毒蛇眠”的俗谚，相传便是李时珍所传。不一会儿，农妇苏醒了。李时珍忙问：“大嫂，你叫什么名字，家住何处?”妇人答道：“我叫小青，住在灵金山下。谢谢恩公救了奴家的性命，恩公在上，受奴家一拜。”说着，农妇便跪在地上拜谢李时珍的救命之恩。李时珍将小青扶起，小青不肯起来，垂泪说：“恩公是我救命恩人，今日看来，恩公医道不浅，还求恩公救我公婆一命。”

于是，李时珍随小青来到灵金山下的家中，一看，真的是一贫如洗。婆婆病在床上，公公双目发黄、四肢无力，儿女幼小，实在凄凉。李时珍认真地对小青公婆的病进行了一番望、闻、问、切后，便知小青婆婆患的是伤寒，公公病源在肝。李时珍一番思忖后问小青：“家中是否有笔、墨、砚台?”小青点头答道：“家中官人读书时，有‘黄龙戏珠砚’一方。笔、墨、纸自然不少。”说完，小青很快找出纸、墨、笔、砚交给李时珍。李时珍见那“黄龙戏珠砚”石质坚细，黄于蜂蜜，两条雕龙栩栩如生，砚池里不放水都滋润，顿时爱不释手。他叫小青打水磨墨以充药引。小青说：“我家祖传‘黄龙戏珠砚’不用倒水，只要在砚台上敲三下，砚池里就有水了。”他依言用笔在砚台上敲了三下，果然砚池莹润如水，于是便惊奇地叫了起来：“奇砚也!”李时珍取过药引，砚台居然干干净净，无一点墨迹，不洗如新，确实是一方罕见的宝砚。

连续十几天，李时珍给小青的公婆既施药又施针灸，又将采挖的黄精、玉竹等大补元气之药熬成膏予以滋养。很快，二位老人的病逐渐恢复，婆婆首先病愈，起床劳动，公公眼睛也恢复了光明。小青感激不尽，但又觉得无一物为谢，遂与公婆商量，要将祖传“黄龙戏珠砚”送给李时珍。李时珍当然知道这砚台的名贵。他每到一处，必先找县志、府志一阅以了解地方特产名产。《歙县志》载："灵金山东支，曰岩山。蜿蜒东出山涧，有石色黄如蜜，可作砚。腻不减龙尾。"可他坚决不夺人所爱，不管小青一家怎样劝说，就是不肯收受砚台。

告别小青一家后，李时珍回到蕲州家里，倒出采集的草药标本。不想那方"黄龙戏珠砚"随药而出。原来，小青见李时珍不收砚台，就趁他不注意，偷偷塞进了李时珍的药袋子。李时珍不得不面向黄山一番感激默谢。从此，他就用这方"黄龙戏珠砚"磨墨书写《本草纲目》。李时珍能得心应手写出《本草纲目》，黄山农妇与所赠的"黄龙戏珠砚"功不可没。

三、白术汤治新媳妇牙疯症

牙疯症是什么症？就是牙齿疯长，三天三夜长出了嘴唇之外。这叫吃一样的谷米，得一百样的病。李时珍就遇到过这种怪病。《本草纲目》草部［白术］条下，李时珍专门记载了白术汤治牙疯症之方。

一年的中秋节晚上，楚王做了个怪梦。从梦中醒来，他浑身是汗，脸色苍白。不等天亮，他就令人把府中炼丹的老道士找来，让老道士给他解梦。老道士说，依王爷的运程卦解，今年有血光之灾，不仅需要到山上打醮，而且只有遇到姓顾、姓邹的贵人方可逢凶化吉。李时珍一听，很反对道士的这一说法，但迫于楚王要求，仍陪同楚王来到山上打醮。

楚王一行打完醮，发现山脚下有一处叫顾家垸的地方，这里的一户农家的新媳妇患了牙疯症，楚王便叫李时珍给新媳妇看病。

李时珍询问了一番，才知在婚后的第二天早上，新媳妇发现牙齿有些异样，似乎牙齿在挤着往外长。到了第二天晚上，她感觉到牙齿长得很快，眼睛一闭，耳朵里仿佛可以听到牙根"吱吱"的响动声。第三天中午，新媳妇心惊胆战地发现自己吃饭时牙齿经常咬到唇外边。今早一起床，对着青铜镜一看，天哪，上下两排牙齿都长出了唇外，再长一两天，岂不成了啮牙裂齿的妖怪？新媳妇非常害怕，也不敢把这事告诉爹婆，只跟丈夫说了。丈夫沉浸在新婚的恩爱甜蜜中，以为新媳妇是为哄他高兴胡编的，自然不予理睬。新媳妇有苦难言，越想越怕，趁丈夫出门便将绳子往梁上一甩上吊了。幸亏丈夫转身回房拿东西，才使新媳妇死里逃生。人是救下了，可新媳妇的牙齿还在往外长。郎中找了好几个，一看到新媳妇的模样，都瞪眼摆手扭头而去。故而才引来一村的人赶来看稀奇。

楚王听完此事，心想，一来这新媳妇姓邹，是他的福星。二来李时珍就在他左右，正好可以让李时珍露露脸，让人知道他楚王手下的神医医术高超，名不虚传。

李时珍仔细地看了新媳妇的牙齿，认为还真是奇怪，牙齿都长出了唇外。问了新媳妇婚前有什么异样，新媳妇回答，也没吃什么药，更没有任何异常。李时珍摸了她的脉，脉象洪亢，很显然的肾阳之亢。可怎么治呢？李时珍快速思考起来，却找不到丁点儿方法。

怎么办？看着楚王对他甚是自信的目光和新媳妇一家人的期待焦急的眼神，李时珍虽一筹莫展，可仍然装着没事一样，从车上翻出他这几天所采的药材，脑子里在思考着如何应对眼下的尴尬局面。

一旁的老道士疾步上前靠近李时珍，手在药篓里翻着，嘴巴贴近李时珍的耳朵，低声说了句："用药篓里的白术煎汤内服口含当可解难。"老道士说完悄悄话，将一棵白术故意扯出竹篓，掉在李时珍的脚前。

李时珍心头一颤，心想：这老道士怎么了？是别有用心想让自己当众出丑，还是他真的也懂医术，见过这类怪症？牙齿属肾经所制。牙齿疯长应该与肾有关。新媳妇的脉象肾阳昂亢也证实了这一点。白术健脾益气，脾属土、肾属水，用白术健脾意在用土克水。医理药性是正确的。那么单味白术有效吗？不试岂知效与不效！想到这里，李时珍也别无他法，当即从药篓里拿出几根白术，吩咐新媳妇家人洗净煎汤给她先内服再漱口含吮。

这白术汤也还真的神奇，新媳妇内服口含后，牙齿停止了疯长，三天过后，原先疯长的牙齿也恢复了正常。

回到楚王府，老道士给李时珍悄悄送来一本书，乃宋代文人张锐所撰的《鸡峰备急方》。书中载有"牙齿日长，渐至难食，名髓溢病，白术煎汤漱服取效，即愈也"。

李时珍这才恍然大悟，从此对老道士刮目相看。在修《本草纲目》时，一字不落地将《鸡峰备急方》上的白术汤治牙疯长之方，写入了［白术］条的验方下。

【《本草纲目》中的诗】

一、《秋兴八首》（之七）

秋兴八首（之七）

杜甫

昆明池水汉时功，武帝旌旗在眼中。
织女机丝虚夜月，石鲸鳞甲动秋风。
波漂菰（gū）米沉云黑，露冷莲房坠粉红。
关山极天唯鸟道，江湖满地一渔翁。

（一）引言

诗载《本草纲目》第十九卷［菰］条“集解”。寇宗奭说：“八月开花如苇。结青子，合粟为粥食，甚济饥。杜甫所谓‘波漂菰米沉云黑’者是也。”兴，感兴、遣兴意。

《秋兴八首》是唐代宗大历元年（766年）秋，杜甫流寓夔州（府治在今重庆市奉节县）时所作。此前一年，成都节度使严武去世，在节度使署为参谋的杜甫，遂离成都沿江东下，滞留云安、夔州。当时，安史之乱虽已结束，但随之而起的是藩镇割据，吐蕃、回纥乘虚入侵，诗人年老体衰，忧国忧民，知音零落，流落他乡，归期无日，百感交集，写了这组诗。这组诗章法回环往复，或以夔州为主遥想长安，或以长安为主而映带夔州，本诗通过对昆明池昔盛今衰的描写，寄寓了盛世不再、故园难归的苍凉之情。

杜甫（712—770），字子美，河南巩县（今河南巩义）人。他出生于奉儒守官之家，青年时代正值开元盛世，开元后期，举进士不第，漫游十年。天宝十四载（755年），授右卫率府参军。安史之乱后，授“左拾遗”。乾元元年（758年），贬华州司功参军。次年弃官，年底达四川成都。上元元年（760年）于西郊浣花溪建草堂，后又因避乱漂泊梓州（今四川阆中）。广德二年（764年），剑南节度使严武聘其为署中参谋，又荐为检校工部员外郎。随后，杜甫出川，流落湖南、湖北等地，后病逝于岳阳洞庭湖畔小舟中。杜甫的诗深刻地反映了当时社会面貌和劳动人民的疾苦，在诗歌艺术方面勤于探索，刻意求工，无体不精，形成了沉郁顿挫、律切精深的艺术风格，具有承前启后的作用，影响深远，被誉为“诗圣”。全唐诗收十九卷，《全唐诗外编》及《全唐诗续拾》补诗二首。

（二）解读

“昆明池水汉时功，武帝旌旗在眼中。”昆明池是汉武帝为西征昆明而开凿的练习水战之场所。“昆明池水汉时功”一句借汉喻唐，极力标举当时武功之盛。武帝旌旗象征武帝威力，大旗入云天，猎猎飘舞，汉时水战演习的情景历历在目。唐玄宗开元天宝时，是唐王朝国力鼎盛期，杜甫目睹了当时盛况，借汉喻唐，切合史实。

“织女机丝虚夜月，石鲸鳞甲动秋风。”《汉宫阙记》记载：昆明池左右有牵牛、织女二石像以象天河。《西京杂记》云：“昆明池刻玉石为鱼（一说鲸），每至雷雨，鱼常鸣吼，鬐尾皆动”，而织女并不能鸣机夜织，只在夜晚空空伫立于月明之中，故有“织女机丝虚夜月”一句。池中石鲸在秋风浩荡、池水汹涌的环境中似有“鬐尾皆动”之状，故言“石鲸鳞甲动秋风”。这两句给人一种空虚和不安的感觉。

“波漂菰米沉云黑，露冷莲房坠粉红。”菰米，又名雕胡，生长在水中，叶如蒲苇，秋天结实为菰米。诗中描述正值深秋，菰米结实而无人采摘，任其凋落漂浮，大片大片的如倒映水中的黑云，故有“波漂菰米沉云黑”之句。下一句，深秋的冷露使粉红色的莲花瓣落了，这两句给人一种衰败凄凉之感，暗喻此时的唐朝。

“关塞极天唯鸟道，江湖满地一渔翁。”李白《蜀道难》有“西当太白有鸟道”“不与秦塞通人烟”，此处的“关塞极天”，描写了秦蜀间的崇山峻岭及山道的高危艰险。“江湖”二字，此指漂泊羁栖的境遇，“满地”似乎并非专指夔州一地，有“滔滔者天下皆是”之意。此句感慨自己仿佛渔人，浪迹天涯漂浮无所止境的悲凉感慨。通篇以写水为主，结构上虚实结合，抑扬顿挫，关合兴会浑然一体，把诗人身在天涯、心系故园的悲愤写得波澜起伏、荡气回肠，诗风空灵、含蓄，意蕴深刻。

（三）药物介绍

菰米，为禾本科植物菰的果实。果实成熟后，采取，搓去外皮，扬净晒干。味甘，性冷，无毒。能解烦热、调肠胃。《中国主要植物图说·禾本科》说它可治心脏病等，或作利尿剂。

二、《咏菊》

咏　菊

李时珍

春生夏茂，秋花冬实。
备受四气，饱经露霜。
叶枯不落，花槁不零。
味兼甘苦，性禀和平。

（一）引言

《咏菊》载《本草纲目》第十五卷［菊］条“发明”，为李时珍所作。

（二）解读

“春生夏茂，秋花冬实。”菊，春天生苗，夏天茂盛，秋天开花，冬天结实。本句介绍菊花一年四季的生长情况。

“备受四气，饱经露霜。”经历了一年四季的气候变化，饱经风霜雨露。

“叶枯不落，花槁不零。”菊花在秋天开得茂盛，到严冬时叶枯了而不落，在最寒冷的时候，花瓣干枯了但花不凋零。

“味兼甘苦，性禀和平。”菊花的味道甘甜兼有苦味，药性平和，不补不泻。

（三）药物介绍

菊为多年生草本植物，其花、叶、苗、根均可做药用。菊花味甘苦，性平。有散风热、平肝阳、明目的功效。能治外感风热感冒，头晕目眩或目赤多泪等症。药用菊花，主要有黄菊花、白菊花、野菊花三种。白菊花（滁菊）常用于风热感冒引起的头痛、目赤等症。野菊花功效偏重解毒，常用于疔疮肿毒，野菊花叶又能外敷治疔疮。

三、《离骚》（节选）

离骚（节选）

屈　原

余既滋兰之九畹（wǎn）兮，又树蕙之百亩。

畦留夷与揭车兮，杂杜衡与芳芷。

冀枝叶之峻茂兮，愿俟时乎吾将刈（yì）。

虽萎绝其亦何伤兮，哀众芳之芜秽。

（一）引言

诗句“畦留夷与揭车”载《本草纲目》第十四卷［藒车香］条“集解”，作者屈原。屈原（约前340—约前278）名平，字屈原。初辅佐楚怀王，任左徒、三闾大夫等职，有很高的政治才干和文学水平，后楚怀王听信谗言，逐渐疏远他。楚襄王时，屈原被放逐，长期流浪沅湘流域，写了许多忧国忧民的诗篇。其代表作有《离骚》《九歌》《天问》等二十余篇。他后来见秦兵破楚，既无力挽救楚国，又无法实现自己的政治理想，终投汨罗江而死。

《离骚》是《楚辞》中最长的一篇，系屈原的代表作，集中表现了诗人忧国忧民，不肯与世浮沉的高尚精神以及自己政治理想不能实现的苦闷。《离骚》的“离”为别离，“骚”为忧愤。作品感情内涵极为丰富，充满了对“美政”理想的追求及其破灭后的绝望以及对故国故土万死不变的深情，多种情感的交织，展示了诗人悲愤、狂放、坦然、从容的情怀。此节选系《本草纲目》引用的章节。

（二）解读

“余既滋兰之九畹兮，又树蕙之百亩。”我已经栽培了很多春兰，又种植香草秋蕙一大片。滋，栽培。畹，古代土地面积单位，一畹等于三十亩。树，栽种。

“畦留夷与揭车兮，杂杜衡与芳芷。”分垄栽培了留夷和揭车，还把杜衡与芳香的白芷套种其间。畦，《说文》中说，“田五十亩曰畦”，此处作分垄种植。留夷、揭车、杜衡、白芷均为芳香草药。

“冀枝叶之峻茂兮，愿俟时乎吾将刈。”意为我希望它们都枝叶繁茂，等待我收割的那一天。冀，希望。峻，高大。俟，等待。刈，收割。

“虽萎绝其亦何伤兮，哀众芳之芜秽。”它们枯萎、死亡对我虽有伤害，使我痛心的是它们变质而同流合污。萎绝，枯萎，凋零，此句用花比喻新培养的人才被摧残。芜秽，杂草丛生，比喻新培养的人才变节而与恶人同流合污。

（三）药物介绍

李时珍在《本草纲目》草部第十四卷［藒车香］条“集解”中这样说：

“畦留夷与揭车，则昔人常栽莳之，与今兰香、零陵相类也。”由此句可见留夷、藒车香均为芳香草药。留夷属兰香之类，揭车属零陵香之类。

藒车香味辛、性温、无毒，能去臭及除虫蛀，治霍乱，熏衣。

诗中还提到了杜衡与香芷。杜衡，《本草纲目》第十三卷载，杜衡也名杜葵、马蹄香、土细辛等，药用其根，味辛、性温、无毒。可治风寒咳嗽。做浴汤时可香人衣体，止气奔喘促，消痰饮，治项间瘿瘤之疾，又可下气杀虫。香芷，即白芷，也名香白芷，《本草纲目》第十四卷载，药用其根，味辛、性温、无毒，能发表散风寒，是风寒感冒的常用药，能祛风湿，治风热瘙痒，活血排脓，也是痈疽疮毒等症的用药。

【中医药文化】

五脏六腑

脏腑是人体内脏的总称。中医学依据脏腑的生理功能和形态结构特点，将脏腑分为五脏、六腑、奇恒之腑三类。五脏，即心、肺、脾、肝、肾；六腑，即胆、胃、小肠、大肠、膀胱、三焦；奇恒之腑，即脑、髓、骨、脉、胆、女子胞。下面主要讲述五脏六腑。

五脏在形态上多属于实体性内脏，其共同的生理功能是化生和贮藏精气，功能特点可概括为“藏而不泻”“满而不实”，在经络学说中，心包络也作为脏，故有“六脏”之称。五脏具有各自的生理特性和功能，在功能上相互配合，以心为主宰，形成一个协调统一的整体。

六腑在形态上多属于管腔性内脏，其共同的生理功能是受纳、传导水谷。六腑的功能特点可概括为“泻而不藏”“实而不满”，六腑的治疗特点是“以通为用，以降为顺”。

人体以五脏为中心，与六腑配合，以精、气、血、津液为物质基础，通过经络使诸脏腑建立密切联系，将人体构成一个有机的整体。脏腑之间除了在形态结构上有关联以外，主要是在生理上存在着相互制约、相互依存、相互协同、相互为用的关系。

（一）心为君主掌全身

心位于胸腔之中，膈膜之上，外有心包卫护。在中医理论中，心在五行属火，为阳中之阳，故称阳脏，又称“火脏”，具有主宰生命活动的作用，被称为“君主之官”“生之本”“五脏六腑之大主”。心主血脉，又主藏神。心脉以通畅为本，心神以清明为要。心与小肠相表里。

1.心主血脉

心主血脉，是指心气具有推动血液在脉道中运行不息的作用。心主血脉包括心主血和心主脉两个方面。心、脉、血三者密切相连，构成一个血液循环系统。

心具有行血的作用。血液在脉中正常运行，必须以心气充沛、血液充盈、脉道通利为基本条件。其中，心气是推动血液运行的基本动力，起到输送营养物质于全身脏腑、形体官窍的作用。

心还有生血的作用，即“奉心化赤”。血液的化生源自饮食水谷，但离不开心的气化作用。饮食水谷首先经脾胃之气的运化，化为水谷之精，水谷之精再化为营气①和津液。营气和津液入脉，经心火（心阳）的作用，化为赤色血液。

2.心主藏神

心主藏神，又称心主神明或主神志，是指心有统帅全身脏腑、经络、形体、官窍的生理活动和主司精神、意识、思维、情志等心理活动的功能。神包括广义和狭义两种含义。广义之神，是整个人体生命活动的主宰和总体表现；狭义之神，是指人的精神、意识、思维、情感活动及性格倾向等。

心藏神的作用表现在两个方面。其一，心主宰和调节脏腑组织的生理功能。神能驭气控精，五脏之精化为五脏之气调控五脏的功能。因此，心神通过驾驭协调各脏腑之气，从而调控各脏腑的功能，且心有生血和运血功能，人的神志活动离不开血气的充养。只有心主血脉功能正常，脏腑、形体、官窍才能发挥正常功能。其二，心主宰精神、意识、思维及情志活动。中医学

①营气是行于脉中、具有营养作用的气。因其富有营养，在脉中营运不休，故称之为营气。由于营气在脉中，是血液的重要组成部分，营与血关系密切，可分不可离，故常常将营血并称。

认为，精神、意识、思维及情志活动等方面，五脏各有所属，即“心藏神，肺藏魄，肝藏魂，脾藏意，肾藏志”，但统归心主宰。

（二）肺为宰相司呼吸

肺位于胸腔，左右各一，在人体中位置最高，连于气管，上可通喉咙。在中医理论中，肺在五行属金，有“华盖”“娇脏”“相傅之官”之称。肺主气，司呼吸，主行水，朝百脉，主治节。肺以清虚、宣发肃降正常为要。肺与大肠相表里。

1.肺主气，司呼吸

肺主气，包括主呼吸之气和主一身之气。

肺主呼吸之气，指肺是气体交换的场所。通过肺的呼吸作用，不断吸进清气，排出浊气，实现体内外气体交换。肺主呼吸的功能，有赖于肺气的宣发与肃降运动。宣发是向上升宣和向外布散；肺气宣发，浊气得以呼出。肃降是向内向下的清肃通降；肺气肃降，清气得以吸入。

肺气宣发肃降作用协调有序，则呼吸均匀通畅；肺失宣发或肃降，则可能会出现胸闷、咳喘等症。

肺主一身之气，指肺主司一身之气的生成和运行。肺的呼吸失常，影响宗气及一身之气的生成，可出现少气、声低气怯、肢倦乏力等症。肺主一身之气的运行，体现于对全身气机的调节作用。肺的呼吸均匀通畅，人体之气升降出入运动协调；肺的呼吸失常，则一身之气升降出入运动失调。

2.肺主行水

肺主行水，指肺气的宣发肃降作用推动和调节全身水液的输布和排泄，亦称“通调水道”。由于肺为华盖，在脏腑位置最高，参与调节体内水液代谢，故称“肺为水之上源”。

肺主行水的作用包括两个方面。一是通过肺气的宣发作用，将脾气转输至肺部的水液和水谷精微中的较轻清部分向上向外布散至头面诸窍，外达全身皮毛肌腠以濡润之，并将代谢后的废液化为汗液排出。二是通过肺气的肃降作用，将脾气转输至肺的水液和水谷精微中的较稠厚部分，向内向下输送到体内脏腑组织以濡润之，并将脏腑代谢所产生的浊液下输至肾，经肾和膀胱的气化作用，生成尿液排出体外。

若肺的宣发肃降失常，则可能会出现汗液排泄失常、小便不利、痰饮、水肿等水液输布失常的病证。临床上对这类病证可用“宣肺利水”和“降气利水”的方法治疗，其中宣肺利水法被古人形象地喻为“提壶揭盖”。

3.**肺朝百脉，主治节**

肺朝百脉，指全身的血液通过百脉流经于肺，经肺的呼吸，进行体内外清浊之气的交换，再通过肺气的宣降作用，将富有清气的血液通过百脉输送至全身。

中医认为，心气是血液运行的基本动力。血液的运行又有赖于肺气的推动和调节，肺通过呼吸运动，调节全身气机，促进血液运行，即肺气具有助心行血的作用。宗气①又有“贯心脉”以推动血行的作用。因此，肺气充沛、宗气旺盛，则血运正常。若肺气虚弱或壅塞，不能助心行血，则可能出现心悸胸闷、唇青舌紫等症。

肺主治节，指肺气具有治理调节肺之呼吸及全身之气、血、水的作用。肺的治节作用主要表现在四个方面。一是治理调节呼吸运动。肺气的宣发肃降作用可以协调。维持呼吸的通畅均匀。二是调理全身气机。通过呼吸运动，调节一身之气的升降出入。三是治理调节血液的运行。通过肺朝百脉，助心行血。四是治理调节水液代谢。通过肺气的宣发肃降，调节全身水液的输布与排泄。肺主治节，是对肺生理功能的高度概括。

（三）脾主运化理仓廪

脾位于中焦，在膈之下，位于上腹部。脾在五行属土，有“仓廪之官”“后天之本”“气血生化之源”之称。脾主运化，主统血，喜燥恶湿，脾气主升。脾与胃相表里。

脾主运化，是指脾脏具有消化吸收、运输和转化食物和水液的功能。脾可以将食物转化为人体所需的营养物质，并调节水液代谢。脾的运化功能包括运化水谷和运化水湿两个方面。

脾主统血，是指脾脏具有统摄血液的功能，能够维持血液的正常流动。

①宗气亦称胸气、大气、胸中大气。宗气积于胸中，其主要组成部分是肺从自然界吸入的清气和脾胃从饮食中运化而生成的水谷精气，相互结合而成。宗气的生成直接关系到一身之气的盛衰。宗气在胸中积聚之处，《灵枢·五味》称为“气海”，又名为膻中。

如果脾的功能出现异常，可能会导致血液不循经脉而外溢，出现出血、瘀血、水肿等症状。

脾喜燥恶湿，是指脾脏对于湿邪比较敏感，容易受到湿邪的侵袭。如果湿邪过重，会影响脾的功能，导致食欲不振、腹胀、腹泻等症状。因此，保持脾的干燥和清爽对于维护脾的功能非常重要。

脾气主升，是指脾脏具有升清的功能，能够将水谷精微向上输送到心肺等部位，再由心肺转化为气血，供全身使用。如果脾的功能出现异常，可能会导致清阳不升，出现头晕、乏力、神志不清等症状。

脾与胃相表里，是指脾和胃在生理和病理上密切相关。脾主运化，胃主受纳，两者相互配合，共同完成消化和吸收食物的功能。如果脾和胃的功能出现异常，可能会导致食欲不振、腹胀、腹泻等症状。同时，两者在病理上也常常相互影响，如脾胃虚弱、脾胃湿热等。

综上所述，脾是人体的重要器官之一，具有多种功能。维护脾的正常功能对于维护身体健康非常重要。

（四）肝当将军主疏泄

肝位于腹腔，横膈之下、右胁之内。肝在五行属木，其气主升主动，被称为“刚脏”“将军之官”。肝主疏泄，主藏血。肝与胆相表里。

1.肝主疏泄

肝主疏泄，指肝具有保持全身气机疏通畅达、通而不滞、散而不郁的作用。

肝气疏泄功能正常，则气机调畅，气血和调，经络通利，机体功能活动正常。肝气疏泄功能失常，称肝失疏泄，包括两方面：一是疏泄不及，因抑郁伤肝，肝气不舒，形成气机郁结的病理变化，称“肝气郁结”，症见闷闷不乐、悲忧欲哭、胸胁，以及肝经循行所过的两乳或少腹等处胀痛不舒等；二是疏泄太过，因暴怒伤肝，或气郁日久化火，导致肝气亢逆，升发太过，称“肝气上逆”，症见急躁易怒、失眠头痛、面红目赤、胸胁乳房走窜胀痛，或血随气逆而吐血、咯血，甚则猝然昏厥等。

肝主疏泄作用主要表现在以下几方面：促进血液与津液的运行输布，促进脾胃运化和胆汁分泌排泄，调畅情志等。

2.肝主藏血

肝主藏血，指肝脏具有贮藏血液、调节血量和防止出血的功能。

肝贮藏充足的血液，可濡养肝脏及其形体官窍，使其发挥正常的生理功能。

肝藏血而称为“血海”，故肝也是女子月经来潮的重要保证。若肝血不足，可见两目干涩昏花或出现夜盲、筋脉拘急、肢体麻木、屈伸不利、月经量少，甚则闭经等证。肝贮藏充足的血液，还能涵养肝气、肝阳，防止肝气升发太过，抑制肝阳亢逆，保证肝气发挥正常的疏泄功能。

肝贮藏充足的血液，可根据生理需要调节人体各部分血量的分配。当机体活动剧烈或情绪激动时，肝就把贮藏的血液向外周输布，以供机体需要。当人体处于安静状态或情绪稳定时，机体外周对血液的需求量相对减少，部分血液便又归藏于肝。

肝主凝血以防止出血，固摄肝血而不致出血。若肝藏血功能失常，易导致出血，如吐血、衄血、咯血，或月经过多、崩漏等。

（五）肾藏精气人之本

肾位于腰部脊柱两侧，左右各一。腰为肾之府。肾在五行属水，有“先天之本”“五脏阴阳之本”“封藏之本”“水脏”之称。肾藏精，主水，主纳气，主蛰藏。肾与膀胱相表里。

1.肾藏精

肾藏精，指肾具有贮存、封藏精气的生理功能，故称肾为“封藏之本”。精是构成人体和维持人体生命活动的最基本物质，是生命之源，是脏腑形体官窍功能活动的物质基础。肾精是以先天之精为基础，并赖后天之精的充养而成。

先天之精，与生俱来，是来源于父母的生殖之精，是构成胚胎的原始物质；后天之精来源于脾胃化生的水谷之精。先、后天之精相互资助，相互为用。后天之精有赖于先天之精的活力资助，才能不断化生；先天之精也须依赖脾胃所化后天之精的不断培育和充养，才能日渐充盛。肾所藏之精谓肾精，精能化气，肾精所化之气称肾气。

肾中精气的主要生理功能有两方面：肾主一身之阴阳，肾主生长发育和生殖。

肾阴和肾阳为人体一身阴阳之根本，二者对全身阴阳的协调平衡起着至关重要的作用。病理情况下，某些原因使肾阴和肾阳的动态平衡遭到破坏，可能会形成肾阴虚和肾阳虚的病理变化。此外，由于肾阴和肾阳为各脏腑阴阳之本，因此肾的阴阳失调，会导致其他脏腑的阴阳失调。反之，其他脏腑的阴阳失调，日久也会累及于肾，而导致肾的阴阳失调。

2.肾主水

肾主水，指肾气具有主司和调节全身水液代谢的功能。

肾气对人体水液输布代谢具有推动和调控作用。从胃肠来的津液，经脾的运化、肺的宣降、肾的蒸腾气化、三焦的疏通等作用，才能输送到全身，代谢后的津液则化为汗、尿、粪和呼出的水气排出体外。各脏腑之气必须在其阴阳协调平衡的状态下才能正常参与水液代谢，而肾气分化的肾阴肾阳是各脏腑阴阳的根本。因此，肾的气化作用是水液代谢的基本动力。

3.肾主纳气

肾主纳气，指肾气有摄纳肺所吸入的自然界清气，保持吸气的深度，防止呼吸表浅的作用。人体呼吸功能由肺所主，但吸入的清气，由肺气的肃降作用下达于肾，必须再经肾气的摄纳潜藏，使其维持一定的深度，以利于气体的交换。清代林珮琴的《类证治裁·喘证》说："肺为气之主，肾为气之根。"肾的纳气功能正常，则呼吸均匀和调。若肾的纳气功能减退，摄纳无权，则会出现呼吸表浅或呼多吸少、动则气喘等肾不纳气的现象。

【草药认识】

一、马齿苋

马齿苋 （何丹生 摄）

马齿苋为石竹目马齿苋科一年生草本植物，全株无毛。其茎平卧，伏地铺散，枝呈淡绿色或带暗红色。叶互生，叶片扁平、肥厚，似马齿状，上面暗绿色，下面淡绿色或带暗红色；叶柄粗短。花无梗，午时盛开；苞片呈叶状；萼片为绿色，呈盔形；花瓣为黄色，呈倒卵形；雄蕊花药为黄色；子房无毛。蒴果为卵球形；种子细小，为偏斜球形，呈黑褐色，有光泽。花期为5—8月，果期为6—9月。

马齿苋在中国南北各地均有产。性喜肥沃土壤，耐旱亦耐涝，生存力强，常生于菜园、农田、路旁，为田间常见杂草。广布全世界温带和热带地区。全草可供药用，有清热利湿、解毒消肿、消炎、止渴、利尿作用。马齿苋的种子可明目，还可作兽药和农药；嫩茎叶可作蔬菜，其味酸，也是很好的饲料。

马齿苋含有丰富的二羟基苯乙胺、苹果酸、葡萄糖、钙、磷、铁以及胡萝卜素、维生素C等营养物质。马齿苋在营养上有一个突出的特点，那就是它含有的ω-3脂肪酸能抑制人体对胆固酸的吸收，降低血液胆固醇浓度，改善血管壁弹性，对防治心血管疾病很有利。

马齿苋生食、烹食均可，它柔软的茎可像菠菜一样烹制。马齿苋茎顶部的叶子很柔软，可以像豆瓣菜一样烹食，也可用来煮汤或做沙司、蛋黄酱和炖菜。它也可以和碎萝卜或马铃薯、洋葱、番茄一起烹饪，其茎和叶也可用醋腌泡后单独食用。

二、桑叶

桑叶 （何丹生 摄）

桑叶，中药名，是桑科植物桑的叶，是蚕的主要食物。我国各地广泛种植桑树，故桑叶产量较高。桑叶的叶片呈宽卵形，叶片基部呈心脏形，顶端微尖，边缘有锯齿，叶脉密生白柔毛。老叶较厚，为暗绿色；嫩叶较薄，为黄绿色。其质易脆，握之扎手。其气淡，味微苦涩。现代中西医把桑叶和桑叶生物制剂作为改善糖尿病及其他疑难杂症的药物使用，认为其药效较为广泛。可以清肺润燥、止咳、去热、化痰、治盗汗；清肝明目，治疗头晕眼花、失眠，消除眼部疲劳；消肿、清血，治疗痢疾、腹痛、减肥、除脚气、利大小肠；抗应激、凉血、降血压、降血脂，预防心肌梗死、脑出血，祛头痛、长发，降血糖、抗糖尿病等。

三、金银花

金银花 （向福 摄）

金银花，中药名。为忍冬科忍冬属植物忍冬、华南忍冬、菰腺忍冬、黄褐毛忍冬的花蕾。植物忍冬多分布于华东、中南、西南等地；华南忍冬多分布于广东、广西、海南，菰腺忍冬分布于浙江、安徽、福建、江西、湖北、湖南、广东、广西、四川、贵州、云南、台湾等地，黄褐毛忍冬分布于广西、贵州、云南。

金银花味甘、性寒，有清热解毒、疏利咽喉、消暑除烦的作用。金银花可以用于治疗热毒引起的泻痢便血。热毒结聚肠道，入于血分，则下痢便血，而金银花有凉血止痢作用，对热毒痢疾、下痢脓血、湿温阻喉、咽喉肿痛等有解毒止痢凉血利咽之效。金银花还有疏热散邪作用，对外感风热或温病初起导致的身热头痛、心烦少寐、神昏舌绛、咽干口燥等有一定作用。此外，金银花对多种致病菌如金黄色葡萄球菌、溶血性链球菌、大肠杆菌、痢疾杆菌、霍乱弧菌、伤寒杆菌、副伤寒杆菌等均有一定抑制作用。金银花除了药用外，它在美容、减肥和保健养生方面的作用更为神奇，对身体所起到的巨大保护和修复作用是十分显著的。金银花的功效具有解暑、醒酒、清脑、解渴、清除体内有毒物质以及降脂、减肥、美容洁肤、预防衰老、延年益寿的效用。

已生产的金银花制剂有“银翘解毒片”“银黄片”“银黄注射液”等。“金银花露”是金银花用蒸馏法提取的芳香性挥发油及水溶性溜出物，是清火解毒的良品，可治小儿胎毒、疮疖、发热口渴等症；暑季用以代茶，能治温热痧痘、血痢等。

四、鱼腥草

鱼腥草　（何丹生　摄）

鱼腥草，中草药名，是三白草科植物蕺菜的干燥地上部分。一般夏季茎叶茂盛花穗多时采割，除去杂质，晒干。鱼腥草茎呈扁圆柱形，长20～35厘米，直径0.2～0.3厘米；表面为棕黄色，具纵棱数条，节明显，下部节上有残存须根。其质脆，易折断。其叶互生，叶片卷折皱缩，展平后呈心形，长3～5厘米，宽3～4.5厘米；叶片先端渐尖，全缘；上表面为暗黄绿色或暗棕色，下表面为灰绿色或灰棕色；其叶柄细长，基部与托叶合生成鞘状。穗状花序顶生，呈黄棕色。搓碎有鱼腥气味。

鱼腥草可以提高机体免疫力，对感染性疾病的治疗有着重要的作用。鱼腥草中提得的一种黄色油状物，对各种微生物（尤其是酵母菌和霉菌）均有抑制作用，对溶血性链球菌、金黄色葡萄球菌、流感杆菌、卡他球菌、肺炎球菌有明显的抑制作用。此外，研究表明，鱼腥草提取物能使毛细血管扩张，增加血流量及尿液分泌，从而具有利尿的作用。

【中医中药小常识】

中医八纲辨证是指什么？

八纲，即阴、阳、表、里、寒、热、虚、实。中医八纲是辨证论治的理论基础之一，指通过四诊掌握了辨证资料之后，根据病位的深浅、病邪的性质、人体正气的强弱等多方面的情况进行分析综合，归纳为八类不同的证候。

八纲是分析疾病共性的辨证方法，是各种辨证的总纲。在诊断过程中，有执简驭繁、提纲挈领的作用，可以适用于临床各科的辨证。可以说，内、外、妇、儿、眼、耳、鼻喉等科都可以应用八纲来归纳概括。在八纲的基础上，结合脏腑病变的特点，则分支为脏腑辨证；结合气血津液病变的特点，则分支为气血津液辨证；结合温病的病变特点，则分支出卫气营血辨证；等等。

辨证的过程，是以脏腑、经络、气血津液、病因等理论为依据，对通过对四诊所搜集的症状、体征等资料进行综合、归纳、分析、推理、判断，辨明其内在联系以及各种病变之间的联系，从而认识疾病，作出正确的诊断。

辨证和论治，是中医理、法、方、药在临床上的两个重要环节，两者相互联系，不可分割。辨证是认识疾病，论治是针对病证采取相应的治疗手段和方法。辨证是治疗的前提和依据，论治是辨证的目的和检验辨证正确与否的客观标准。

“病”是指病名，中医所说的病名中只有少数与西医病名是一致的，如麻疹、白喉、破伤风、哮喘、痢疾、中暑等，而大部分的叫法是不同的。由于中西医的理论体系不同，对疾病的认识也是不一样的。西医对疾病的认识建立在人体解剖学、病理生理学的基础上，临床诊断疾病的依据是病人的自觉症状、体格检查、化验检查；而中医认为疾病是人体阴阳偏盛偏衰的结果，临床辨证主要依据病人的症状和体征（舌象、脉象等），诊断时不一定要确定病名，而是要明确是什么“证”。

“证”，即证据、证候的简称，它不单纯是症状或主观感觉，而是一组症候群，也是中医对疾病的诊断。“证”与“症”不同，“症”是指单个的症状，中西医对此的认识是一致的，如头痛、发热、咳嗽、心慌、恶心等为“症”。

“证”是一组特定的临床表现（症状，体征等），是包含着病因、病变部位、病变性质、正邪双方力量对比状况等方面的综合概念。“证”是从分析症状和体征着手，归纳成为比症状更能说明疾病本质的概念。

中医辨证是在长期临床实践中形成的，方法有多种，主要有八纲辨证、病因辨证、气血精津辨证、脏腑辨证、卫气营血辨证、三焦辨证、六经辨证等。其中八纲辨证是各种辨证的总纲，我国传统中医理论认为，尽管疾病的表现形式是极其复杂的，但基本上都可以用八纲加以归纳。如疾病的类别，可分为阴证与阳证；病位的浅深，可分为表证与里证；疾病的性质，可分为寒证与热证；邪正的盛衰，可分为实证与虚证。这样，运用八纲辨证就能将错综复杂的临床表现，归纳为阴阳、表里、寒热、虚实四对纲领性证候，从而找出疾病的关键，掌握其要领，确定其类型，预决其趋势，为治疗指出方向。其中，阴阳又可以概括其他六纲，即表、热、实为阳，里、寒、虚属阴，故阴阳又是八纲中的总纲。

（一）表里

表里是说明病变部位深浅和病情轻重的两纲。一般来说，皮毛、肌肤和浅表的经属表，脏腑、血脉、骨髓及体内经络属里。表证，即病在肌表，病位浅而病情轻；里证即病在脏腑，病位深而病情重。

（二）寒热

寒热是辨别疾病性质的两纲，是用以概括机体阴阳盛衰的两类证候，一般来说，寒证是机体阳气不足或感受寒邪所表现的证候，热证是机体阳气偏盛或感受热邪所表现的证候。所谓“阳盛则热，阴盛则寒”“阳虚则寒，阴虚则热”。辨别寒热是治疗时使用温热药或寒凉药的依据，所谓“寒者热之，热者寒之”。

（三）虚实

虚实是辨别人体的正气强弱和病邪盛衰的两纲。一般而言，虚指正气不足，虚证便是正气不足所表现的证候，而实指邪气过盛，实证便是由邪气过盛所表现出的证候。《素问·通评虚实论》说：“邪气盛则实，精气夺则虚。”

若从正邪双方力量对比来看，虚证虽是正气不足，而邪气也不盛；实证虽是邪气过盛，但正气尚未衰，是正邪相争激烈的证候。辨别虚实，是治疗时采用扶正（补虚）或攻邪（泻实）的依据，所谓“虚者补之，实者泻之”。

（四）阴阳

阴阳是辨别疾病性质的两纲，是八纲的总纲，即将表里、寒热、虚实再加以总的概括。《类经·阴阳类》说，“人之疾病……必有所本，或本于阴，或本于阳，病变虽多，其本则一”，指出了证候虽然复杂多变，但总不外阴阳两大类，而诊病之要也必须首先辨明其属阴属阳，因此阴阳是八纲的总纲。一般表、实、热证属于阳证，里、虚、寒证属于阴证。阴证和阳证的临床表现、病因病机、治疗等已述于表里、寒热、虚实六纲之中。但临床上阴证多指里证的虚寒证，阳证多指里证的实热证。

（五）八纲的关系

表里、寒热、虚实、阴阳八纲并不是彼此孤立、静止不变的，而是错综复杂、互相联系、互相转化的。归纳起来，八纲之间存在着“相兼”“夹杂”“转化”几种关系。

1. 相兼关系

即指两个纲以上的症状同时出现，如外感热病初期，见有表证，还须进一步辨其是否兼寒或兼热，故可分为表寒证和表热证；久病多虚证，当进一步辨其属虚寒证或虚热证。相兼证的出现，不能平均看待，而是有主次和从属关系，如表寒、表热证都是以表证为主，寒或热从属于表证，治疗当以解表为主，分别用辛温解表或辛凉解表；虚寒、虚热证都是以虚证为主，寒或热也从属于虚证，治疗时当以补虚为主，分别用补阳或滋阴的方法。至于表里相兼时，以何证为主，须看具体病情而定。

2. 夹杂关系

即指患者同时出现性质互对立的两纲症状，如寒热夹杂、虚实夹杂、表里夹杂（习惯上叫表里同病）病。另外，在疾病发展过程中，还会出现一些假象，如真热假寒、真寒假热等。所以，在辨证过程中，要细心观察，全面分析，去伪存真，抓住本质，以免造成误诊、误治，延误病情。

3.转化关系

即指某一纲的症状向其对立的一方转化。表里之间、寒热之间、虚实之间、阴阳之间既是相互对立的，又可在一定条件下相互转化。如外感风寒见恶寒发热、头痛等表寒证，若因病情发展或治疗不当，则病邪可由表入里，病变性质可由寒转热，最后由表寒证转化为里热证；实证可因误治、失治等原因，致病程迁延，虽邪气渐去，而正气亦伤，逐渐转化为虚证、虚证可由于正气不足，不能布化，以致产生痰饮或水湿、气滞或血瘀等实邪，而出现种种实证。转化在一定条件下才能发生，辨证时必须随时审查病机的转变，及时诊断治疗，避免疾病向恶化方向发展，促进疾病向痊愈方向转化。

八纲辨证运用时，首先辨别表里，确定病变的部位；然后辨别寒热、虚实，分清病变性质，了解正邪双方力量对比状况；最后可以用阴阳加以总的概括。

【拓展与体验】

一、思考

（1）五脏六腑的基本作用是什么？

（2）李时珍食养思想的主要内容有哪些？

（3）李时珍医养思想的主要内容有哪些？

（4）李时珍的养生思想对当代医者有什么启示？

二、实践活动

（1）探寻李时珍文化，弘扬李时珍精神。

（2）观察桑叶，了解其特性。

（3）了解中医文化五脏六腑理论的精髓。

第五章　博物学家李时珍

【主题导读】

拂去历史的烟尘，当我们以现代科学的眼光重新审视《本草纲目》这部医药学典籍，会发现其内容从花鸟鱼虫、飞禽走兽、金银铁矿到液化置换、四时气候变化可谓应有尽有，与其说它是一部药学大全，不如说是一部内容丰富的博物学著作。李时珍通过“析族分类，振纲分目”，收录了1181种植物的形态、特征及药用价值等信息。将462种动物分为虫、鳞、介、禽、兽、人6部，通过真实观察及解剖还原动物的真实情况。借助实验操作和细致观察丰富了中国古代的矿物学、物理和化学的知识。此外，《本草纲目》还记载了诸多气象学和物候学的资料……现在，让我们一起走进这广博的知识海洋，和李时珍一起探索自然的奥秘。

一、李时珍的博物学贡献

李时珍的成就远不止医学和药学方面，他的研究不仅几乎涉及古代科学的多个领域，诸如植物学、动物学、地质学、化学、物理学，乃至天文学、气象学和物候学等，而且在每个领域他都有值得肯定的成就。所以郭沫若说，“李时珍是伟大的自然科学家”。如果说李时珍对世界自然科学的发展起到了巨大推动和促进作用，那么，其巨著《本草纲目》无愧为“中国的百科全书”。正如明代文学家王世贞于万历十八年（1590年）为《本草纲目》作序时称赞：“上自坟、典，下及传奇，凡有相关，靡不备采。如入金谷之园，种色夺目；如登龙君之宫，宝藏悉陈；如对冰壶玉鉴，毛发可指数也。博而不繁，详而有要，综核究竟，直窥渊海。”李时珍取得如此巨大的成就与其广博的社会科学知识有着密切关系。李时珍在从事科学实践研究所体现出的唯物主义和辩证法思想，为人类留下了宝贵的精神财富和重要思想启迪，因此，他当选为世界和平理事会组织评定的“世界文化名人”。

李时珍继承了我国古代自然科学的成果，把自然界分成动物、植物和矿物三大体系。在《本草纲目》中，他运用了我国传统的关于物质五行的自然哲学思想，按照水、火、土、金石、草、谷、菜、果、木、服器、虫、鳞、介、禽、兽、人的顺序排列，把药物划分为十六大部。这一分类系统，清楚地区分了动物、植物和矿物的三大类别。然而，李时珍并没有满足于这种还比较笼统的基本分类方法，他的观察和思考没有停留在物质的表面形态和简单属性上面，在一定程度上，他甚至开始深入事物的某些本质方面。在以十六部为纲的基础上，他又进一步以六十类为目，在目下又分属、种，按照他的说法，就是“各以类从”。整部《本草纲目》，包罗万象而纲目分明，物色纷繁而种类详辨，构成纲、目、属、种的科学分类系统。《本草纲目》将植物分为草部683种，谷部43种，菜部117种，果部134种，木部204种，共1181种；动物分为虫部127种，鳞部93种，介部51种，禽部87种，兽部104种，共462种，矿物类药分为水部43种，土部61种，金石部161种，共265种。

李时珍对我国自然科学的影响虽然不像医药方面那么直接和突出，但其在其他领域如植物学、动物学、矿物学和化学等方面的成就，在我国的科学发展史上不仅地位很高，其影响也是不可忽视的。李时珍对医药以外的其他自然科学领域的贡献，以植物学比较显著。在现代，我国生物学界对《本草纲目》特别重视，大多数生物科学工作者都阅读过这部科学著作，一些有影响力的科学家还对《本草纲目》做过认真的研究。如著名生物学家何定杰教授和吴熙载教授、著名植物学家苏宏汉教授等，都对《本草纲目》有深入的研究，并为此写过一些有价值的论著。我国现代的一些动物学和植物学等方面的教科书以及许多有影响力的同类著作，在编写过程中都把《本草纲目》列为重要参考资料。如《中国植物志》（科学出版社 1979 年版）、《中国动物志》（科学出版社 1979 年版）、《中国经济植物志》（科学出版社 1961 年版）等。

但受多种因素的影响，李时珍的那些具有先进意义的自然科学思想，并没有完全发展成中国近代科学技术的学术基础。比如《本草纲目》中的矿物学资料以及化学知识和化工技术，在封建时代并未受到重视，直到现代，主要是20世纪下半叶以后，才引起我国科学界的普遍兴趣。现在，《本草纲目》不仅成了研究我国矿物学史、采矿史、化学史和化工技术史的重要参考书之一，而且成了有关专业人员在论著中经常引证的资料。

下面我们将分别论述李时珍在自然科学方面的各项成就。

二、植物学上汇集大成

李时珍总结了古代关于植物的大部分知识，《本草纲目》收录的1892种药物中，植物性药物占有1181种。李时珍不仅收集了前代本草文献中有功能效用的所有药用植物种类，还增加了草部86种、谷部15种、菜部16种、果部33种、木部21种，共171种植物，扩大了医学界对我国植物种类的认识。同时李时珍对我国古代本草的分类体系做出了重大创新，对记载的植物“析族分类，振纲分目”，构成“十六部为纲，六十类为目，各以类从”的分类体系。李时珍所采用的分类方法和标准打破了《神农本草经》按上、中、下三品分类的方法，提出了当时最先进、科学性最强的植物分类系统，基本上做到了从简单到复杂、从低级到高级，大体与自然界发展的客观实际相符。在研究多种植物的形态、特征、生态习性、生长过程、地理分布、栽培技术乃至实用价值等方面，都表现出了突出贡献。

首先李时珍考究百家，通过实地调查，纠正谬误。李时珍是一位真正“读万卷书，行万里路”的科学家。正因如此，他才能求得真知，澄清了不少古人在植物药方上世代相承的谬误，而将正确的结论记载于《本草纲目》中。如水萍与蘋，历来诸家混淆不清，都认为蘋即水萍。李时珍参考诸说，从二物名称的写法、读音和字义等方面全面辨析，认定二物有别，然后又通过实物考察验证了自己的判断，从而正确地鉴别出水萍和蘋是两种不同植物。《本草纲目》[水萍]条中写道：“《本草》所用水萍，乃小浮萍，非大蘋也。陶、苏俱以大蘋注之，误矣……浮萍处处池泽止水中甚多，季春始生。……一种背面皆绿者；一种面青背紫赤若血者，谓之紫萍，入药为良，七月采之”，而［蘋］条中说：“蘋乃四叶菜也。叶浮水面，根连水底。其茎细于莼、莕。其叶大如指项，面青背紫，有细纹，颇似马蹄决明之叶。四叶合成，中折十字。夏秋开小白花，故称白蘋。其叶攒簇如萍，故《尔雅》谓大者为蘋也。《吕氏春秋》云‘菜之美者，有昆仑之蘋’即此。”现代植物学的研究结果也证实了李时珍的鉴别，水萍和蘋不仅种属不同，而且还是不同科的植物。前者为浮萍科，后者则是蘋科植物。为了澄清诸家异说，辨明名实，李时珍找到有关的多种不同植物放在一起进行细致比较鉴别，又根据实践验证，两相结合才得出正确的结论。

二是《本草纲目》以细致的实地考察和准确生动的描写为胜，堪称我国古代一部优秀的植物学教科书。如《本草纲目》［玉簪］条中李时珍写道：此植物“二月生苗成丛，高尺许，柔茎如白菘。其叶大如掌，团而有尖，叶上纹如车前叶，青白色，颇娇莹。六七月抽茎，茎上有细叶。中出花朵十数枚，长二三寸，本小末大。未开时，正如白玉搔头簪形，又如羊肚蘑菇之状；开时微绽四出，中吐黄蕊，颇香，不结子”。在［乌敛莓］条，李时珍曰：“塍堑间甚多。其藤柔而有棱，一枝一须，凡五叶。叶长而光，有疏齿，面青背淡。七八月结苞成簇，青白色。花大如粟，黄色四出。结实大如龙葵子，生青熟紫，内有细子。其根白色，大者如指，长一二尺，捣之多涎滑。”从上述记载可以看出《本草纲目》中对于各种植物的产地、生长环境、生长季节、形态、各部分的特征及其作用等都作了尽可能详细的描述，文字准确、鲜明、生动，使人一看就非常清楚。再加上有关的图谱，人们根据书上的材料，就可以很方便地寻找和辨识某种植物。

三是李时珍对各种植物的名实问题、原产地及其传播情况作了深入考证和详细记载，为我们留下极其珍贵的中国植物研究史料。如银杏是我国一种古老的珍贵树种，一名公孙树，又名白果、鸭脚子。李时珍在《本草纲目》［银杏］条中说，“银杏生江南，以宣城者为胜”，又说，“宋初始入贡，改呼银杏”。他还在其“释名”中引用了欧阳修的“绛囊初入贡，银杏贵中州”一句。由此可知，银杏在我国江北的栽培，还是从宋朝才开始的，连银杏这一名称也是宋初才有的。又如蒲公英在我国南北通地生长。可是李时珍说：

“地丁江之南北颇多，他处亦有之。岭南绝无。”这是说这种植物原来主要生长在长江流域，而李时珍用毋庸置疑的口气说“岭南绝无”，这就值得植物学家们注意了。或许，在李时珍那个时候，岭南并没有蒲公英这种植物，而今岭南处处有，很可能是由于南北交流日益增进，蒲公英的种子随物或附于人身而被无意中带到岭南去了。这对研究植物种源及其发展是很有价值的。我们认为，即使是李时珍考察有误，也值得科学家们去探究一下。

四是李时珍对外来植物的考证尤其具有价值。如茉莉花，现在早已是我国普遍栽种的常见花卉，但是至今却很少有人知道它原来是从外国传入的。《本草纲目》［茉莉］条在“释名”中引述了多种文献资料，如“嵇含《草木状》作末利，《洛阳名园记》作抹厉，佛经作抹利，《王龟龄集》作没利，《洪迈集》作末丽。盖‘末利’本胡语，无正字，随人会意而已”。仅就名称的不同写法，我们似乎就可以推测，“末利”一词是外来语。李时珍还根据考证的结果，指出“末利原出波斯，移植南海，今滇、广人栽莳之”。由此可知，茉莉花早在晋代以前就传入我国南方，然后由南向北逐渐延伸，目前的栽种范围已遍及全国。此外，使君子“原出海南、交趾。今闽之邵武，蜀之眉州，皆栽种之”，排香草“出交趾，今岭南亦或莳之”等类似的记载在《本草纲目》中尚多，这些资料对于植物学家考证外来植物在我国的传播历史以及研究物种的遗传变异都是极有价值的。

此外，《本草纲目》的新增药用植物中，有不少是我国植物学史上首次见于文字记载的。如太和山的千年艾、九仙子和朱砂根，四川的蜘蛛香，广西的锦地罗，甘肃庄阳的金丝草，南方水乡的醉鱼草，还有到处可见的狗尾草，等等。这些材料对于我植物学及其发展史的研究，无疑是非常宝贵的。

可以说，《本草纲目》是在近代植物学形成以前，世界上最完美的植物学教科书。即使以近代的普通植物学教材的标准来衡量，它也是高水平的。根据我国一些著名生物学家的评价，《本草纲目》中的植物学材料，就其内容的丰富性和文字描述的高超技巧来看，是其他任何植物学著作都无法比拟的。

三、动物学上深入探究

李时珍在《本草纲目》中记载的各种动物有462种，其数量仅次于植物。书中所收载的动物学资料十分丰富，为现代动物学的发展打下了坚实的基础。李时珍对动物的研究首先是从对动物的分类入手的，他打破前代本草对各类动物不加区别罗列组合的方法，而是科学地将动物分为虫、鳞、介、禽、兽、人6部，而又在每部下分若干类。如禽部分水、原、林、山禽等类，鳞部分龙类和蛇类，这些分类方法大部分与现代禽类学、鳞类学分类几乎没有差别。其研究之深入，观察之详细，记述之逼真是难能可贵的。

如蜈蚣一药，李时珍云："蜈蚣西南处处有之。春出冬蛰，节节有足，双须歧尾。性畏蜘蛛，以溺射之，即断烂也。南方有极大者，而本草失载。"对蚁的研究更加深入，李时珍曰："蚁处处有之。有大、小、黑、白、黄、赤数种。穴居卵生。其居有等，其行有队，能知雨候。春出冬蛰，壅土成封，曰蚁封，以及蚁垤、蚁塿、蚁冢，状其如封、垤、塿、冢也。其卵名蚳，山人掘之，有至斗石者。"这些记述都十分正确。现代生物学家已经证明，蚂蚁群体穴居，有蚁王、工蚁、兵蚁，甚至还有在与其他蚁群搏斗中从敌方俘虏来的异己者，这些俘虏只能终身充当奴隶。蚂蚁同蜜蜂一样，其行为也是社会化的。李时珍说的"蚁有君臣之义"和"有等""有队"及"能知雨候"等情况，都是有科学根据的。

李时珍对鱼类的考察和研究也十分深入。《本草纲目》对各种鱼的产地、形态、生活习性和鱼汛季节等都有比较详细的记载。如"鲚生江湖中，常以三月始出。状狭而长薄，如削木片，亦如长薄尖刀形。细鳞白色。吻上有二硬须，腮下有长鬣如麦芒，腹下有硬角刺，快利若刀，腹后近尾有短鬣，肉中多细刺。煎、炙或作鲊、鱐食皆美，烹煮不如"；"鲈出吴中，淞江尤盛，四五月方出。长仅数寸，状微似鳜而色白，有黑点，巨口细鳞，有四鳃"；等等。这些记述，从鱼类学的要求来看，也是相当精妙的。这里特别要提到有关金鱼家化的资料。《本草纲目》[金鱼]条载："金鱼有鲤、鲫、鳅、鳌数种，鳅、鳌尤难得，独金鲫耐久，前古罕知。惟《北户录》云：出邛婆塞江，脑中有金。盖亦讹传。《述异记》载：晋桓冲游庐山，见湖中有赤鳞鱼。

即此也。自宋始有畜者，今则处处人家养玩矣。春末生子于草上，好自吞啖，亦易化生。初出黑色，久乃变红。又或变白者，名银鱼。亦有红、白、黑斑相间无常者。”金鱼是鲫鱼的变种，其家养历史起于我国北宋，经历代人工培育，品种不断增加。这一资料对于鱼类学、生物学及有关科学史的研究十分珍贵。生物学家达尔文在论证其物种变异的学说时，曾间接引用了《本草纲目》中的这一段资料。此外，李时珍把鱼类分为有鳞鱼和无鳞鱼两种，这在分类学上很有价值。有鳞和无鳞的区别，至今仍是鱼类分类学中重要的依据。

《本草纲目》中对于鸟类的记载同样很有科学价值。如关于雁的记载，李时珍所说的“飞则有序”“失偶不再配”以及夜宿而“一奴巡警”等情况，确实抓住了大雁生活的本质特征。雁是候鸟，它根据气候的寒温变化，每年南来北往，其生活和行动都严守秩序，群居、食宿必有岗哨，配偶终身不换，失不再配。这些特点都已为现代鸟类学家的科学研究所证实。又如［竹鸡］条载：“竹鸡今江南、川、广处处有之，多居竹林。形比鹧鸪差小，褐色多斑，赤文。其性好啼，见其俦必斗。”［秧鸡］条载：“秧鸡大如小鸡，白颊，长嘴短尾，背有白斑，多居田泽畔，夏至后夜鸣达旦，秋后即止。”对这些鸟类的形态、生活环境和习性说得如此具体，这对鸟类学家来说，无疑是很好的参考资料。此外，我们还必须讲到李时珍所记载的关于家鸡的丰富资料。他在《本草纲目》［家鸡］条中列举了许多品种，其中有朝鲜的长尾鸡、辽阳的食鸡和角鸡、南越的长鸣鸡、南海的石鸡、楚中的伧鸡，以及江南的矮鸡。另外，还有丹、白、黑、黄各色及乌骨鸡。这一资料和金鱼一样，也被达尔文引为物种变异的论据之一。

此外，李时珍还通过解剖实验和病理探讨来对动物进行更加深入的研究。从外形观察到内脏解剖，对动物作如此深入的研究，在李时珍以前是极为罕见的。书中还有一些动物资料是值得注意的。如［木狗］一条中所载的木狗和玄豹，究竟属何种动物，现在是否还存在？都有待于动物学家们去考察研究。

总之，《本草纲目》的动物学资料既丰富又具有很高的研究价值。我国现代动物学研究人员已开始对《本草纲目》中昆虫、鱼类、蛇类、鸟类和兽类中的有蹄类等各方面资料进行专题分析研究，一致肯定了李时珍在动物学方面的重大贡献。至今我国动物学专家仍把《本草纲目》的动物部分作为重要参考资料。

四、矿物学上辑录史料

我国古代关于地质学和矿物学的研究在世界上是最早也是最丰富的。早在史前时期的北京人就已经使用石英，殷周时期的青铜业，春秋战国时的五金业尤其是铁业，在《考工记》《管子》《山海经》等书中都有记载。我们祖先对水土的性质和作用的了解是相当深入的，《管子》《吕氏春秋》《尔雅》及《淮南子》等书都有关于水土的丰富知识。成书于东汉的《神农本草经》，记载了43种矿物药。从晋代张华的《博物志》到宋代科学家沈括的《梦溪笔谈》等著作，都记载了丰富的矿物学资料。李时珍生活在明代中后期，当时的采矿和冶炼业较为发达，他搜集了历代著作中关于药用矿物的知识，又根据自己的考察和了解加以总结，从而在《本草纲目》中对各种药用矿物作了详尽的记载。

《本草纲目》中的矿物资料，特别是关于我国矿物学史的资料，十分丰富而又珍贵。书中的矿物药包括三大类：水部43种，土部61种，金石部161种，共265种。李时珍记载矿物，或引诸家所论，或自行解释阐述。在《本草纲目》的矿物类中，按其内容而论，实际上就是一部药用矿物学的各论，它包括了各矿物药的名称、分布、品种、形状、性质、作用、鉴别方法乃至找矿、采矿和冶炼的方法等，资料十分丰富。这对于地质学尤其是矿物学，有重要参考价值。如关于“金”的论述，《本草纲目》辑录了从秦汉直至唐宋的历代典籍资料，对金的产地、品种、性质和鉴别方法记载十分详细。李时珍总结诸说，指出“金有山金、沙金二种。其色七青、八黄、九紫、十赤，以赤为足色。和银者性柔，试石则色青；和铜者性硬，试石则有声”。这种根据声音鉴别矿物的方法，在当时是十分先进的，至今仍是地质科学工作者野外考察的常用方法。《本草纲目》［水晶］条中谓水晶“性坚而脆，刀刮不动，色澈如泉，清明而莹，置水中无瑕，不见珠者佳”“药烧成者有气眼”。这种鉴别天然水晶和人工水晶的方法，即使在今天也没有过时。关于石油的记载，李时珍说："石油所出不一，出陕之肃州、鄜州、延州、延长，广之南雄，以及缅甸者，自石岩流出，与泉水相杂，汪汪而出，肥如肉汁。土人以草挹人缶中，黑色颇似淳漆，作雄硫气。土人多以燃灯，甚明，得水愈炽，不可入食。其烟甚浓。"特别可贵的是，李时珍还记载了当时发现的盐井石油："国朝正德末年，嘉州开盐井，偶得油水，可以照夜，其光加倍。沃之以水则焰弥甚，扑之以灰则灭。作雄硫气，土人呼为雄黄油，亦曰硫黄油。近复开出数井，官司主之。此亦石油，但出于井尔。"这就证明，中国人凿井取油，早在16世纪以前就开始了。又如关于煤炭的开采和应用，《本草纲目》［石炭］条载："石炭南北诸山产处亦多，昔人不用，故识之者少。今则人以代薪炊爨，锻炼铁石，大为民利。土人皆凿山为穴，横入十余丈取之。"在这一条中，还有世界上最早的关于煤气中毒的记载。

更值得注意的是，李时珍对于某些矿物的化学构成已经有了基本的认识。他说："胆矾乃铜之精液，味辛酸。"解释石油"作雄硫气"的原因是"地产雄、硫、石脂诸石，源脉相通，故有此物"。现代化学分析已经证明，胆矾是由硫酸铜组成，石油原油中都不同程度的含硫，这均说明李时珍的判断是完全正确的。又如辰砂矿有红色的、有黑色的。黑者含汞多，不可服食。李时珍在《本草纲目》［丹砂］条中引述了苏敬等人编写的《新修本草》的记载："复有块砂、末砂，体并重而色黄黑……但不入心腹之药，然可烧之，出水银乃多也。"李时珍肯定了这一说法，认为"作块黑暗"者，"不堪入药，惟以烧取水银"。根据王嘉荫在《〈本草纲目〉的矿物史料》一书结论部分的说法，西方矿物学家直到20世纪上半叶还说不出黑辰砂为什么色黑的原因，如《达纳矿物学》1922年第3版时对此还没有记载。到了20世纪50年代，西方矿物学著作才对这一问题作了明确的回答。

《本草纲目》还记载了不少有关矿产分布以及找矿的方法，其中某些资料甚至涉及生物地质化学的问题，主要是植物生长和矿藏的关系，提示了一些根据地面植物找矿的方法。如《本草纲目》［铅］条引《地镜图》云："草青茎赤，其下多铅。"又如［水银］条中引录苏颂介绍的取草汞法——从细叶马齿苋中烧制水银。《本草纲目》中的这些说法是否有科学根据，我们还无法肯定。但是类似的现象已经被科学家们证实。众所周知，植物和食物都含有多种微量元素，如牛奶含铬、钒、银、锂、砷、氟、铅等至少25种元素，马铃薯含铁、铜、硼、镓、锌等元素，菠菜、辣椒含铁元素等。古代欧洲有一种传说，认为含羞的金银花是产金地的标志。人们一度视为迷信，但当科学家用分光镜对金银花作了分析后竟然惊讶地发现：产金地的金银花所烧灰烬的含金量比一般金银花的要高好几倍。李时珍在《本草纲目》中载录的有关资料，为我们提供了一些进一步研究的线索。

五、自然科学丰硕成果

《本草纲目》中李时珍对物理学有着精深的研究。他充分利用药物的物理指标对药物进行炮制，以达到所需要的性状特征。如紫石英，李时珍说："凡入丸散，用火煅醋淬七次，碾末水飞过，晒干入药。"这里李时珍就是利用改变紫石英的硬度，以"水飞"分离比重大小不同的细粉，便于临床应用。李时珍还通过炮制，如烘、晒、晾等改变药物水分含量，以利于保存。再如方解石与硬石膏自古就有相混现象，李时珍就是运用他们的物理性质之不同进行了科学鉴别："方解石与硬石膏相似，皆光洁如白石英，但以敲之段段片碎者为硬石膏，块块方棱者为方解石，盖一类二种。"沉香，李时珍说："沉香入水即沉。"同时李时珍还运用"磁性试验""涂甲试验"等物理方法来鉴别药物。李时珍对火的性质有相当深入的了解，他认为"野外之鬼磷，其火色青，其状如炬，或聚或散，俗呼鬼火。或云：诸血之磷光也"，能认识鬼火是磷光，这在四百年前是了不起的。他还认识到，"浓酒、积油，得热气则火自生"，实际上已经开始认识到这几种物质自然起火的原因了。

《本草纲目》中的化学内容也十分丰富，李时珍利用药物的多种不同性质对药物进行分离、鉴别，不少方法仍为近代化学工作者所采用，可以说《本草纲目》中的化学知识初步具有现代化学学科的雏形。如芒硝，《本草纲目》记载："以暖水淋朴消［硝］，取汁炼之，令减半，投入盆中，经宿乃有细芒生，谓之芒消［硝］。"这里李时珍明确提出了重结晶的四大过程，即溶解、过滤、浓缩、冷却结晶，并对其束针状晶型用似"麦芒"予以描述，十分准确。《本草纲目》中还应用颜色变化来鉴别药物真伪，如胆矾一药，李时珍曰："以火烧之成汁者，必伪也。涂于铁及铜上烧之红者，真也。"这是李时珍对铜铁置换反应的初步认识和应用。又如百药煎系由五倍子等粗末经发酵而制得，李时珍记述云："看药土长起长霜，药则已成矣。"这里长霜即今没食子酸结晶，可以说这是世界上最早制成的有机酸。

值得重视的是，《本草纲目》还记载了我国古代化工技术方面的资料。例如人工制作硝酸铜的方法，以醋制铜生绿；从草木灰中提碱的方法："石碱……采蒿蓼之属，开窖浸水，漉起晒干烧灰，以原水淋汁，每百引入粉面二三斤，久则凝淀如石，连汁货之四方，浣衣发面……"正因为《本草纲目》中记载，的化学资料既丰富又有价值，所以很受当代的化学家们的重视，尤其是研究科学史和化学史的专家，更把《本草纲目》作为不可缺少的重要参考资料。

《本草纲目》还记载了许多气象学和物候学的资料，受到有关科学工作者的重视。如气象方面，李时珍不仅收集了一些关于季节和气候的资料，而且他本人对此颇有研究。如李时珍在《本草纲目》[雨水]条中说："梅雨或作霉雨，言其沾衣及物，皆生黑霉也。芒种后逢壬为入梅，小暑后逢壬为出梅。又以三月为迎梅雨，五月为送梅雨。此皆湿热之气，郁遏熏蒸，酿为霏雨。"李时珍虽然不具备现代气象学的知识，但他解释梅雨的形成所说的"湿热之气，郁遏熏蒸，酿为霏雨"，与现代气象学的理论是相一致的。

物候学方面，《本草纲目》中记载了许多动物和植物的物候材料，著名科学家竺可桢对此十分重视。他与宛敏渭合著的《物候学》一书对《本草纲目》的物候学资料给予了高度的评价，他认为《本草纲目》中"对于候鸟布谷、杜鹃的地域分布、鸣声、音节和出现时期，解释得很清楚明白，即今日鸟类学专家阅之，也可收到益处的"。《本草纲目》鸟类的物候资料很突出，诸如大雁寒则南来、温则北去，燕子春社来、秋社去之类的记载相当多。至于植物方面的物候资料，在《本草纲目》中就更多了。葡萄"春月萌苞生叶……三月开小花成穗……七八月熟，有紫、白二色"，槐"槐之生也，季春五日而兔目，十日而鼠耳，更旬而始规，二旬而叶成"。类似这样的物候材料，在《本草纲目》植物部分中几乎每条都有。可见李时珍对于植物生长过程的观察研究是十分细致的。

我国古代物候学的资料是世界上最丰富的，散见于浩瀚的各类古籍中。

李时珍的收集和归纳，大大方便了后人的研究，无论是动物学家、植物学家还是物候学家或科技史专家，都能从中得到大量的科研资料或者研究线索，也可以从中受到启发，进而对某一领域进行更加深入的探讨，甚至开拓新的课题。《本草纲目》的科学价值正在越来越为人们所重视。

【时珍传说】

一、二两中药当寿礼

李时珍到湖口行医不久，当地人就告诉他，湖口知县是个贪官，经常巧立名目敲诈勒索来湖口做生意的外地商贩，连行医、卖艺、算命、摆摊的人都不放过。特别是每年的六月初十县令做寿，谁要是不给他送寿礼，不仅要对方立不住脚，还要寻个茬子把人捉到县衙去打个半死。

李时珍行医，一贯不攀官府，也不惧权贵。眼看着知县的寿辰又到了，他本不打算送礼，可无意中听到当地医友告诉他，说知县曾患病吐过血，李时珍稍一思量，计上心来，想出了一个戏弄贪官的主意。只见他称了中药黄精二两，包装后再用盒子封好，然后在礼单上写上“黄金”二字，由衙差送给了知县。

知县一见李时珍的礼单上写的是“黄金”，鼻子眼睛都笑得挪了位。心想：这个李时珍不愧是个久跑江湖的，晓得父母官大如天，“孝敬”了这份厚礼。他忙将礼盒拿到厅堂上，打算当着宾朋的面打开，让那些舍不得破费钱财送薄礼的宾朋开开眼界。众宾朋见知县两眼笑成了一条缝，一个个都伸长脖子想看个究竟。谁知把盒子一打开，又一层一层地把包着的纸拆开，一看，竟是一包中药！满屋的宾客哄堂大笑，知县气得七窍生烟，脸比猪肝还要乌。

过了好半天，知县才叫人把李时珍带到大堂上来。

李时珍被带到县衙后，故作惊讶地问：“老爷传我进县衙，不知有何贵干？”

知县把惊堂木一拍：“大胆郎中，为何在本官做寿之时，放肆戏弄？你用中药当寿礼，是要咒我多灾多病吗？”知县扯开嗓子大吼：“来人，给我往死里打!”

李时珍听了，哈哈大笑，然后一本正经地问：“老爷，小人在贵县行医，连三岁小儿都没有怠慢过，岂敢戏弄堂堂的朝廷命官呢？我送来一包中药不假，然而老爷可认得这是什么药吗?”

知县火冒三丈，怒气冲冲地说：“老爷只认得皇上的圣旨、告状的状纸和万民的钱财，哪有闲心去过问这些闲事!”

“啊，难怪老爷发怒，原来还不晓得这药能派什么用场。”李时珍故作惊讶地说道，“这药名叫黄精，能安腑脏、润肺生津，是五劳七伤的大补之药，因闻老爷不久前曾吐过血，便推断老爷不是年轻时争强好胜，强力举重伤肾，就是勤奋攻书，热食冷饮伤肺，虽经治愈，但此病不易根除，后患不浅。所以，我特登庐山五老峰，下锦绣谷，采来百年黄精，送给老爷做寿礼，怎能说是戏弄呢?”

知县是个怕死鬼，经李时珍活灵活现地一说，火气消了一半。但一看到案桌上李时珍送的礼单上写的是“黄金”二字，又怒气冲冲地把惊堂木一拍，说：“李时珍，就算你送中药不是戏弄本官，那故意把‘黄精’写成‘黄金’，你又怎样解释?”

李时珍好像早就晓得知县要这么问一样，不慌不忙地说：“回老爷，我将‘黄精’写成‘黄金’，有三层意思。第一，黄金虽贵，但不能使您除病健身，而中药黄精能使您益寿延年，价值胜黄金。第二，‘黄精’与‘黄金’字形不同而读音同，指物不同而价值同，要不是看您，就是用黄金还换不走我这百年黄精哩。第三，老爷的差人都跟老爷差不多，只认得黄金，不认得黄精，我若不把黄精写成黄金，老爷的家人能收下这比黄金还贵的黄精吗?”

知县被李时珍问哑了口，往椅子上一仰，半天没说一句话。没奈何，只好把手一摆，让李时珍走了。

二、葛花醒酒救新郎

江南通城有处海拔1200多米的龙窖山，也叫药姑山。药姑山有一棵上千年的古葛藤，十分神奇。李时珍幼时就听说了千年葛藤的故事。为写《本草纲目》，李时珍与弟子庞显曾专程赶到龙窖山。

这天中午，李时珍登上龙窖山，闻名千年的古葛藤立马现于他的眼前。只见这千年古葛藤比水缸还粗，分出的八条枝杈，依附在参天的老树上，布满上下一二里的山头，放眼望去，如同一片青色的海洋，绽开着一串串紫色的葛花，十分鲜艳可爱。李时珍听山里人说："葛花醒酒，功大如天。"就采了不少葛花，装进药袋让庞宪背着。

太阳偏西，李时珍师徒下山了。刚到山脚边，一处四合宅院里既传来酒肴香味，又传来哭啼吵打的声音。他抬头一看，门前树上拴着高头大马，门旁放着一顶花轿。这是怎么回事呢？

师徒二人进了院子一看：院子当中，一个人躺在地上，身穿大红喜服，显然是个新郎官，几个醉汉正举棍乱打，屋里酒席掀在地上，家什被砸得七零八落。李时珍觉得蹊跷，悄悄地向一位老大爷打听原委。

老人家告诉李时珍，这里娶亲有个祖辈传下来的风俗，新媳妇到婆家要闹三天。出阁姑娘三天回门，岳父家也要闹新郎官，名叫回闹。老规矩讲，不闹不发。就是年纪再大的老女婿，只要有娘家人，照样闹腾。

这位新郎官媳妇的娘家人很多。这就不得了，他们把新女婿闹得没辙了：吃个鸡蛋里边放辣椒末，吃块猪肉半生不熟，喝起酒来要行酒令，稍有不慎就要罚酒三杯。不喝吧，一个提耳朵，一个朝嘴里灌。想吐吧，姨妹子、小舅子扶着头，吐都吐不了。一来二往，七杯八盏地把新郎官灌直了腿，躺在地上动不了了。

岳父忙去请道士施金丹。金丹属火，更催动了酒劲，只见新郎官浑身颤、白眼乱翻、嘴巴流涎、脖子不动了。那道士双手一合："贫道仙丹施尽也救不过来，善主赶快另请高明吧！"

岳父家人听说"救不过来"，全都哭开了。新郎官家里来的一些客人趁机闹事，掀了酒席，砸打东西，闹了个底朝天。新媳妇见事不好也忘了害羞，一把扑上来，边哭边嚷："你们不要闹了。既然奴家丈夫救不活了，就让奴家以命还丈夫一命吧！"说完又趴在新郎官身上哭。

李时珍问明了情况，挤过去一看，新郎官面色苍白，人还没死，就说："新婚嬉闹新郎官，本意取吉利。灌酒的、喝酒的都出于好心，何必伤了和气呢？把酒解了，不就好了吗？"

打锣听音，说话听声。一旁的岳丈人郭善人忙作揖说：“请恩公施药救救他吧！”李时珍就势把自己在龙窖山上采的葛花掏出来说：“这是你们药姑山上的千年古葛藤上的花，把它煮水叫新郎官喝下去，自有分晓。”

老道士见是葛藤花，冷笑一声：“我的金丹都无济于事，用这野草野花来解酒，莫不是发疯吗？”

郭善人听了也半信半疑，愣在一旁不知说什么好。只有新娘子救人心切，伸手接过葛藤花，急忙进了灶房。

不一会儿，葛花汤煎好了，新娘子用汤匙朝下灌。灌了一两碗，不一会儿，新郎官酒气朝外冲，身子也有些活动，脸色由苍白变红润。过了片刻，他推着新娘子的手说：“我……我……我喝不得了，再喝就喝死了。”

新娘子流着泪说：“正因为你喝死了，我才劝你再喝这一碗。这不是酒，是这位恩公采来的救命醒酒药，没有这位恩人，你呀，你这个新郎官就成了棺材板里的官了。”

那新郎官一听是药不是酒，身子一挺，站起来捧起碗“咕咚咕咚”一口气喝了两大碗后，袍子一撩，往地下一跪，给李时珍连磕了三个响头。

三、制药酒治楚王酒疯

相传，属地位于武昌的楚王有个经年的老毛病——酒疯症，这个病症不是三年五载的事，而是得了快二十年了。这本来是无伤大雅的，可楚王喝酒有个毛病，一喝就醉，一醉就撒酒疯，甚至因此差点被皇帝治罪。

楚王府新来的孔道士得知楚王此症后想讨好楚王，便毛遂自荐说他有家传秘方可以喝酒不醉，办法是饮酒前先服他炼制的“不醉丹”。这种丹药有奇效，喝下去片刻便可将胃中的酒给催吐出来，吐后再喝，一定不醉。

孔道士的办法刚开始还有些效果，可时间一长便不行了。那天，武昌知府请楚王过府赴宴。楚王吃了丹药就是吐不出来，孔道士慌了神，催吐的办法用尽了，不仅没有效果，反使楚王气息奄奄，大病卧床。

等到李时珍去为楚王诊脉过时，他细细询问了孔道士楚王生病的前后经过。从脉象至望诊的结论，李时珍断定，楚王是服丹中毒后，又遭到催吐的污秽之物的折腾，导致毒热攻心，丹铅伤脾，湿积胃下，秽滞瘀内。要根治的第一步，是要让他先吐出胃中的湿热滞毒。问过孔道士，他得知凡催吐的药物如姜皮、阿魏、牛涎等都用过了。除这些之外，还有什么最灵验催吐的药物呢？李时珍思考了半天也有些茫然。

这天，李时珍坐船过江到龟山，准备到龟神观后的中药材集市，寻找一位神秘的采药翁讨教有什么办法可以催吐。采药翁没有遇上，倒是在龟神观不远处的小酒肆遇上了几个吃河豚的人。其中有一位是龟神观里的屈道长。那伙人的河豚是从江边渔船上刚买来的，活蹦乱跳的甚为新鲜。一位个子大身材矮胖的人像是个吃河豚的老手。他一边交代酒肆老板如何烹煮，一边让店里的小伙计去备好催吐的药。

屈道士一听，连连说："仁兄，贫道有神奇催吐之妙方。那可是前不久闽南一位大德高望的道长所传。"

一旁的李时珍暗暗记住了屈道士的话，连身（鄂东方言：急转身或急扭身）就往船上赶。回到楚王府，李时珍按照屈道士的说法一番试验，发现确实灵验后，急忙来到楚王榻前，把下午在酒肆里的所见所闻一番描述，试探性地问道："楚王爷，屈道士的话时珍细细琢磨过，倒也符合祛疾的原理，时珍刚才也亲自试之，确有奇效，王爷若憋得实在难受，不妨试试如何？"

楚王欲吐又吐不出地折腾了好几天，便有气无力地点头同意。

楚王一点头，李时珍就将早已备好的催吐汤呈上，又将丁香干姜汤放置一旁，让人扶起楚王，帮助楚王将药一口气喝了个精光。不一会儿，楚王张嘴将秽物吐尽，李时珍急用姜汤让其漱口。漱尽了口，再呈上百合薏仁汤暖胃，十余天难以眨眼的楚王爷这一夜一觉睡到了天亮。第二天，李时珍又用逍遥散、四君子汤、大承气汤轮换着调理了半月之余，楚王才逐渐恢复如前。

楚王的身体是恢复了，可再也不敢喝酒了。王府众人纷纷找李时珍，让他想想法子，给王爷制成一种既有酒香有酒味，又过瘾又喝不醉的酒。

李时珍当然不懈怠，反复琢磨，依据民间的验方，试着用蕲春盛产的拐枣和甘草、桔梗、大枣四味药材加纯谷酒浸泡了十几天，让楚王爷试用。李时珍告诉楚王爷，拐枣不仅有除酒醇（精）度数、改善血液中酒的黏度之用，又有护肝养颜之功效。甘草调和诸药，可以减轻酒中有害物质的影响。桔梗载药上升，即酒醇（精）酒味被拐枣（学名枳椇）降低后，又可调升保持酒的香味。大枣滋补血气，又可美颜和胃补脾。

楚王喝了李时珍的拐枣酒，既过了酒瘾，又从未喝醉，而且身子骨又被调养得甚为康健。对李时珍的感激之情自然是难以言表。待太医院奉旨在全国搜罗乡间名医的诏告一出，楚王特地推荐李时珍入选，使他顺利进入太医院做了太医院候补。李时珍尽管在太医院只待了一年多光景，可仍然收获甚丰。因为他在太医院读到了在民间根本不可能读到的医著，认识了民间罕见的名贵之药材，这都为李时珍编写《本草纲目》增加了不少助力。

【《本草纲目》中的诗】

一、《敕赐百官樱桃》

敕赐百官樱桃

王　维

芙蓉阙下会千官，紫禁朱樱出上阑。
才是寝园春荐后，非关御苑鸟衔残。
归鞍竞带青丝笼，中使频倾赤玉盘。
饱食不须愁内热，大官还有蔗浆寒。

（一）引言

诗句载于《本草纲目》第三十卷［樱桃］条“发明”，李时珍引用了“饱食不须愁内热，大官还有蔗浆寒”句。作者王维（701—761），唐代诗人、画家，字摩诘。先世为太原祁（今山西祁县）人。王维官至尚书右丞，故世称王右丞。他前期写过一些以边塞为题材的诗篇，但最为后世所称的是山水诗。其与孟浩然并称“王孟”。

这首诗写出了在皇宫御苑，皇帝同百官品尝樱桃的盛况。皇帝在皇宫御苑以樱桃赏赐百官，王维因此而作诗，题为“敕赐百官樱桃”。敕，皇帝的诏令。

（二）解读

“芙蓉阙下会千官，紫禁朱樱出上阑。”在皇宫的芙蓉阙下，皇帝要召见所有的文武官员。皇城里红色的樱桃出自御园的栏杆内。阙，古代皇宫大门前边供瞭望的楼，泛指帝王居所。紫禁，皇宫的城，也称紫禁城。阑，同栏。上阑，即皇家御苑的护栏。

“才是寝园春荐后，非关御苑鸟衔残。”陵园里，刚刚以樱桃等果类祭祀完祖先，由此可知，这红樱桃是贡品，绝不是御苑内被鸟儿啄过的残果。寝园，此指帝王陵园。春荐，指春天以果类祭祀祖先。

“归鞍竞带青丝笼，中使频倾赤玉盘。”皇宫的御马驮着竹笼归来了，听令的差使从竹笼中把红玉般的樱桃慢慢倾倒在一个个盘子里。归鞍，归来的马。青丝笼，即竹笼，指将竹子劈成细丝一样的篾编织的笼子用来装樱桃。

“饱食不须愁内热，大官还有蔗浆寒。”樱桃吃饱了不要怕会上火引起内热，掌管饮食的官员还专门准备了去内热的甘蔗呢！大通太，大官即太官，是皇宫中掌管饮食的官。《本草纲目》载：“樱桃属火而有土，性大热而发湿。”甘蔗性寒，与樱桃同食，可以解其热而达到平衡，故有“饱食不须愁内热，大官还有蔗浆寒”之句。

（三）药物介绍

本诗涉及樱桃和甘蔗。

樱桃为蔷薇科植物樱桃的果实，樱桃树为落叶灌木和乔木。樱桃又名含桃（《礼记》）、荆桃（《尔雅》）、朱樱（《蜀都赋》）、朱果（《品汇精要》）、樱珠、家樱桃（《中国树木分类学》）。

樱桃味甘，性温，《本草纲目》称“甘，热，涩，无毒”。能益气、祛风湿，治瘫痪、四肢不仁、风湿腰腿疼痛、冻疮。

甘蔗为禾本科植物甘蔗的茎秆，也名薯蔗、干蔗、竿蔗等。甘蔗味甘，性平。李时珍说：“蔗，脾之果也。其浆甘寒，能泻火热。……煎炼成糖，则甘温而助湿热，所谓积温成热也。蔗浆消渴解酒，自古称之。”这几句话清楚地阐明了甘蔗的性能。其功用清热、生津，下气润燥。“治发热口干，小便赤涩。取甘蔗去皮，嚼汁咽之。饮浆亦可。……治反胃吐食，朝食暮吐……

用甘蔗汁七升，生姜汁一升，和匀，日日细呷之。（治）虚热咳嗽……用甘蔗汁一升半，青粱米四合煮粥，日食二次，极润心肺。”

二、《无题》

无　题

李商隐

紫府仙人号宝灯，琼浆未饮结成冰。

如何雪月交光夜，更在瑶台十二层。

（一）引言

《本草纲目》第八卷［玉·玉泉］条的“释名”中，李时珍引用了李商隐这首诗的“琼浆未饮结成冰”句。

（二）解读

“紫府仙人号宝灯，琼浆未饮结成冰。”天上神仙居所里住着的仙人，名宝灯，那高寒之所，美酒未饮便结成了冰。紫府，道家称仙人所居之处。《庾子山集》有“五香劳紫府，千灯照赤城”。

“如何雪月交光夜，更在瑶台十二层。”这里的寒冷怎么能和月光、雪光交映的夜晚相比？那是在更高的十二层瑶台之上啊！如何，可理解为何如，何能比得上。瑶台，相传在昆仑山上，有瑶台十二层各为千步，皆五色玉为台基，所以这里指更高、更寒冷的地方。李商隐的这首诗暗喻朝廷的险恶，有“高处不胜寒”之意。

（三）药物介绍

李时珍《本草纲目》金石部［玉·玉泉］条的“释名”中，介绍了玉泉有玉札、玉浆、琼浆等名称。

所谓玉泉，三国时医药家吴普称为玉屑。南北朝时医药家陶弘景则认为：“此当玉之精华。白者，质色明澈，可消之为水，故名玉泉。”宋代医药家寇宗奭（shì）则说：“陶氏言玉为水，故名玉泉。如此则当言玉水，不当言玉泉。泉乃流布之义，今详‘泉’字乃‘浆’之误。去古既远，文字脱误也。道藏经有金饭玉浆之文……是采玉为浆，断然无误也。”李时珍肯定了这种说法，认为“玉泉作玉浆甚是”。在明代以前，削玉为浆，多为炼丹家所为。李时珍所处的时代玉屑仅作药用，玉屑为矿物软玉碎粒，味甘淡性平，无毒，能润心肺，清胃热，治喘息烦闷，消渴；外用可去目翳。

三、《长安秋夜》

长安秋夜

章孝标

田家无五行，水旱卜蛙声。

牛犊乘春放，儿童候暖耕。

池塘烟未起，桑柘（zhè）雨初晴。

步晚香醪（láo）熟，村村自送迎。

（一）引言

诗载于《本草纲目》第四十二卷［蛙］条“集解”。作者章孝标。

章孝标（约785—约873）唐代诗人，字道正，桐庐人。章八元之子，诗人章碣之父。他以一首《春雪》（六出飞花处处飘，粘窗拂砌上寒条。朱门到晚难盈尺，尽是三军喜气消。）一举成名。

李时珍在“集解”中介绍：“田鸡、水鸭、土鸭，名称虽异，功用则一也。四月食之则美，五月渐老，可采入药……农人占其声之早晚大小，以卜丰歉。故唐人章孝标诗云……”章孝标诗即《长安秋夜》。

（二）解读

“田家无五行，水旱卜蛙声。”种田人没有阴阳五行这方面的预测知识，只有凭蛙鸣的早晚、大小以预料水旱灾害和当年丰收或歉收。卜，卜卦，可理解为预测、预料。

“牛犊乘春放，儿童候暖耕。”初生的小牛只有趁着春天的到来，才能到野外，牧童等候着春暖耕种时节，牵着牛到田野里。牛犊，小牛。

“池塘烟未起，桑柘雨初晴。”（此时，指秋夜）池塘里秋水明净，水面上没有雾气，秋雨过后桑树、柘树的叶子，在雨后的阳光下显得青绿有生气，桑、柘的叶子均可喂蚕。

“步晚香醪熟，村村自送迎。”行走到天色已晚的时候了，好客的农家留住客人，端来了香喷喷热乎乎的浊酒。这个村送走了那个村又来迎。醪，浊酒。

这首诗像是一幅水墨画，把长安郊区农村丰年的秋夜，刻画得如此逼真。由丰收想到了春天的蛙声，以蛙声起笔，联想到牛犊与牧童，明净的池塘，雨后的桑树、柘树，浊酒的浓香……直到村村相送迎，一幅“秋夜农家乐”之图就呈现在读者面前，清新，含蓄，韵味悠长。

（三）药物介绍

蛙，也叫田鸡、坐鱼、蛤鱼等，为蛙科动物黑斑蛙或金钱蛙等的全体。味甘，性寒。其功用能清热解毒，利水消肿。主治劳热，浮肿痟疾、水膨、噎膈、痢疾、虾蟆瘟、小儿热疮等症。

李时珍在《本草纲目》中发表这样的见解：“蛙产于水，与螺、蚌同性，故能解热毒，利水气。但系湿化之物，其骨性复热，而今人食者，每同辛辣及脂油煎炸，是抱薪救火矣，安能求其益哉？”现在看来，李时珍的话是很有道理的。

应该提醒读者的是，青蛙为国家保护动物，不能随意捕杀。

【中医药文化】

一、艾灸文化

艾灸，中医四大疗法之一，是一种点燃艾叶释放的热量，熏烤人体的穴位以达到疏通经络，祛病保健的自然疗法。灸法的运用当起源于人类掌握用火之后，文字发明之前，是古老的中医疗法之一。

在远古时期，人们经常出没于丛林洞穴，风餐露宿，茹毛饮血，身体常常受到雾霾寒湿侵扰，或捕猎中遭受意外伤害，染疾致痛乃常有之事。人们在用火的过程中，因偶尔不慎灼伤，结果却使身体的一些病痛得到意外的减轻或痊愈，多次的重复体验后，人们便主动地用烧灼之法来治疗一些病痛，因而逐渐产生了火疗法。后来人们慢慢发现用不同的木质熏烤有着不同的效果，如用松火，难以愈伤；用柏火，伤神多汗；用桑火，伤肌肉等。

《左传》中记载：“疾不可为也，在肓之上，膏之下，攻之不可，达之不及，药不至焉，不可为也。”这是鲁成公十年，晋景公患病，秦国太医令医缓在为其诊治时所说的话。文段所讲的“攻”指的是艾灸，“达”指的是针刺。由此可见，艾灸疗法在春秋时期就已经成为医学上一种常用的治疗方法，并且当时已经发展得相当全面了。

《扁鹊心书》有记载："医之治病用灸，如煮菜需薪，今人不能治大病，良由不知针艾故也。世有百余种大病，不用灸艾、丹药，如何救得性命，劫得病回？"

在《孟子·离娄》中也有关于艾灸的记载："今之欲王者，犹七年之病，求三年之艾也。"这句话是拿艾灸作了一个比喻。古人指出疾病缠身七年依然可以通过艾灸治疗，并且恢复健康，由此可见艾灸的神奇之处。

医圣张仲景治病以内治为主，他也常用灸法治病。《伤寒论》中曾有记载："少阴病，下利，脉微涩，呕而汗出，必数更衣，反少者，当温其上，灸之。""伤寒脉促，手足厥逆者，可灸之。"

据说，我国历史上有"药王"之称的孙思邈，幼年时体弱多病，中年时喜欢上艾灸，且尤喜欢艾灸足三里穴。孙思邈即便到了90多岁的高龄，仍能"视听不衰，神采甚茂"，甚至在年过百岁之时，还能精力充沛地著书立说，正是因为艾灸的这种神奇功效。于是在其所著的《千金方》《千金翼方》两书中，记载了大量有关艾灸的内容。

艾灸疗法不仅在国内广泛运用，还在约6世纪时东渡日本。根据日本古籍《去锦随笔》记载：相传日本德川幕府时代江户有一老寿星曾经说起自家的祖传长寿秘方，就是每个月初的八天里，连续艾灸足三里，坚持不懈。

到了清代，西医的盛行，有很多的西医认为中医是伪科学，灸法是巫术，加之清代后期的统治者认为"针刺火灸究非奉君之所宜"。清政府太医院等官方机构曾一度废止针灸，导致了整个针灸学的衰落。近年来，由于人们对中医艾灸文化有了新的认识，艾灸产品的不断创新，灸法的进一步改进，中医养生保健愈发科学、规范，使越来越多的人感受到艾灸带给人的健康以及艾灸的无限魅力，所以艾灸疗法又逐渐被人们认可和接受。于是依据传统疗法，结合现代工艺，紧跟市场需求，形成了一个新的产业——艾草加工。艾草制品也越来越丰富多样，相关行业发展如火如荼。可以说，艾灸发展到今天，不仅可以防病治病，而且在减肥、美白祛斑、保健方面也得到了广泛的应用。

古法艾灸不仅仅在我国深受重视，而且被多个国家认可并重用，真可谓艾香满人间，灸法遍四海。

二、推拿

推拿，是我国传统的治疗及保健养生方法之一，指通过各种手法刺激体表经络或腧穴，以疏通经络，调畅气血，调整脏腑，理筋整复，达到防病治病、促进病体康复的目的。现代医学认为，推拿可以调节免疫，增强抗病能力，并具有抗炎、退热等功效；还可以通过刺激末梢神经，刺激血液、淋巴循环及组织间液的代谢，以协调各组织、各器官间的功能，提高机体的新陈代谢水平。

（一）推拿的作用

1. 疏通经络，行气活血

推拿按摩大多是循经取穴，按摩刺激相应穴位，从而推动经络气血运行，以达到疏通经络、畅达气血、防病强身的目的。

2. 畅通气血，调和营卫

推拿以柔软、轻和之力，循经络，按穴位，施术于人体，通过经络的传导来调节全身，借以调和营卫气血，平衡机体失衡的阴阳而达到增强机体健康、预防疾病的目的。

3. 培补元气，益寿延年

《圣济总录》指出，推拿按摩可达到“气运而神和，内外条畅，升降无碍，耳目聪明，身体轻强，老者复壮，壮者益治”的作用。

4. 调理脏腑，强化功能

通过手法对不同的部位推拿，可调畅脏腑气机，健运脾胃功能，加强心主血脉的功能和肺的宣发肃降功能，促进肝的疏泄以及肾脏的潜藏功能。

（二）推拿的介质

对于推拿介质的选择，可以根据推拿者的习惯、经验以及季节，结合患者的具体情况合理选用。夏季，可以选用一些具有活血化瘀、消肿止痛、散风祛湿等功效的擦剂，如红花油擦剂、痛肿灵擦剂等。秋冬和春季一般用滑石粉作为介质，有很好的润滑作用。也有人用姜汁、鸡蛋清、茶油、香油、白酒作为介质的。还有一些针对性较强的用于特殊部位的介质，如用于面部的按摩乳、膏摩方等。近年随着精油在中国的兴起，也可以用精油作为介质，或在其他介质中加入精油。

（三）推拿常用手法

推拿疗法无药物毒副作用，适应证极广，操作关键在于手法作用点、作用力、作用方向准确无误，契合病因。在完成骨科整复类操作时，要做到“稳准快巧”。在推拿软组织时，推拿力度要“深透”到相应层次。

常用手法可分为按压类、摆动类、摩擦类、捏拿类、捶振类和活动关节类六大类。按压类手法包括按法、揉法、点法、压法、掐法等方法。摆动类手法包括一指禅推法、一指禅缠法、攘法、揉法等。摩擦类手法包括摩法、擦法、推法、搓法、抹法等。捏拿类手法包括捏法、拿法、捻法等。捶振类手法包括拍、击、捶（叩）、劈、啄、捣、振、抖等手法。活动关节类手法包括摇法、拉法、扳法等手法。每一手法的作用各不相同，临床上可根据具体的需要，选用不同的方法。

（四）推拿养生的常用部位

1.揉太阳穴

具有提神醒脑的作用，可以防治头痛头晕、眼花、视力下降。

2.点睛明穴

具有养睛明目的作用，可以防治近视眼、视疲劳。

3.揉丹田穴

常行此法，具有改善胃肠功能的作用。

4.摩中脘穴

常习此法，具有调整胃肠道功能的作用。

5.搓大包穴

每日操作此法，有调理脾胃、疏肝理气、清肝利胆之功效。可防治肝胆疾病、岔气、肋间神经痛等疾病。

6.揉肩井穴

此法具有防治肩周炎、颈椎病的作用。

7.擦颈百劳穴

每日常行此法，有舒筋活络、消除颈部疲劳，防治颈椎病、血管性头痛、脑血管病的功效。

8.搓劳宫穴

每日常行此法，可起到养心安神、调和内脏、活血润肤等功效。

9.按肾俞穴

每日用双手摩腰部，使腰部发热，可以防治肾虚腰痛、风湿腰痛、强直性脊柱炎、腰椎间盘突出症等腰部疾患。

10.点环跳穴

可以舒筋活络、通利关节，能防治坐骨神经痛、下肢活动不利、腰膝酸软等症。

11.擦涌泉穴

具有温肾健脑、调肝健脾、安眠、改善血液循环、健步的功效，可强身健体，也可防治失眠心悸、头晕耳鸣等症。

（五）推拿的注意事项、禁忌证及不良反应的处理

1.注意事项

注意环境整洁、安静，推拿时除思想应集中外，尤其要心平气和，全身也不要紧张，要求做到身心都放松。掌握常用穴位的取穴方法和操作手法，以求取穴准确，手法正确。注意推拿力度先轻后重，轻重适度。因为过小起不到应有的刺激作用，过大易产生疲劳，且易损伤皮肤。推拿手法的次数要由少到多，推拿力量由轻逐渐加重，推拿穴位可逐渐增加。推拿后有出汗现象时，应注意避风，以免感冒。

2.禁忌证

①急性传染病，如急性呼吸道、肠道炎症以及结核等。

②皮肤有破损，如烫伤、烧伤、感染等。

③恶性肿瘤的局部，包括转移灶的局部。

④感染性疾病的局部。

⑤局部有出血以及有止血或凝血功能障碍的，如急性软组织损伤，局部仍在出血者；内脏溃疡、穿孔；有血友病等。

⑥内脏器官功能衰竭或者体质极度虚弱者。

⑦有严重的骨质疏松。

⑧精神疾病患者、极度疲劳或醉酒后不能配合者。

⑨经期或妊娠期妇女的腹部和腰骶部。

3.不良反应的处理

①晕厥者，应立即停止推拿，先让其平卧，注意保暖，掐人中、十宣、合谷及内关等穴，并给予温开水或者糖水，必要时按常规抢救措施处理。

②有瘀斑者，可予短时间冰敷，一般不超过8分钟，24~48小时后再热敷。对于有疼痛感，轻者可热敷，特别严重者应做相关检查。

③骨折、关节脱位者，在予外固定、复位后，应密切观察患者情况，对严重者做进一步检查，并送骨科或外科处理。

【草药认识】

一、罗田茯苓

茯苓，中药名，为多孔菌科真菌茯苓的干燥菌核。野生茯苓一般在7月至次年3月间在马尾松林中采得。生有茯苓的地面，一般具有以下特征：(1) 松林中树桩周围地面有裂隙，敲之发出空响；(2) 松树附近地面有白色菌丝(呈粉白膜或粉白灰状)；(3) 树桩头烂后，有黑红色的横线裂口；(4) 小雨后树桩周围干燥得快，或有不长草的地方。栽培的茯苓一般在接种后第2~3年采收，以立秋后采收的质量最好，过早则影响质量和产量。

罗田茯苓　(李世升　摄)

茯苓的加工：茯苓出土后洗净泥土，堆置于屋角不通风处，亦可贮放于瓦缸内，下面先铺衬松毛或稻草一层，并将茯苓与稻草逐层铺垫，最上盖以厚麻袋，使其“发汗”，析出水分。然后取出，将水珠擦去，摊放阴凉处，待表面干燥后再行“发汗”。如此反复3~4次，至表面皱缩，皮色变为褐色，再置阴凉干燥处晾至全干，即为“茯苓个”。

茯苓的切制：于“发汗”后趁湿切制，亦可取干燥茯苓以水浸润后切制。将茯苓菌核内部的白色部分切成薄片或小方块，即为白茯苓；削下来的黑色外皮部即为茯苓皮；茯苓皮层下的赤色部分，即为赤茯苓；带有松根的白色部分，切成正方形的薄片，即为茯神。切制后的各种成品，均需阴干，不可炕晒，并宜放置阴凉处，不能过于干燥或通风，以免失去黏性或发生裂隙。

常见的茯苓为其菌核体。多为不规则的块状，有球形、扁形、长圆形或长椭圆形等，大小不一，小者如拳，大者直径达20~30厘米，或更大。茯苓表皮为淡灰棕色或黑褐色，呈瘤状皱缩，内部为稍带粉红的白色，由无数菌丝组成。茯苓的子实体为伞形，直径0.5~2毫米，口缘稍有齿；有性世代不易见到，呈蜂窝状，通常附菌核的外皮而生，初为白色，后逐渐转变为淡棕色，孔作多角形，担子棒状，担孢子为椭圆形至圆柱形，稍屈曲，一端尖，平滑，无色。有特殊臭气。

（一）茯苓的药用说明

茯苓具有利尿、抗菌作用，并可以降低血糖、减少胃酸。湖北罗田茯苓为中国道地药材，已被确立为湖北省十大道地药材品种。

（二）相关医籍对茯苓的论述

1.《本草纲目》

“茯苓气味淡而渗，其性上行，生津液，开腠理，滋水之源而下降，利小便，故张洁古谓其属阳，浮而升，言其性也；东垣谓其为阳中之阴，降而下，言其功也。”

2.《本草衍义》

“此物行水之功多，益心脾不可阙也。”

3.《本草正义》

“茯苓……然总不失为泄物，故能利窍去湿。利窍则开心益智，导浊生津；去湿则逐水燥脾，补中健胃。祛惊痫，厚肠脏，治痰之本，助药之降。以其味有微甘，故曰补阳。”

二、三七

三七 （李世升 摄）

（一）别名

田七、参三七、盘龙七、金不换、血参、山漆。

（二）植物形态

多年生草本。根茎短，斜生；主根粗壮，肉质，呈倒圆锥形或圆柱形，常有疣状突起的分枝。茎直立，不分枝。掌状复叶，3～4片轮生于茎顶，小叶通常5～7片，膜质，呈长椭圆倒卵形或长圆披针形，基部1对叶片较小，先端长渐尖，基部近圆形，多不对称，叶缘有细密锯齿，齿端具小刚毛。伞形花序单独顶生，花小，多数两性，少杂性。花萼5齿裂；花瓣5片，黄绿色，先端尖；雄蕊5枚，花丝线形；花柱上部分离为2枚。核果呈浆果状，近肾形，成熟时为红色。花期为6—8月，果期为8—10月。

（三）采收加工

田七一般种4年收获，秋季花开前采挖者称“春七”，饱满，质佳；11月种子成熟后采挖者称“冬七”，较松泡，质较次。采挖后，除去地上茎及泥沙，剪去芦头、侧根、须根，洗净，晒干。

（四）药材性状

田七一般为类圆锥形或圆柱形。表面灰褐色或灰黄色，有断续的纵皱纹及支根痕。顶端有茎痕，周围有瘤状突起。田七体重，质坚实，击破后皮部与木部常分离，断面为灰绿色、黄绿色或灰白色，皮部有细小棕色斑点，木部微呈放射状纹理。气微，味苦而后微甜。

（五）功效与作用

散瘀止血、消肿止痛。属止血药下属分类的化瘀止血药。

（六）临床应用

可煎汤服或外用磨汁涂、研末撒或调敷患处。

（七）药理研究

试验表明三七提取物有强心、降压、保肝、抗炎、降低血中胆固醇、免疫调节和抗病毒作用。总而言之，三七对血液及造血系统具有止血、抗血小板聚集及溶栓、溶血、造血等作用；对心血管系统具有抗心律失常、抗动脉粥样硬化、耐缺氧及抗休克、改善脑缺血等作用；对神经系统具有中枢神经抑制、镇痛等作用；可增强免疫功能，保护肝功能，抗肿瘤，延缓衰老，降血糖，抗炎，调节物质代谢，促进生长；毒性较低，长期用药基本无副作用。

《本草纲目》中，三七为李时珍新增药物。他在三七的“主治”中说：“止血散血定痛，金刃箭伤、跌扑杖疮、血出不止者，嚼烂涂，或为末掺之，其血即止。亦主吐血衄血，下血血痢，崩中经水不止，产后恶血不下，血运血痛，赤目痈肿，虎咬蛇伤诸病。”

三、英山苍术

苍术，菊科苍术属多年生草本植物。有平卧或斜升的根状茎，粗长或通常呈疙瘩状，生有多数等粗等长或近等长的不定根。

英山苍术　（李世升　摄）

其茎直立，高 30 ~ 100 厘米，单生或少数茎成簇生，下部或中部以下常为紫红色，不分枝或上部有分枝，但少有自下部分枝的，全部茎枝被稀疏的蛛丝状毛或无毛。

基部叶花期脱落；中下部茎叶长8～12厘米，宽5～8厘米，3～5（或7～9）羽状深裂或半裂，基部为楔形或宽楔形，几乎无柄，扩大半抱茎，或基部渐狭成长达3.5厘米的叶柄；顶裂片与侧裂片为不等形或近等形，有圆形、倒卵形、偏斜卵形、卵形或椭圆形，宽1.5～4.5厘米。侧裂片1～2（或3～4）对，为椭圆形、长椭圆形或倒卵状长椭圆形，宽0.5～2厘米。有时中下部茎叶不分裂，中部以上或仅上部茎叶不分裂，为倒长卵形、倒卵状长椭圆形或长椭圆形，有时基部或近基部有1～2对三角形刺齿或刺齿状浅裂。或全部茎叶不裂，中部茎叶为倒卵形、长倒卵形、倒披针形或长倒披针形，长2.2～9.5厘米，宽1.5～6厘米，基部呈楔状，渐狭成长0.5～2.5厘米的叶柄，上部的叶基部有时有1～2对三角形刺齿裂。全部叶质地硬，呈硬纸质，两面同色，均为绿色，无毛，边缘或裂片边缘有针刺状缘毛或三角形刺齿或重刺齿。

头状花序单生于茎枝顶端，但不形成明显的花序式排列，植株有多数或少数（2～5个）头状花序。总苞呈钟状，直径1～1.5厘米。苞叶为针刺状羽状全裂或深裂。总苞片5～7层，呈覆瓦状排列，最外层及外层为卵形至卵状披针形，长3～6毫米；中层为长卵形至长椭圆形或卵状长椭圆形，长6～10毫米；内层线状长椭圆形或线形，长11～12毫米。全部苞片顶端较钝或呈圆形，边缘有稀疏蛛丝毛，中内层或内层苞片上部有时变红紫色。小花白色，长9毫米。

瘦果为倒卵圆状，被稠密的顺向贴伏的白色长直毛，有时变稀毛。冠毛刚毛褐色或污白色，长7～8毫米，羽毛状，基部连合成环，花果期为6—10月。

湖北英山苍术为湖北省十大道地药材。苍术药用价值丰富，根状茎性辛、苦，温。燥湿健脾，祛风散寒，明目，辟秽。用于脘腹胀痛，泄泻，水肿，风湿痹痛，脚气痿躄，风寒感冒，雀目。

《本草纲目》载："白术甘而微苦，性温而和。赤术甘而辛烈，性温而燥，阴中阳也，可升可降。入足太阴、阳明，手太阴、太阳之经。"

【中医中药小常识】

中药应该怎么吃才能发挥疗效？

一般人服中药，不论什么药，大概都是一天一包药，煎后分早晚各服一次。如此似乎已成习惯，殊不知中药的服用方法很有讲究，绝不是如此简单。

中药方剂根据君臣佐使的不同，而定全方的阴阳属性。阳药补阳，阴药滋阴。一日之四时，犹一年之四季，各有其特点。《黄帝内经》的《素问·金匮真言论》中记载："平旦至日中，天之阳，阳中之阳也；日中至黄昏，天之阳，阳中之阴也；合夜至鸡鸣，天之阴，阴中之阴也；鸡鸣至平旦，天之阴，阴中之阳也，故人亦应之。"

其意思是说，早晨至中午，为阳中之阳，意即重阳也，中午至黄昏，为阳中之阴，即由阳入阴也，天将黑至半夜，为阴中之阴，半夜至早晨，为阴中之阳，这是自然昼夜阴阳变化的日钟现象。

根据其理论推理，善补阳之虚者，应于早晨服阳药，此时阳气处于生长状态，加以阳药，顺水推舟，则阳气更加旺盛。善补阴之虚者，应于傍晚后服阴药，此时阴气处于生长状态，加以阴药，因势利导，则阴气更加旺盛。

同理，欲泻热之实者，应于下午服阴药，此时阳气处于消退状态，加以清热药，顺其自然，则阳气消退更快；欲温寒之实者，应于黎明前服阳药，此时阴气处于消退状态，加以温热药，顺其自然，则阴气消散更快。

清代著名医学家徐灵胎曾讲道："病之愈不愈，不但方必中病，方虽中病，而服之不得其法，则非特无功，而反有害……"可见正确地服用药物，可以加速病情的好转，错误的服用方法会直接影响疗效。

1.服药时间有学问

补益药：宜饭前服，可提高疗效。开胃药：宜饭前服。消食药：宜饭后服。通便药：空腹或半空腹服。安眠药：睡前1～2小时服用。平喘药：哮喘发作前2小时服药。止泻药：及时给药，按时再服，泻止停服。发汗药：宜饭后服用，以防出汗过多而引起虚脱。重症药：及时给药，可将药酌情分次服用。生津润燥、清暑解热药：不拘时服用。咽喉疾患药：不拘时多次频服，缓缓咽下。

2.汤药服用的“温度”问题

汤剂在治疗一般疾病时，宜采用温服法，即汤剂在30~35 ℃时服用。药理学研究最近发现，当汤药温度与舌周围温度相近时，其感觉最灵敏，也就是说此时喝汤药味道最苦。而汤药的温度高于38 ℃或低于35 ℃时，则味觉神经感觉不太灵敏，这时苦味就会减弱，不太苦口，有利于吞咽。

①普通中药或散剂

一般的中药汤剂应该“温服”，即药汤煎煮后立即滤出，在常温下晾至30 ~ 37 ℃时再喝；丸、散类的中成药应该以温开水送服，这也是温服的一种。

②发散风寒的中药

发散风寒的中药比如生姜、桂枝、麻黄等，应该“热服”，并且可在服后吃些热稀饭、热水，以助药力。

③清热解毒的中药

解毒、清热的药，尤其是夏天解暑的中药如金银花、连翘、板蓝根等，则冷服效果更好。在我国南方，夏天经常服用的一些“凉茶”，实际上也属于中药的一种。这类中药放冷服用，效果较好。

总的来说，凡治疗寒性病、行血脉通络筋骨者，属理气、活血、补血、凉血、止血类药或止渴祛暑之剂，宜热服。凡治疗热性病，服清热药和消暑药、收涩固精止血之剂、解毒剂，俱宜冷服。大热病用寒药应温服；大寒病用热药应冷服。对于不应冷服的汤剂在服用后会引起胃肠刺激，出现腹痛或呕吐，用鲜姜擦舌即止。

3.煎煮与服药的“量”

中医有“药灌满肠”之说，也就是说服用中药有个量的问题，如何正确掌握服药的量呢？中药汤剂均是煎煮2次后的合并液，再按临床需要分次服药，一般来讲，每次服用150 ~ 200毫升为宜，但有的病症也有例外。发热病人服清热解毒剂时，药液可稍多些以助药力；生津止渴药，药液量也应多，并可代茶频服。身弱、重病之人，服药量应少些。一般儿童1岁以内用成人药量的五分之一，1～3岁用成人药量的四分之一；4～7岁用成人药量的三分之一；8～10岁用成人药量的一半；10岁以上就可以用成人药量了。

4.服药的次数

一般汤剂一日分早晚两次服用。清热解毒药可每日服3～4次，发汗药可加服2～3次，含咽药汁可少量多服几次。

5.特殊药的服用方法

①止吐药应少量多次冷服，以免吐出。有些常服苦寒药的病人，口服药容易恶心呕吐，一般可先饮少量生姜汁，再服药汁，并配合少量多次饮服的方法来避免呕吐。

②治发作性疾患的药，多宜在发作前服。如抗疟疾药必须在疟疾发作前2小时服，抗癫痫药必须在发作前3小时服。

6.中西药联合使用时的服用方法

某些疾病需要既吃西药，又要吃中药，这时如何吃药呢？根据长期临床观察，中西药是可以联合应用的，有许多病还特别适宜，疗效更好。这时，最好把服用西药和中药的时间间隔30分钟。这样既减少了药物之间可能发生的反应，又使疾病得到有效治疗。

7.感冒时不宜服补药

感冒特别是高热病人不宜服用补药。因外邪进入人体服用补药，会有“闭门留寇”之弊。

8.中药沉淀后怎么办

中药汤剂的沉淀物是喝还是扔，是由汤剂中的药物决定的。以黄连与甘草共煎为例，两种药的黄连素和甘草酸结合，以微细颗粒状固体悬浮于药液中，使药液变浑浊，如果将此药液放置，则可能沉淀到碗底，形成泥糊状物。碗底的泥糊状物若弃之不用，显然会影响药效。正确的做法是服药前将沉淀物搅起，或往剩余泥糊状沉淀物中加点水搅浑服下。

【拓展与体验】

一、思考

（1）李时珍为什么会被人称为“博物学家”？

（2）《本草纲目》的分类方法是什么样的？

（3）李时珍在物候学方面有什么主要的贡献？

（4）李时珍身上有什么特质值得当代人学习？

二、实践活动

（1）举行李时珍博物学文化研讨会。

（2）观察茯苓，了解其特性。

（3）了解中医文化中艾灸的精髓。

第六章　文化学家李时珍

【主题导读】

古今中外，卓尔不群的科学家无不具有很高的文化素养，尤其是必要的文学修养。在我国，医学与中国文学关系致密，故历代之良医、名医，莫不为文人、学者。大凡从医而学文者，文博；而习文而学医者，医精。李时珍具有较高的文学素养，其深厚的文化底蕴和良好的文学修养使得《本草纲目》不仅是一部重要的医药学著作，同时也是一部古代文化学精品。李时珍对于文化学的贡献，主要体现在他运用训诂学的方法解释本草命名的内涵及原因，加深了后人对药物的产地、采集方法、功效等的理解。其在名物训诂方面所使用的方法，也为后人提供了很好的借鉴。此外，李时珍善于运用文学表现手法，大量引用历代诗词文赋、神话故事、历史典故、民间传说等文学资料，使得《本草纲目》比其他古代药物学著作更富文学色彩和意趣，其语言也更生动形象。此外，他还将其他民族在医药方面的成就收录到自己的著作中，取其精华去其糟粕，沿用民族医药学，使医典在文化交流中得以丰富完善。

一、李时珍的文化学贡献

英国学者李约瑟博士是这样评价李时珍的：李时珍作为科学家，在与伽利略、维萨里的科学活动被隔绝的相同情况下，达到了当时任何人都不能达到的最高水平。同时评论《本草纲目》："毫无疑问，明代最伟大的成就，是李时珍那部本草书中登峰造极的著作《本草纲目》，至今，这部伟大的著作仍是研究中国文化中的化学史和其他各门科学史的一个取之不尽的知识源泉。”由此可以窥见，李时珍及其著作对我国文化学的巨大贡献。

（一）推动了民俗文学的发展

中医药文化，源远流长，蕴藏着几千年来我国人民和疾病斗争的智慧。李时珍以传统文化为依托，在数十年的实践过程中，特别关注民俗文化中所蕴含的医药知识，凡有遇到、听到必收录之。其中包含了民间习俗，如艾叶“自成化以来，则以蕲州者为胜，用充方物，天下重之，谓之蕲艾。……产于山阳，采以端午。治病灸疾，功非小补”。还有民间谚语以及民间故事、神话传说等。李时珍在《本草纲目》中多处引用民俗、谚语说明药物的功效，也讲一段段栩栩如生的民间传说故事，众多古人凭借想象编织的神话都引入巨著《本草纲目》之中，使读者如入金谷之园，目之所及皆是光彩耀眼、璀璨夺目之景，也使《本草纲目》增加了可读性，变得丰富多彩，更在某种程度上推动了民俗文化的传播发展。

（二）继承发展了训诂学方法

李时珍作为一位伟大的科学家，在《本草纲目》中运用我国传统名物训诂学方法，如“因声求义”“辨物正言”“因名推义”等，对药物进行释名，这使后人不仅了解到每种药物的异名及其名称的由来，而且加深了对药物的产地、采集方法、功效等的理解。其在《本草纲目》中的“释名”是除我国第一部药物释名专著《吴普本草》和汉代刘熙之《释名》之外的又一部训释本草名称、探讨语源及关于名物训诂的药物释名作品。我国乾嘉学派学者钱超尘先生对李时珍的名物训诂方法作了较为精辟的阐述。他认为，历代中医学著作中，都有很丰富的名物训诂内容，如杨上善的《黄帝内经太素》《黄帝内经明堂类成》对经络、俞穴的名称进行了较多的训释，而李时珍则是在训释本草名称方面作出了重大的贡献。

（三）丰富了医药文化的内涵

《本草纲目》是自然科学著作，但又不同于普通的自然科学著作，它所包含的理论和实践知识，既有科学属性，又有文化属性。李时珍为了给药立传，在《本草纲目》中运用文学手法增强其文学色彩，还大量引用了历代的诗词文赋、神话故事、历史典故、民间传说等资料去论证，丰富了医药文化的内涵。此外，他还收录了其他民族在医药方面的成就，促进了医药文化的多元融合。他将中国文学与自然科学有机融合在一起，使其魅力无限，为中国文学留下了宝贵的财富，值得后世借鉴与学习。

二、为训释本草，运用训诂学方法

训诂学是研究中国传统古书词义的学科，是中国传统的语文学即小学的一个分支。训诂学在译解古代词义的同时，也分析古代书籍中的语法、修辞现象，它从语言文字的角度研究古代文献，帮助人们理解古典文献，是一门根据文字的形体与声音解释文字意义的学问。

（一）辨物正言

通过辨识本草药石的特性，诸如形态、功效、气味等，论述某些药物名称的含义及命名的原因，这种方法可借用《易经·系辞下》的用语“辨物正言”来表示。辨物正言之法从梁代陶弘景《本草经集注》就开始使用了，唐宋本草学家基本沿用此法训释名物。宋代苏颂《本草图经》又加以推衍发展，细分为“因地命名”“因形命名”等项。如荆三棱下称：“三棱”叶子有三条棱，又生长在荆楚，所以取名荆三棱。这是以它的产地来命名的。还有一种草，也是有三条棱，但它是依据形状而名的，所以被称为“鸡爪三棱”，生长在四川一带，农历二月和八月可以采摘。其实它与荆三棱是同一类草药，只是命名方式不同而已。

李时珍继承和发展了这一训诂方法。寻检《本草纲目》“释名”条，这类训诂材料甚多。如在［龙脑香］条中李时珍说：“龙脑者，因其状加贵重之称也。以白莹如冰及作梅花片者为良，故俗呼为冰片脑，或云梅花脑。番中又有米脑、速脑、金脚脑、苍龙脑等称，皆因形色命名，不及冰片、梅花者也。”

（二）因名推义

通过分析作药名的词的词义特点，推寻本草药石的命名原因，这一方法可称为“因名推义”。这种名物训诂必须用“因声求义”的方法探求本字，否则很容易产生望文生训的弊病。李时珍使用这种方法是慎重的，他反复告诫自己，必须防止穿凿附会、牵强解释，但凡是不知道的，宁可空缺着不解释，也不可以强行解说。例如［益智子］条，“时珍曰脾主智，此物能益脾胃故也，与龙眼名益智义同也”。按照苏轼的记载，“海南产益智，花实皆长穗，而分为三节。观其上中下节，以候早中晚禾之丰凶。大丰则皆实，大凶皆不实，罕有三节并熟者。其为药只治水，而无益于智，其得此名，岂以其知岁耶？此亦一说也，终近穿凿”。

李时珍不仅批判了一些望文生训的名物训诂，表达了他在训诂方面的见解。而且对一些外来语亦有正确的认识，认为外来语只是借其音而不拘泥其字形。例如：波罗蜜，又名囊伽结。时珍曰：“波罗蜜，梵语也。因此果味甘，故借名之。安南人名囊伽结，波斯人名婆那娑，拂林人名阿萨弹，皆一物也。”荜澄茄，又名毗陵茄子，李时珍解释说：“皆番语也。”

（三）因声求义

因声求义这种训诂方法早在汉代便开始使用，在李时珍前后的时代，学者积累了很丰富的使用经验，运用已很广泛。明清之际的黄生在《字诂》《义府》中广泛运用此法，与黄生同时代的方以智在《通雅》中也经常以音通义，而李时珍在《本草纲目》各药物的“释名”中不仅广泛运用了这一方法进行名物训诂，而且就其运用广泛与熟练程度来说，不在明代群儒之下，体现了他敏锐的语言观察力。

李时珍的“因声求义”有以下两个具体方法。

其一，通过一声之转的方法探讨同物异名之间的声音联系，进而说明物名的含义。李时珍以音转之法通名物训诂，就其学术渊源说，可上溯至《尔雅》。例如：款冬花，又叫款冻、颗冻。李时珍说，按照《述征记》的说法，洛河到一年末尾冰冻寒凉时，款冬生长在杂草和碎冰之中，一粒一粒地被冻住，名字因为这个而来。后人误称为款冬，实际上应该是款冻。“款”的意思就是到，指到了冬天才开花。葎草，又叫勒草、来莓草。李时珍认为，这种草的茎有细刺，容易勒人的皮肤，所以叫勒草，有的人将其错叫作葎草，有的错叫来莓，都是方言。《名医别录》中的勒草就是指这个。

其二，通过分析名物训诂的方音俗语，确定命名的含义或特点。李时珍使用因声求义法只限于今音。这固然是因为当时古音之学尚处于幼稚的阶段，因而不可能“就古音以求古义”，但是另一方面，与李时珍所训释的本草多为汉魏以后之物亦有一定的关系。解释汉魏以后名物，使用今音知识，已经足够用了。例如山柰，又名山辣、三奈。李时珍在“释名”中说，山柰俗话错叫为三奈或三赖，都是土话。有的人说原本的名字叫山辣，这是因为南方人口音说山为三，说辣为赖，所以导致此错误。

当然，我们也必须客观地看到，李时珍毕竟不是专门研究文字训诂的文学专家，时代的历史条件、语言文字的变革、地域方言的不同，民俗风情的不同，都会影响人对某一名物的认识，李时珍对药物名物的释名也存在一些错误。比如以药形药性附会药名，例如以“升麻”来解释名字；比如形状训诂不依照本来的字形，例如解释“冰”字时因为不知晓篆书和楷书之间的差别而产生误解；比如字义训诂不追求字本身的含义，例如对“肉桂”的解释；比如不理解流传过程中词语发生形变而产生误解，例如对“款冬”的解释；比如不理解外来词语音译的原理而产生误解，例如对“琥珀”的解释。如此种种，都是《本草纲目》药物释名的问题。但是，我们也不能要求处在明朝的医学家李时珍尽善尽美，本草名称的训释虽非始创于《本草纲目》，但李时珍在这方面还是作出了巨大的贡献。李时珍对药物名义的训释，使后人不仅了解了每种药物的异名及其名称的由来，而且加深了对药物的产地、采集方法、功效等的理解。其在名物训诂方面所使用的方法、列举的例子，也为后人提供了很好的借鉴，值得学习和研究。

三、为本草立传，善用文学手段

李时珍的《本草纲目》取得如此辉煌灿烂的科学成就，与其有深厚的文化底蕴、良好的文学修养是分不开的。李时珍是一代名士，其文采甚佳，他一生中写过很多诗词，其中较为著名的有两首，一是《吴明卿自河南大参归里》：“青琐名藩三十年，虫沙猿鹤总堪怜。久孤兰杜山中待，谁遣文章海内传。白雪诗歌千古调，清溪日醉五湖船。鲈鱼味美秋风起，好约同游访洞天。”这首诗是为安慰好友吴明卿罢官归家而作的。另一首是称赞刘雪湖画梅的作品：“雪湖点缀自神通，题品吟坛动巨公。欲写花笺寄姚淛，画梅诗句冠江东。”两首诗蕴才华于理性之中，用词贴切，平淡工稳，韵律和谐，堪称雅士之作。后人对此二诗研究甚多，两首诗从艺术表现力及韵律角度来看，都极具文学色彩，极富感染力。

（一）善于运用文学手法

给药立传，是古人比拟人物传记的一种记述方法，要求文章短小精美，意蕴生动流转，非真才实学不可为也。李时珍父亲李言闻，根据蕲州的特产艾叶，写了《蕲艾传》，李时珍读后很受启发，决定写一篇《蕲蛇传》。据说蕲蛇又名白花蛇，“其走如飞，牙利而毒”，咬人后五步而死，是祛风疗疾的珍品。李时珍为了写好它，以无畏精神，几次爬上龙峰山去观察，终于获得了许多宝贵资料，写出了真实的《蕲蛇传》，亦被传为佳话。

“花蛇，湖、蜀皆有，今惟以蕲蛇擅名。然蕲地亦不多得，市肆所货、官司所取者，皆自江南兴国州诸山中来。其蛇龙头虎口，黑质白花，胁有二十四个方胜纹，腹有念珠斑，口有四长牙，尾上有一佛指甲，长一二分，肠形如连珠。多在石南藤上食其花叶，人以此寻获。”一篇小小的传记，将白花蛇的产地、形态、生活习性等，写得层次清晰，其行文更是比喻贴切、语言精练。

李时珍所立之医案或所引之医话，皆似散文故事，叙述层次分明，描写淋漓尽致，形容有声有色。举凡叙事抒情、状物写人，无不活灵活现、惟妙惟肖，给人以亲临其境之感。例如：“予年二十时，因感冒咳嗽既久，且犯戒，遂病骨蒸发热，肤如火燎，每日吐痰碗许，暑月烦渴，寝食几废，六脉浮洪。遍服柴胡、麦门冬、荆沥诸药，月余益剧，皆以为必死矣。先君偶思李东垣治肺热如火燎，烦躁引饮而昼盛者，气分热也，宜一味黄芩汤，以泻肺经气分之火。遂按方用片芩一两，水二盅，煎一盅，顿服。次日身热尽退，而痰嗽皆愈。药中肯綮，如鼓应桴，医中之妙，有如此哉！”全篇文字简洁有力，繁简得当，语句优美，令人赞不绝口。

引用，作为文学上的一种创作手法，李时珍运用之妙，使人叹为观止。李时珍写何首乌，引用了宋人苏颂的《本草图经》。写刘寄奴草，引用了唐人李延寿《南史》所载的刘裕传。既交代了这些药物的来龙去脉，又通过富有神话色彩的传奇性故事给读者以深刻的印象，使这些在他人笔下枯燥无味的根根草草顿生光彩。如他在写黄精时，匠心独运地引用了北宋徐铉《稽神录》与南宋洪迈《夷坚志》中的两则故事，从李时珍引用的这两则故事不难看出，他所选引文首尾完整，叙事说明既有情节，又有细节，“久久不饥”“其身数然凌空而去，若飞鸟焉”“俄而腾上山顶”等生动、形象、细腻、具有表现力的描述，使我们对古人认为服食要药黄精是“以其得坤土之精粹”，故能“补中益气”“轻身延年”“驻颜断谷”的神奇疗效理解得更为深刻。李时珍之文学造诣，可见一斑。

（二）引用文学作品论证

为了加强文章的说服力，《本草纲目》还大量引用历代的诗词文赋、神话故事、历史典故、民间传说等文学资料。据统计，《本草纲目》全书共征引各类古籍达950多种，其中医书为361种，其他古籍如史传、文学著作等590余种。历代著名文学作品，大多都被征引过。如第十五卷［刘寄奴草］条的“释名”部分，李时珍引用了李延寿《南史》中的一则神话故事，以说明“刘寄奴草”得名的由来，其文曰：“宋高祖刘裕，小字寄奴。微时伐荻新洲，遇一大蛇，射之。明日往，闻杵臼声。寻之，见童子数人皆青衣，于榛林中捣药。问其故。答案曰：‘我主为刘寄奴所射，今合药傅之。’裕曰：‘神何不杀之。’曰：‘寄奴王者，不可杀也。’裕叱之，童子皆散，乃收药而反。每遇金疮傅之即愈。人因称此草为刘寄奴草。”这则故事生动有趣，说明了刘寄奴草的命名由来，也介绍了它治疗创伤出血的功用。

李时珍为了说明莨菪（làngdàng）这味药的毒性，在《本草纲目》第十七卷［莨菪］条“发明”部分记述了有关的故事，莨菪、云实、防葵、赤商陆，都能让人发狂，出现幻觉，之前的人都不曾发现其中的原因。大概是这一类药都有毒，能使人痰迷心窍、神志不清，因此扰乱了视觉听觉罢了。唐朝叛将安禄山引诱契丹人，让他们喝下莨菪酒，等他们喝醉了便坑害他们。现代科学研究已证明，莨菪过量误服可引起中毒，损害神经，使人出现幻觉、谵语、神志错乱等症状，并可导致昏迷、休克。在李时珍以前，还没有人认识到莨菪的这种毒性。李时珍用这故事形象地介绍了莨菪的严重毒性。

《本草纲目》除了大量引用神话故事、历史典故和民间传说来介绍药物知识以外，还征引了历代的许多诗赋，例如第二十九卷在介绍栗的食用方法时，说它“须细嚼，连液吞咽，则有益”，并引宋代苏辙的诗“老去自添腰脚病，山翁服栗旧传方。客来为说晨兴晚，三咽徐收白玉浆”为证，称此诗“得食栗之法”。第四十四卷［鲈鱼］条描绘鲈鱼形态时说：“长仅数寸，状微似鳜而色白，有黑点，巨口细鳞，有四鳃，杨诚斋诗颇尽其状。”尔后引用了杨万里的一首咏鲈鱼的诗：“鲈出鲈乡芦叶前，垂虹亭上不论钱。买来玉尺如何短？铸出银梭直是圆。白质黑章三四点，细鳞巨口一双鲜。秋风想见真风味，只是春风已迥然。”用这首诗进一步形象地介绍鲈鱼的形态特征。《本草纲目》中类似这样的例子比比皆是，不胜枚举。此外，还有不少民谣俗谚也被《本草纲目》引进书中。

李时珍撰写《本草纲目》时可以说“上自坟、典，下及传奇，凡有相关，靡不备采”。引用文学作品的本意虽在于提供药物的资料佐证，但客观上增强了《本草纲目》文字的典雅和形象性，为该书增添了文学情趣，使读者不仅可以从中获得丰富的医药知识，还能得到艺术上的美感享受。

（三）语言彰显文学底蕴

《本草纲目》的语言富有文学色彩。特别是描写、叙述性的语言，句式丰富、骈散相间，语言清新明丽、简洁隽永。例如下面这段介绍莲藕的文字：“莲产于淤泥，而不为泥染；居于水中，而不为水没。根茎花头，凡品难同；清净济用，群美兼得。自蒻蔤而节节生茎，生叶，生花，生藕；由菡萏而生蕊，生莲，生菂，生薏。其莲菂则始而黄，黄而青，青而绿，绿而黑，中含白肉，内隐青心。石莲坚风，可历永久。薏藏生意，藕复萌芽，展转生生，造化不息。故释氏用为引譬，妙理具存；医家取为服食，百病可却。”这段文字出自《本草纲目》第三十三卷［莲藕］条的“发明”部分。文章用清丽简洁的语言，描述了莲藕的根、茎、叶、花、实的形态、生长特性和珍贵价值，节奏明快，朗朗上口，而又耐人寻味。

又如第十五卷在介绍菊花的生长特点和功用时写道：“菊春生夏茂，秋花冬实，备受四气，饱经露霜，叶枯不落，花槁不零，味兼甘苦，性禀平和。……其苗可蔬，叶可啜，花可饵，根实可药，囊之可枕，酿之可饮，自本至末，罔下有功。宜乎前贤比之君子，神农列之上品，隐士采人酒斝（jiǎ），骚人餐其落英。”这段文字采用了对偶与排比的句式，语言流畅自然、典雅隽永，具有诗一般的韵味，读后给人十分美好的艺术享受。

古今中外卓有成就的科学家，无不具有深厚的文化底蕴和丰富的文化内涵。李时珍就是其中极具代表性的一位。他将中国文学与自然科学有机融合在一起，为中国文学留下了宝贵的财富，值得后世借鉴与学习。

四、为收录医典，沿用民族医药学

明代时代背景的特殊性和兼容性造就了蕲春的尚医风气，并潜移默化地影响了李时珍的寻医之道。明朝社会的政治、经济、文化都在高速发展，当时也是我国资本主义的萌芽时期，海陆交通十分发达，商业流通非常频繁，在我国与邻国之间的交流、交往以及民族与民族之间的相互沟通和相互影响下，明代的社会、文化得到了很大的发展。而所有这些，也必然直接或间接地影响了李时珍。

（一）药学内容在文化交流中扩展

《本草纲目》在对药物的记载过程中，从侧面记录了各民族相互交流与相互影响的过程，如书中第四十一卷［萤火］条记载的武威丸的故事。

传说汉代的冠军将军武威太守刘子南从道士尹公得到了一个用萤火虫辟邪明目的药方。永平十二年（69年），刘子南所率军队在北方与外族交战时打了败仗，士兵几乎都死了。刘子南被包围，敌军射来的箭如雨下，但在离刘子南的马还有数尺的时候都掉在了地上。外族以为有神迹，就撤退了。刘子南用这个方子教导子弟，当将领的人都没有被伤到。汉朝末年，一位青牛道士得到此药方，将它传授给安定皇甫隆，皇甫隆又传给魏武帝，很少有人能得到此药方。正因为如此，它有个名字叫冠军丸，又被称为武威丸。我们从这个故事可以了解东汉永平时期军中医药的发展情况。

此外，通过《本草纲目》的记录，我们可以清楚地看到，现代中医中不少常用的药物及植物，是由古代其他少数民族聚居区输入的。例如：张骞出使西域，曾带回胡桃、苜蓿、红蓝花、胡豆、安石榴、胡蒜、胡麻、胡荽等多种植物种子，马援则从交趾带回薏苡种子。

除此之外，《本草纲目》中还有相当多的药物出自外国，其中重要的来源地就有天竺（今印度）等地。如籼米由占城（故地在今越南）传入我国闽地，然后逐渐传布全国。第四十四卷讲到［鱁鮧］（zhúyí）条时中还引用了《齐民要术》中的一则故事："汉武帝逐夷至海上，见渔人造鱼肠于坑中，取而食之。遂命此名，言因逐夷而得是矣。"说明其得名与汉代的对外交流息息相关。

（二）药学著作在文化交流中完善

在《本草纲目》第十五卷中还有一段对"燕脂"的描述，从一个侧面来说明了当时吐蕃人的生活习俗习惯对中原地区的影响：

> 燕脂有四种：一种以红蓝花汁染胡粉而成，乃苏鹗《演义》所谓燕脂叶似蓟，花似蒲，出西方，中国谓之红蓝，以染粉为妇人面色者也。一种以山燕脂花汁染粉而成，乃段公路《北户录》所谓端州山间有花丛生，叶类蓝，正月开花似蓼，土人采含苞者为燕脂粉，亦可染帛，如红蓝者也。一种以山榴花汁作成者，郑虔《胡本草》中载之。一种以紫矿染绵而成者，谓之胡燕脂，李珣《南海药谱》载之。今南人多用紫矿燕脂，俗呼紫梗是也。大抵皆可入血病药用。又落葵子亦可取汁和粉饰面，亦谓之胡燕脂，见菜部。

面施粉脂，尤其是赤色粉脂，是古代妇女早已有之的爱好。然而，用蓝脂来施面，可能是西方及北方民族首先使用的。唐时已经有所记载"恶其诸人赭面，寻赞令国中权且罢之"的史实。在唐代，这种赭面术也曾经在中原地区流行一时，而其成为时髦的举动，却是从吐蕃传来的，而后也引来了全国各地竞相仿效。苏鄂为9世纪末的文学家，他在《苏氏演义》中所提到的"以染粉为妇人面色者也"，说的正是这个时期，后汉伏侯著的《古今注》中记有纣王用红蓝花粉凝汁施脂，是胭脂之始，但红蓝花粉加胡椒的方法，可能还是少数民族的习俗，这也说明了我国古代民族之间交往的情况。

应当指出的是，李时珍能超越所处时代与自身视野的限制，考虑到其他民族在医药方面的成就，收集并写入自己的著作中去，这一态度无疑是十分难能可贵的。

【时珍传说】

一、黄土治楚王子暴厥抽筋

有一年，居于江夏（今武汉市武昌——笔者注）的楚王因儿子屡屡犯病，托樊山王给他举荐名医为儿子治病。樊山王便举荐了好友李时珍。

这一天，李时珍怀揣樊山王的亲笔举荐信来到了楚王府。刚进王府门，府中的男男女女是忙忙碌碌、慌慌张张地不知所措。这是为什么呢？原来是楚王子又犯病了。所以，那些下人一个个提心吊胆，如坐针毡，大气都不敢出。

李时珍被带进了楚王的会客厅，楚王看了荆王的举荐信，紧锁的眉头稍有舒展。一番客套过后，楚王直言说儿子犯病已有三年之久，皇宫里的太医、各地的名医、民间的神医像走马灯一样来了一拨又一拨，所开神药方、奇药方、家传秘方也多如牛毛。儿子每天吃药当饭，可就是不见好转，而且发病期一年比一年加剧，眼下刚刚发病，府中郎中正在抢救。

救命如救火。李时珍听说王子刚发病，便把医囊一背，催着楚王爷引他去看王子之病。

楚王子犯的是什么病呢？暴厥也。何谓暴厥？《素问·大奇论篇》第四十八节对暴厥的描述较为细致："脉至如喘，名曰暴厥。暴厥者，不知与人言。"这暴厥症，简而言之就是病人突然倒地人事不知，除了心脉有跳动之外，与死人无异。楚王子这次发病又与原来不同，新加了一个浑身痉挛、脚手抽筋不止的症状。

比李时珍先到楚王府的还有其他名医。这些名医此时皆围着痉挛不止的楚王子，一个个如履薄冰，不知如何是好。楚王府的老太医当即在楚王子的人中、足三里两个穴位扎上银针。不一会儿，楚王子长长地嘘了一口气，眼睛也睁开了，可就是手脚仍然抽搐不止。挤进人群的李时珍迅速从医囊里取出银针，在楚王子的十个手指头尖上各扎上一针。这十个手指头尖处名曰十宣穴，刺十宣穴治痉挛抽筋乃魏晋时期的针灸大师皇甫谧所创之法，甚为有效。

扎针乃救急解危之术。待王子好转恢复正常之后，楚王将各位名医召到一块儿，要他们各显神通，把王子的暴厥症之病机病理及用什么汤剂可根治全写出来。除了李时珍之外，其余的名医，皆对楚王子的脉象、舌苔是摸了又摸，看了又看，然后是搜肠刮肚地把王子的病源病理病机写了几张纸，开出的方剂也皆是洋洋洒洒，膏、丹、丸、散样样俱全。有的是先丹后散，有的是丹丸并用，还有的膏散同服。

可李时珍不一样，第一，他没有给楚王子号脉；其二，惜墨如金，仅用半张纸写了两行字："气机逆乱，黄土包煎，当茶饮三日。"

楚王看了李时珍写的半张纸，先是眉头一皱，然后是抖着纸厉声喝道："李时珍，你用什么迷魂汤把荆王灌晕了，替你说了如此多的褒赞之词。依本王看来，你空徒虚名，懈怠术业，枉为医名。"

李时珍一听楚王之言，眉头也皱了起来，身子往地下一跪，高声说道："王爷，李时珍术业不精尚有自知。可您说在下懈怠术业，在下不明所指，请王爷示下。"

"你不懈怠术业？连本王之子的脉象也未曾一触，更谈不上望闻问切之要，就胡闹开方，黄土当茶饮，不是儿戏又是什么？"楚王说完，顺手将半张纸的药方捏成一团丢在李时珍的面前。

"回禀王爷。适才在下给王子扎十宣穴，已经接触过他的脉象。其脉与《素问》之论无异。急滑如喘，狂颠乱错，乃暴厥无误。暴厥暴厥，根乃其阙。先哲之圣黄帝、岐伯专以《素问·阙论》《灵枢·阙病》而详阐'阙'之三义。一曰逆也，下气逆而上也；二曰极至也；三曰昏迷不省人事。王子所犯之疾皆与三义相至，且已逾三年，其机其理其源与岐黄圣哲之论不差分毫。若时珍再费笔墨，画蛇添足也。"

楚王一听，暗自点头，可嘴里仍是厉声："那，气机逆乱，又作何意？"

李时珍摊开被楚王揉成一团的纸张，不慌不忙地回答："气机逆乱，是在下针对王子之症而归纳的病机之象。王子犯厥之初乃痰瘀互结至心脉瘀阻，使心之脉络不通而成本虚标实的胸痹。经名医长达三年的诊治，皆以补虚为主，导致他阴阳寒热不调，上下表里不一，故而出现寒热杂错、阴盛阳乱之症。若再给王子补虚，乃有百害而无一益。"

李时珍这么一说，楚王深受震惊。心想：是呀，这几年，无论哪里请来的名医高手，开出的药无补不成剂。看来李时珍还真有两下子，莫非我儿这次真的遇上了高人？楚王瞪着李时珍看了老半天后，把手一挥，口气也软和多了，说："李时珍，站起来说话。"

"多谢王爷。"李时珍刚往起一站，袍袖尚未拂净，楚王就咄咄逼人地问了一句："那你让我儿喝黄土汤当茶饮，这泥土之汤岂能入口下肚？"

"楚王爷，别说王子是万金贵体，就是一般庶民，这黄土汤也是喝不进嘴的。"

"那你就是戏弄本王，胡诌之言了？"

李时珍连连摆手，说："时珍不敢戏言。让王子当茶饮的黄土非一般黄土。此土乃黄土高坡三尺以下之净黄土也。经曰：三尺之上土乃粪土，三尺之下土乃金土。将三尺之下的黄土用净水调泥做成砖形，埋入灶内烧满七日，土砖即成金砖体。将金砖体捶细过筛后，用新白棉布包严，汲子时井中之水煎七滚，待温热即可当茶饮。王爷，此时之土，不叫土了，叫伏龙肝。所谓伏龙，灶神之统。王子饮之，祛疾去痛，定能使贵体安康，复王府之隆也。"

楚王被李时珍一番话说得高兴起来，忙示意手下给李时珍搬了把椅子与他并肩而坐，并将自己的茶盏端给了李时珍。随后，他颇有兴趣地问李时珍："此伏龙肝之方，可是你蕲州李氏所创？"

李时珍说："回王爷，小医之家虽是世医，可岂敢滥造名方。此方乃北宋儿科圣手钱乙所创。钱圣医曾用此方治好了宋神宗赵顼皇子仪国公之痼疾。时珍观王子之阙与宋皇子之疾大同小异，故而斗胆依样给王子一用。"

楚王兴致大增，问道："既是宋代大医所创之方，定当有说辞，可否道来？"

"岐黄五行相生相克。五行之中，肾属水。水溢水滞当以土制。故而土克水。王子初疾，乃痰瘀互结所致。在医治中，痰瘀互结未除即以多种补虚，其必然导致虚则更虚，实则更实。加之久病伤正，至肾脾虚衰，水液运化失司加剧而困阻清阳，肾不纳气。气为血之帅，气虚则血运阻滞，无以濡养脏腑九窍、四肢百骸，脉络筋经闭塞而成阙。黄土益肾健脾，滋阴理气，寒热平调，可实者泻之，虚者补之，温凉补泻，兼施益彰，气机平衡，必当疾除阙灭。”楚王听闻李时珍所说，所有顾虑顿时抛却，大喜过望，当即吩咐手下，一切按李时珍所嘱给王子施治。

楚王子连服了三天用黄土制成的“伏龙肝茶”，精神振奋，胃口大开，饮食如常。待王子一切恢复正常后，李时珍又给王子换了以祛痰去湿化痹为主的方剂。待此方剂用了五六天，又让王子改服加了人参的黄土汤。不出三月，楚王子被调理得十分健壮。楚王乐不可支，给李时珍封了个八品之衔的奉祠正官职。三年后，楚王又将他举荐至太医院任职。

二、巧换药名治知府疑心病

时任武昌知府申常倪，是明朝正德初年的榜眼出身，有才气，也有个不好的习气，那就是遇事喜欢过箩筛，思前想后爱挑剔。手下人办事甚是为难，给他送了个外号：甚怀疑。

这一年的重阳节，申知府因娶了个漂亮小妾，加上喝酒贪杯一病不起。请来的郎中给他号脉四诊之后，认为是气虚所致，不是什么重症之疾，开的方子皆是四君子汤——人参、白术、茯苓、甘草。

申知府一看第一个郎中开的方子就将方子丢之于地，认为郎中是个水货，没有看准，开的药太简单了。于是郎中换了一个又一个。可是这些郎中也太巧了，来一个开的方子是四君子汤，又来一个，开的还是四君子汤。就这样走马灯似的换了五六个郎中，申常倪都不满意，把郎中们所开的方子丢了一地。

这天，楚王因私特地过府找申常倪。二人一见面，申知府就唉声叹气，说自己病入膏肓了，找来的郎中一个个皆是酒囊饭袋，治不了他的病。

楚王立马让人把李时珍找来了。申知府听说他是大名鼎鼎的王府名医，当然是喜出望外。

李时珍给申知府望、闻、问、切过后，正准备开方子时，府上师爷悄悄扯了下李时珍的衣角。李时珍当然明白，便找了个借口到后院问师爷何事。师爷便将七八个郎中所开的药方交给了他。

李时珍一看，连声说道：“不错，不错嘛，这些方子开得十分对症。申知府患的就是气虚，我要开的也是四君子汤，气虚者非四君子汤莫治。”

师爷摇头苦笑："咱老爷好挑剔是出了名的，对李神医兴许是个例外。"

师爷这么一说，李时珍明白了。申常倪平时的挑剔之事李时珍也时有耳闻。于是眉头一皱，李时珍挥毫开了张方子，方子上也是四味药：神草、山蓟、伏神、国老。方后另附了一段话：此方乃岐黄圣医所创，服药者不可见药也。连服半月，必当康健如常。

李时珍让师爷将方子交给申知府。申知府看了方剂，立马喜笑颜开，连声吩咐师爷照方点药。

吃了半月的药，申知府气色红润、完全恢复了健康，便专门到楚王府感谢楚王与李时珍。

抖着李时珍的方子，申知府说："李奉祠真不愧是王府神医，所开之方与众不同。幸亏我有先见之明，若服了那些庸医之方，下官哪能来王府说话。"

李时珍笑着说："申知府，你要是早点按前头的郎中之方服药，你的病好得更快。实话对你说吧，我开的方子也是四君子汤。这神草，就是人参，山蓟，就是白术，伏神，就是茯苓，国老，就是甘草，若不用药方别名，知府大人对时珍的方子也未必正眼相看。"

申知府瞪大眼睛，张大嘴巴，不知道说什么好。

【《本草纲目》中的诗】

一、《符读书城南》

符读书城南

韩　愈

木之就规矩，在梓匠轮舆。人之能为人，由腹有诗书。
诗书勤乃有，不勤腹空虚。欲知学之力，贤愚同一初。
由其不能学，所入遂异闾。两家各生子，提孩巧相如。
少长聚嬉戏，不殊同队鱼。年至十二三，头角稍相疏。
二十渐乖张，清沟映污渠。三十骨骼成，乃一龙一猪。
飞黄腾踏去，不能顾蟾蜍。一为马前卒，鞭背生虫蛆。
一为公与相，潭潭府中居。问之何因尔，学与不学欤。

金璧虽重宝，费用难贮储。学问藏之身，身在则有余。
君子与小人，不系父母且。不见公与相，起身自犁锄。
不见三公后，寒饥出无驴。文章岂不贵，经训乃菑畬（zīshē）。
潢潦无根源，朝满夕已除。人不通古今，马牛而襟裾。
行身陷不义，况望多名誉。时秋积雨霁，新凉入郊墟。
灯火稍可亲，简编可卷舒。岂不旦夕念，为尔惜居诸。
恩义有相夺，作诗劝踌躇。

（一）引言

《本草纲目》第五卷［潦水］条“释名”中李时珍引用了韩愈《符读书城南》一诗中“潢潦无根源，朝满夕已除”句。该诗虽然宣扬了“万般皆下品，唯有读书高”的片面观点，但诗中劝人多读书、勤学习和重视家庭教育的思想有其积极的意义。

作者韩愈，字退之，河南河阳（今河南孟州市）人，自称郡望昌黎，世称韩昌黎；晚年任吏部侍郎，又称韩吏部。唐代中期文学家、思想家、哲学家、政治家、教育家。这首诗的题目是“符读书城南”。符，是韩愈的小儿子之名。题名意为在城南的私塾读书，一说韩愈家在城南。因韩符幼时贪玩，厌恶读书，所以韩愈写此诗教育他读书的重要，希望他立志将来成就一番大事。《符读书城南》可以说是韩愈的诫子书，是韩诗中的名篇。

（二）解读

“木之就规矩，在梓匠轮舆。”木材之所以能按圆规和尺子的校正被加工成方的或圆的，是在于木匠和车匠。规与矩是校正方圆的两种工具，即圆规和尺子。梓匠，木匠。轮舆，车匠。

“人之能为人，由腹有诗书。”人之所以能成为有学问的能干人，是因为读了很多书而胸怀大志。后一个“人”字，指有学问的人。诗书，指学问、知识。

“诗书勤乃有，不勤腹空虚。”掌握知识在于勤奋学习，不勤奋而懒散的人，不可能获得知识，腹中必然空虚。

“欲知学之力，贤愚同一初。”想要聪明智慧，全靠努力学习知识。人刚生下来都是一样的，没有贤能和愚笨之分。初，当初。

“由其不能学，所入遂异闾。”由于有的人能勤学有的不能，所以他们走的门径也就不同，而以后的环境地位也就不同。闾，古代二十家为一闾，也作里巷、邻里解。

“两家各生子，提孩巧相如。”两户人家各生了一个儿子，两个小孩子小时候都一样乖巧、聪明。提孩，即孩提，做孩子时。相如，是一样的。

“少长聚嬉戏，不殊同队鱼。”年岁稍大，在一起玩耍嬉戏，就像一个队列里的鱼群一样，找不出他们的差异。殊，差别、区别。

“年至十二三，头角稍相疏。”到了十二三岁，头角、脸面就稍有差别。相疏，二者比较有差别。

“二十渐乖张，清沟映污渠。”到了二十岁就变得不相合，而差别很大，像一条污渠映在清水沟一样。乖张，不顺、不相合。

“三十骨骼成，乃一龙一猪。”到三十岁，人已成长定形，两者区别如龙和猪一样，其原因就在于勤学与否。骨骼成，成长定形。

“飞黄腾踏去，不能顾蟾蜍。”成龙的人，像神马一样奔驰腾空而去，他是不会顾及那不进取、无大志的癞蛤蟆。飞黄，传说的神马的名字。腾踏，上升，形容神马腾飞升空貌。“飞黄腾达”成语出自此处。蟾蜍，即癞蛤蟆。

“一为马前卒，鞭背生虫蛆。”一个成了为人开路的兵卒差役，被鞭打受伤而背生虫蛆。马前卒，此处指在马前吆喝开路的兵卒差役。

“一为公与相，潭潭府中居。”一个成了公卿丞相，在深广而威严的相府中居住。潭潭，深广貌。

“问之何因尔，学与不学欤。”问问这是什么原因呢？这是勤奋学习与不学习的结果啊！欤，语助词。

“金璧虽重宝，费用难贮储。”黄金璧玉虽是重宝，但难以储藏。费用，耐用。

“学问藏之身，身在则有余。”学问藏在自己的身上，人在就能用之有余。

“君子与小人，不系父母且。”君子与小人的区别就在于听不听从父母的教诲，系，意为牵挂、联系、维系，此处引申为听父母的教导。且，语气词。

“不见公与相，起身自犁锄。”难道没看见公卿宰相，都出身于农耕家庭？犁、锄，古代农具，此处引申为农耕家庭。

“不见三公后，寒饥出无驴。”难道没看见朝廷高官的后代在饥寒交迫的情况下都会是一些没有本事的黔驴？三公，是中国古代三个最高官职的合称，一般太师、太保、太傅为三公，也有说是司马、司空、司徒。

“文章岂不贵？经训乃菑畲。”文章怎么能不珍贵呢？先贤的经验教训乃是做人的根本。菑畲原意为耕耘，因耕耘为民生之本，所以此处引申为“根本”。

“潢潦无根源，朝满夕已除。”路上积聚了天上降下的雨水，因为没有根源，所以早晨还是满满一大片，到了晚上就干涸消失了。潢、漫；潦，李时珍《本草纲目》：“降注雨水为之潦。”

“人不通古今，马牛而襟裾。”一个人若不知晓古今圣贤的道理和文化知识，像牛马穿着人的衣服一样，还是衣冠禽兽，不懂礼节。襟、裾，指衣、裙。

“行身陷不义，况望多名誉。”为人处世陷于不义之中，怎么还指望得到好的名声和众人的赞誉呢？

“时秋积雨霁，新凉入郊墟。”金秋时节，雨停天晴，清新的凉气袭入城镇乡村。霁，雨停。墟，废址、故城，也指乡村、集市，此处当乡村解。

“灯火稍可亲，简编可卷舒。”灯火稍可亲近，前人写的书可以卷起又展开。古人之文最早或刻于竹简或书于帛等，之后编成书，后人泛称为简编；此处指书籍。卷舒，卷起又展开。

“岂不旦夕念，为尔惜居诸。”怎么能不早晚挂念你呢？是希望你能爱惜光阴，刻苦读书啊！居诸本是语助词，后借指光阴。

“恩义有相夺，作诗劝踌躇。”恩惠和道义有丧失的时候，作这首诗目的是劝你要认真思考。恩，恩惠。义，中国古代一种概念外沿很广的道德范畴，指公正、合理而应当做的事。踌躇，此处指思量考虑。

（三）药物介绍

这首诗在《本草纲目》［潦水］条中被引用。

关于潦水，李时珍在“释名”中说：“降注雨水为之潦，又淫雨为潦。韩愈诗云：‘潢潦无根源，朝夕已除’，是矣。”何谓潦水，李时珍已解释得很清楚了，他在“主治”中说潦水是“煎调脾胃，去温热之药”。

二、《食栗诗》

食栗诗

苏　辙

老去自添腰脚病，山翁服栗旧传方。

客来为说晨兴晚，三咽徐收白玉浆。

（一）引言

诗载《本草纲目》第二十九卷［栗］条“集解”。作者苏辙。李时珍在介绍服食生栗的好处时引用了这首诗。

苏辙（1039—1112），字子由，苏轼之弟，嘉祐二年（1057年）与苏轼同登进士科。神宗时期，为制置三司条例司属官。因反对王安石变法，出为河南推官。哲宗时，召为秘书省校书郎。元祐元年（1086年）为右司谏，历官御史中丞、尚书右丞、门下侍郎，后又出知汝州，谪雷州，移循州。徽宗立，徙永州、岳州，后复太中大夫，又降居许州知事。卒谥文定。苏辙是唐宋八大家之一，与父苏洵、兄苏轼齐名，三人合称“三苏”。为文以策论见长，工诗，亦能词，著有《栾城文集》等。

（二）解读

“老去自添腰脚病，山翁服栗旧传方。”人老了染上了腰脚酸软的毛病，幸亏有山里老人们传下来补肾的药方——服食生栗。在《本草纲目》［栗］条的“主治”中载：相传有人患腰脚弱，往栗树下食数升便能起行，这是补肾之义，然应生啖。“旧传方”即指此。

“客来为说晨兴晚，三咽徐收白玉浆。”山翁来了，说他早餐起床晚，不觉得时间过了多久，他一边说，一边告诉我栗子的吃法，我嚼了三颗生栗，白玉般的浆汁都吞到胃里去了。晨兴晚，早上起床晚。兴，起。

（三）药物介绍

栗，也叫板栗，为壳斗科植物栗的种仁，栗树系落叶乔木，高15～20米。栗味甘，性温，入脾、胃、肾经。能养胃健脾，补肾强筋，活血止血。治反胃、泄泻、腰脚软弱、吐血、衄血、便血、金疮、折伤肿痛、瘰疬等症。一般生食、煮食或炒熟食。治肾虚、腰膝无力，可将栗楔（壳内中间一颗）风干，每日食七枚，再食猪肾粥（《经验方》）。治小儿脚弱无力，三四岁尚不能行步，可每日以生栗与食（姚可成《食物本草》）。治气管炎，可将半斤板栗与瘦肉煮服。治筋骨肿痛，可将板栗果捣烂敷于患处（《江西草药手册》）。

此外，栗叶、栗壳、栗花、栗树根等均可供药用。

三、《松江鲈鱼》

松江鲈鱼

杨万里

鲈出鲈乡芦叶前，垂虹亭上不论钱。
买来玉尺如何短？铸出银梭直是圆。
白质黑章三四点，细鳞巨口一双鲜。
秋风想见真风味，只是春风已迥然。

（一）引言

诗载《本草纲目》第四十四卷［鲈鱼］条“集解”。时珍曰：“鲈出吴中，松江尤盛，四五月方出。长仅数寸，状微似鳜而色白，有黑点，巨口细鳞，有四鳃，杨诚斋诗颇尽其状。”

鲈鱼是洄游鱼，幼鱼在每年4月下旬到6月从长江口溯河而上到内河生长育肥，秋天成熟后，再游到长江口海水与淡水交界处产卵，繁殖后代，周而复始，昼伏夜出，捕食浮游动物、鱼、虾等。2月中旬，鲈鱼繁殖产卵后雌鱼离开，雄鱼在窠内护卵，仔鱼全长5.3 ~ 6.3毫米，一龄即成熟。

（二）解读

“鲈出鲈乡芦叶前，垂虹亭上不论钱。”第一个“鲈”字指鲈鱼；鲈乡指鲈鱼的故乡吴中、松江一带；芦叶前为芦苇滩前深水处。垂虹亭，在江苏吴江垂虹桥上，垂虹桥原名利往桥，因桥上建有垂虹亭，也名垂虹桥；该桥是松江上的一座著名桥梁，始建于宋朝，地处松江和江南运河交会处，濒临太湖，是宋代文人南来北往水陆交通必经之路。宋人朱长文《吴郡图经续记》：“吴江利往桥，庆历八年，县尉王廷坚所建也。东西千余尺，用木万计。”垂虹亭紧靠水域，交通又便利，是渔家卖鱼的好地方，来来往往的人都要在这里买鲈鱼，因买者多且多不还价，故有“垂虹亭上不论钱”之说。

“买来玉尺如何短？铸出银梭直是圆。”刚刚出水的鲈鱼，像是玉尺，但又没有一尺长，又像是银铸梭子一样直，只是比其更圆润。

“白质黑章三四点，细鳞巨口一双鲜。”鲈鱼洁白的腹肋处有三四个黑斑点，它的鳞片很小，口很大，细小闪光的鳞和一张一合着的大口，使人感到鱼的新鲜。

“秋风想见真风味，只是春风已迥然。”春风里，在这垂虹亭下我们就好像尝到了鲈鱼的美味。可想而知，在秋天品尝鲈鱼，那味道更截然不同。迥然，截然不同。《晋书·张翰传》记载，张在洛阳为官，见秋风起就想起家乡的莼菜和鲈鱼，为此弃官归里。“鲈莼之思”成为思念故乡的成语，所以作者有“只是春风已迥然”之句。

（三）药物介绍

鲈鱼的药用部分为鮨科动物鲈鱼的肉。鲈鱼体长，侧扁，背腹面皆钝圆。背部在第一背鳍起点处隆起。体长约40厘米，头略尖，中等大小，吻尖，口大，稍倾斜，下颌长于上颌。上下颌、犁骨、腭骨上都有细齿，舌平滑无齿，前鳃盖骨后缘有锯齿，背部灰白，两侧及腹部银白，体侧上半部及背鳍上有黑色的斑点，背鳍及尾鳍呈灰色，有黑色边缘，背鳍中部有黑色条纹。鲈鱼性凶猛，分布沿海一带江河中，以松江鲈鱼最为驰名。

鲈鱼味甘，性平。能和脾胃，益肝肾，治水气风痹，并主安胎。

【中医药文化】

四气五味

以“四气五味”说为代表的中药的性质和滋味理论是中药药性理论的基本内容之一。药物都具有一定的性质和味，性质与味是药物性能的一个方面。自古以来，各种中药书籍都在论述药物时首先标明其性味，这对于认识各种药物的共性和个性以及指导临床用药都有实际意义。药性是根据实际疗效反复验证然后归纳起来的，是从性质上对药物多种医疗作用的高度概括。

至于药味的确定，是由口尝而得，从而发现各种药物所具不同滋味与医疗作用之间的若干规律性的联系。因此，中医理论中“味”的概念，不仅表示味觉感知的真实滋味，同时也反映了药物的实际性能。

（一）四气

指药物有寒、热、温、凉四种不同的药性，又称四性。五味，指药物有酸、苦、甘、辛、咸五种不同的药味。每味中药的四气五味都不同，因而有不同的治疗作用。四气五味理论最早载于《神农本草经》，其序录云：“药有酸咸甘苦辛五味，又有寒热温凉四气。”书中以四气配合五味，共同标明每味药的药性特征，开创了先标明药性，后论述药物功效及主治病证的本草编写体例，奠定了以四气五味理论指导临床用药的基础。

寒凉和温热是两种对立的药性，而寒与凉、热与温之间只是程度的不同。另外还有平性，即药性平和。一般寒凉药多具清热、解毒、泻火、凉血、滋阴等作用，主治各种热症。温热药多具温中、散寒、助阳、补火等作用，主治各种寒证。

对于有些药物，通常还标有大热、大寒、微温、微寒等词予以区别。药物的寒、热、温、凉，是从药物作用于机体所发生的反应概括出来的。是与所治疾病的寒、热性质相对而言的。能够减轻或消除热证的药物，一般属于寒性或凉性，如黄芩、板蓝根对于发热口渴、咽痛等热证有清热解毒作用，表明这两种药物具有寒性。反之能够减轻或消除寒证的药物，一般属于温性而上，如附子、干姜对于腹中冷痛、脉沉无力等寒证有温中散寒作用，表明这两种药物具有热性。在治则方面，《神农本草经》云：疗寒以热药，疗热以寒药。《素问・至真要大论》云：寒者热之，热者寒之。这是中医基本的用药规律。

近代有关药物四气的临床观察和研究证明，寒凉药多具解热、抗菌、消炎、抗病毒、提高机体免疫力及镇静、降压、抗惊厥、镇咳、利尿、抗癌等作用；温热药多具驱寒、镇痛、止呕、止呃、抗菌以及增强免疫，强心、升压，兴奋中枢，改善心血管机能，促进细胞蛋白质的合成与代谢，改善营养状态，提高机体工作能力，并有类似肾上腺皮质激素样作用。

（二）五味

中药五味是医家在长期实践过程中，以脏腑经络理论为基础，用五行学说总结归纳而成的。药物的五味是根据长期的用药实践所获得的疗效而确定的，它不仅是药物味道的真实反映，也是药物作用的高度概括。《内经》认为辛散、酸收、甘缓、苦坚、咸软，这是关于五味所代表的药物作用最早的总结和概括。经后世医家不断补充和发展，五味所代表的药物作用及主治病证日臻完善。

1. 辛味

能散能行，有发散解表、行气行血的作用。一般解表药、行气药、活血药多具辛味，故辛味药多用治外感表证及气滞血瘀等病证。

2. 甘味

能补能和能缓，有滋补和中、调和药性及缓急止痛的作用。一般滋养补虚、调和药性及制止疼痛的药物多具甘味，故甘味药多用治正气虚弱、身体诸痛及调和药性、中毒解救等。

3. 酸味

能收能涩，有收敛固涩的作用。一般固表止汗、敛肺止咳、涩肠止泻、固精缩尿、固崩止带的药物多具酸味，故酸药多用治体虚多汗、肺虚久咳、久泻久痢、遗尿尿频等病证。

4. 苦味

能泄能燥能坚，有清泄火热、泄降逆气、通泄大便、燥湿坚阴（泻火存阴）等作用，一般清热泻火、降气平喘、止呕止呃、通利大便、清热燥湿、祛寒燥湿、泻火坚阴的药物多具苦味，故苦味药多用治热证、火证、气逆喘咳、呕吐呃逆、大便秘结、湿热蕴结、寒湿滞留等病证。

5. 咸味

能下能软，有泻下通便、软坚散结的作用。一般泻下或润下通便及软化坚硬、消散结块的药物多具咸味，故咸味药多用治大便燥结、瘰疬瘿瘤、症瘕痞块等病证。咸味药多入肾经，有较强的补肾作用，用治肾虚证。还有些咸味药走血分，有清热凉血作用，主治热入营血的病证。

【草药认识】

一、牵牛

牵牛 （李世升 摄）

牵牛，旋花科牵牛属植物。这种植物的花为喇叭状，因此有些地方叫它喇叭花。牵牛为一年生缠绕草本植物，茎上被倒向的短柔毛及杂有倒向或开展的长硬毛。其叶呈宽卵形或近圆形，深或浅的3裂，偶有5裂，长4~15厘米，宽4.5~14厘米，基部较圆，呈心形；中裂片为长圆形或卵圆形，渐尖或骤尖；侧裂片较短，为三角形；裂口锐或圆，叶面或疏或密地长有微硬的柔毛；叶柄长2~15厘米，毛被同茎。

花腋生，单一或通常2朵着生于花序梗顶，花序梗长短不一，长1.5~18.5厘米，通常短于叶柄，有时较长；苞片为线形或叶状，被开展的微硬毛；花梗长2~7毫米；小苞片线形；萼片近等长，长2~2.5厘米，披针状线形，内面2片稍狭，外面被开展的刚毛，基部更密，有时也杂有短柔毛；花冠漏斗状，长5~10厘米，蓝紫色或紫红色，花冠管色淡；雄蕊及花柱内藏；雄蕊不等长；花丝基部被柔毛；子房无毛，柱头头状。蒴果近球形，直径0.8~1.3厘米，3瓣裂。种子卵状三棱形，长约6毫米，为黑褐色或米黄色，被褐色短茸毛。牵牛花一般在春天播种，夏秋开花。其品种很多，花的颜色有蓝、绯红、桃红、紫等，亦有混色的，花瓣边缘的变化较多，是常见的观赏植物。果实呈卵球形，可以入药。牵牛花叶子三裂，基部为心形。花期以夏季最盛。

除栽培供观赏外，种子，即牵牛子为常用中药，又名丑牛子（云南）、黑丑、白丑、二丑（黑、白种子混合），入药多用黑丑，白丑较少用。有泻水利尿、逐痰、杀虫的功效。

牵牛花的种子（牵牛子）性苦，寒，有毒。可泻水通便，消痰涤饮，杀虫攻积。可用于水肿胀满、二便不通、痰饮积聚、气逆喘咳、虫积腹痛、蛔虫病、绦虫病等。

二、连翘

连翘 （李世升 摄）

连翘是双子叶植物纲、捩花目、木犀科、连翘属落叶灌木。连翘早春先叶开花，花开香气淡雅，满枝金黄，艳丽可爱，是早春优良的观花灌木，花期为3—4月，果期为7—9月。

连翘枝开展或下垂，呈棕色、棕褐色或淡黄褐色，小枝为土黄色或灰褐色，略呈四棱形，疏生皮孔，节间中空，节部具实心髓。叶通常为单叶，或3裂至三出复叶，叶片为卵形、宽卵形或椭圆状卵形至椭圆形，长2~10厘米，宽1.5~5厘米，先端锐尖，基部为圆形、宽楔形至楔形，叶缘除基部外具锐锯齿或粗锯齿，上面呈深绿色，下面淡黄绿色，两面无毛；叶柄长0.8~1.5厘米，无毛。

连翘花通常单生或2朵至数朵着生于叶腋，先于叶开放；花梗长5~6毫米；花萼绿色，裂片长圆形或长圆状椭圆形，长6~7毫米，先端钝或锐尖，边缘具睫毛，与花冠管近等长；花冠黄色，裂片倒卵状长圆形或长圆形，长1.2~2厘米，宽6~10毫米；在雌蕊长5~7毫米花中，雄蕊长3~5毫米，在雄蕊长6~7毫米的花中，雌蕊长约3毫米。

果卵球形、卵状椭圆形或长椭圆形，长1.2~2.5厘米，宽0.6~1.2厘米，先端喙状渐尖，表面疏生皮孔；果梗长0.7~1.5厘米。

连翘叶可药用，可治急性肾炎、紫癜病、肺脓肿等症，对治疗高血压、痢疾、咽喉痛等效果较好。

三、野菊花

野菊花　（李世升　摄）

野菊花为菊科多年生草本植物，高0.25~1米，有地下匍匐茎。茎直立或铺散，分枝或仅在茎顶有伞房状花序分枝。茎枝被稀疏的毛，上部及花序枝上的毛稍多或较多。基生叶和下部叶在花期脱落。中部茎叶呈卵形、长卵形或椭圆状卵形，长3~10厘米，宽2~7厘米，呈羽状半裂、浅裂或分裂不明显而边缘有浅锯齿。基部为截形或稍心形或宽楔形，叶柄长1~2厘米，柄基无耳或有分裂的叶耳。叶片两面同色或几乎同色，均为淡绿色，或干后两面呈橄榄色，有稀疏的短柔毛，或下面的毛稍多。头状花序直径1.5~2.5厘米，多数在茎枝顶端排成疏松的伞房圆锥花序或少数在茎顶排成伞房花序。总苞片约5层，外层为卵形或卵状三角形，长2.5~3毫米；中层卵形；内层长椭圆形，长11毫米。全部苞片边缘为白色或褐色宽膜质，顶端钝或圆。其花黄色舌状花，舌片长10～13毫米，顶端全缘或2～3齿。瘦果长1.5～1.8毫米。花期为6—11月。

野菊是一个多型性的植物，有许多生态的、地理的或生态地理的居群，表现出体态、叶形、叶序、伞房花序式样等诸特征上极大的多样性。山东、河北滨海盐渍土壤上种植的野菊，全形矮小，叶片肥厚；江西庐山地区的野菊，叶片下面有较多的毛被物；江苏南京及浙江等地区的野菊中，有一类叶在干后呈橄榄色。

野菊的叶、花及全草均可入药。味苦、辛、凉，清热解毒，可疏风散热，散瘀，明目，降血压。防治流行性脑脊髓膜炎，预防流行性感冒、感冒，治疗高血压、肝炎、痢疾、痈疖疔疮都有明显效果。野菊花的浸液对杀灭孑孓及蝇蛆也非常有效。

野菊花对夏季蚊虫叮咬后的红肿脓包具有杀菌去肿的作用。

【中医中药小常识】

购买中药注意事项

中药主要由植物、动物、矿物等天然物质或由这些天然物质加工而成的产品组成。因此，中药及其加工品也被称为天然药。中药的应用形式多样，有经炮制而成的中药饮片，可通过配伍熬成汤剂；有按规定处方加工制成的特定剂型，如片剂、丸剂等，需要标注药物作用、适应证、剂量、服用方法，供医生、患者直接选用；有提取药物成分或活性部位而直接针对某种疾病的药物制剂，如注射剂等。

从某种程度上说，少数中药不如西药见效快，但古人在长期的用药过程中，总结了一系列减弱药物毒副反应的方法，如通过炮制、配伍等。另外，中医理论强调的药物配伍禁忌、证候禁忌、服药饮食禁忌、妊娠禁忌等也能在一定程度上保证用药的安全。所以客观来说，中药的不良反应相对西药还是比较小的。

药物的不良反应根据轻重程度不同，又分为副作用和毒性反应。

副作用是指在常规用量、用法时出现的与治疗无关的不适反应，一般比较轻微，对机体危害不大，停药后就能快速消失。比如服用大黄会出现腹痛、食欲下降，服熟地黄会出现腹胀等症状。

毒性反应是指用药后引起的机体损害性反应，导致器官损害、机体功能障碍，产生新的疾病，甚至导致死亡。比如附子会对部分人的心脏产生损害，关木通会对肾脏产生损害等。

古人曾经将单味中药的不良反应用小毒、有毒、大毒来标识。但目前来说，现有的12800多味中药中，标识有毒的只有不到1000味。并且，以前单味中药的不良反应除在性能中用大毒、有毒、小毒标识外，只会概括在中药的使用注意中，有些笼统。而中成药和中药提取物则更是很少涉及药物的不良反应。现在，国家明确要求标明中药的不良反应，这就能扩大病人的知情权，防止药物的滥用。此外，不良反应的标注能引起病人足够的重视，便于尽早发现或防止不良反应的发生。

所以，建议在选择中药时，一定注意看清不良反应的说明，做到心里有数，安全用药。

【拓展与体验】

一、思考

（1）李时珍为什么会被称为“文化学家”？

（2）李时珍的《本草纲目》与文学有什么关系？

（3）李时珍在药学解释上用了什么训诂的方法？

（4）李时珍身上有什么特质值得当代人学习？

二、实践活动

（1）举行李时珍文化研讨会。

（2）观察牵牛花，了解其特性。

（3）了解中医文化气血津液的精髓。

附录一　李时珍生活轨迹探述

武宗正德十三年（1518年）（戊寅）

李时珍出生于湖广蕲州（今蕲春县蕲州镇）东门外瓦硝坝的一个世医之家。李时珍的祖父李晓山一家从福建上杭迁来蕲州后，落籍于蕲州三里冈东头的瓦硝坝（今蕲州东长街东门村）。

嘉靖六年（1527年）（丁亥）

李时珍10岁。开始从塾师学“制义”（八股文）之类，似今日小学。

嘉靖十年（1531年）（辛卯）

李时珍14岁。由蕲州知府周训选送至黄州府应科试，中秀才。这次“竟试”考两门，一为“四书义”（八股文），一为“试帜诗”。李时珍一举中秀才，少年得志，取得入府、州、县儒学的生员资格。

黄州府考试地点位于今黄冈市黄州区考棚街黄冈市实验小学内，该地目前仍有一栋明代保留下来的考试楼（古建筑），系湖北省重点文物保护单位。

嘉靖十三年（1534年）（甲午）

李时珍17岁。首次赴省城武昌参加乡试考举人。共考三场，所考内容分别为四书，论、判、诏、诰，经、史。但李时珍未能中举。明代实行三级考试——乡试、会试、殿试。乡试为初级考试，未通过者无法参加后续考试。这是青年李时珍第一次遭受科举失败的痛苦。

武昌乡试地点位于今武汉市武昌区司门口。李时珍曾三次在此参加乡试。武昌贡院街始建于明代洪武年间，其核心区西起得胜桥武胜门、南至中华路、东至忠孝门、北依中山路（包括凤凰山）。这里自明朝以来就是湖北、湖南学子复习、住宿和应试的场所。

街区内分布着大量明清以来的贡院、书院旧址，主要包括武昌贡院（现湖北省实验中学所在地），两湖书院（现湖北省实验小学旧址所在地）等。

嘉靖十六年（1537年）（丁酉）

李时珍20岁。李时珍第二次赴武昌参加乡试，再次落选。是年前后，与吴氏女成婚。

嘉靖十七年（1538年）（戊戌）

李时珍21岁。李时珍承父命，发愤攻读经史，准备再试。但几年寒窗苦读使其身体虚弱，起初咳嗽而后转为骨蒸病，他卧床月余几乎死去。幸得父亲李言闻以一剂单味黄芩汤使其转危为安，逐渐康复。自此，李时珍深感中药之奥妙。

此见《本草纲目》第十三卷［黄芩］条下“发明”。书中曰：“予年二十时，因感冒咳嗽既久，且犯戒，遂病骨蒸发热，肤如火燎，每日吐痰碗许，暑月烦渴，寝食几废，六脉浮洪。遍服柴胡、麦门冬、荆沥诸药，月余益剧，皆以为必死矣。先君偶思李东垣治肺热如火燎，烦躁引饮而昼盛者，气分热也。宜一味黄芩汤，以泻肺经气分之火。遂按方用片芩一两，水二盅、煎一盅，顿服。次日身热尽退，而痰嗽皆愈。药中肯綮，如鼓应桴，医中之妙，有如此哉。”

嘉靖十九年（1540年）（庚子）

李时珍23岁。是年八月，李时珍第三次赴武昌参加乡试，仍名落孙山。自此，李时珍通过科举而平步青云的梦想彻底破灭，所幸他下定决心学医、为民解疾苦的心愿得到了父亲的支持，他不再参加乡试。但他之前多年的寒窗苦读并非徒劳，这为其尔后从事医学、药学研究和行医治病打下了坚实基础。三次乡试失败，促成李时珍人生道路的根本转折，亦使其人生观的升华。同年，李时珍拜蕲州知名学者顾日岩（名顾问）为师。顾问是著名理学家，常在蕲州崇正、阳明书院讲学。李时珍听课之余，还常求他指点钻研中国传统文化典籍的方法。

嘉靖二十年（1541年）（辛丑）

李时珍24岁。李时珍正式随父学医，开始在蕲州玄妙观（遗址在今蕲春李时珍医院南门附近）同父亲一起为民众治病，闲暇时则刻苦研读医学著作。

嘉靖二十二年（1543年）（癸卯）

李时珍26岁。约于此年生长子李建中。

嘉靖二十五年（1546年）（丙午）

李时珍29岁。其父李言闻补贡生，取得国子监生员资格，社会地位有了改变。加上他医术高明，备受当地百姓的尊敬与群众爱戴。父子二人经常出入蕲州顾、郝等豪门家中，并得以借阅其家中藏有的大量医药典籍、历史文献。顾家与李时珍家相邻，顾宅现仍保留有一块高3米、宽1米的顾氏祠堂碑，碑文系王世贞撰写。

嘉靖二十九年（1550年）（庚戌）

李时珍33岁。经十年阅读医书，李时珍终立雄心壮志，重修本草，造福人民。

嘉靖三十年（1551年）（辛亥）

李时珍34岁。李时珍开始重修本草的准备工作，约在此年前后，收庞宪（号鹿门，蕲州人）为徒，作为自己的助手。另还有一学生瞿九思（字睿夫，黄梅人，理学家）。

嘉靖三十一年（1552年）（壬子）

李时珍35岁。李时珍正式开始编纂《本草纲目》，首先考虑按《通鉴纲目》的体例重新建立分类原则。

嘉靖三十三年（1554年）（甲寅）

李时珍37岁。为修订本草准备第一手资料，李时珍学习父亲写《蕲艾传》《人参传》的经验，对蕲州名贵药物“蕲蛇”进行实地考察，并观察蕲蛇生活习性，写了《白花蛇传》。该文已失传，部分内容保留在《本草纲目》。同年，封居蕲州荆王府内的富顺王长子生病，请李时珍诊治。李时珍了解其病情、家情后开一剂“附子和气汤”治好了富顺王儿子的病（该故事顾景星《李时珍传》有载）。

嘉靖三十四年（1555年）（乙卯）

李时珍38岁。从这一年到李时珍40岁，他一直留住武昌楚王府为奉祠正同任良医所主管祭祀。时李时珍住武昌观音阁。楚王长子患暴厥症（即抽风），经李时珍医治而愈。

其间，李时珍在武昌蛇山观音阁为百姓义务治病，同时向百姓寻方问药，研究医药。

嘉靖三十七年（1558年）（戊午）

李时珍41岁。经楚王、荆王举荐，李时珍入京城太医院。顾景星《白茅堂集》载其任太医院院判（正六品），不确。李时珍在太医院任职约有一年。

嘉靖三十九年（1560年）（庚申）

李时珍42岁。离开太医院，途经河南，返家乡，沿途做药物调查，《本草纲目》载：“时珍自京师还，见北土车夫每载之。云暮归煎汤饮，可补损伤。则益气续筋之说，尤可征矣。”李时珍弄清旋花治筋骨疼痛的药效，即从北土车夫调查得来。同时，他还将“旋花”与“旋覆花”作了区别论述。

嘉靖四十年（1561年）（辛酉）

李时珍44岁。由瓦硝坝迁至雨湖北岸，辟药园，名为红花园，筑新居，名莛所馆。因新居濒临雨湖，李时珍自此号濒湖山人。他在此，除编写《本草纲目》，还撰成医学著作《濒湖医案》《三焦客难》《命门考》《五藏图论》，但诸书多已失传，《本草纲目》保留其中部分内容。

李时珍的莛所馆位于今蕲州东门村莲花池处，1957年，湖北省人民政府将此处定为湖北省重点文物保护单位，立有保护标志碑。

嘉靖四十三年（1564年）（甲子）

李时珍47岁。李时珍的脉学专著《濒湖脉学》在荳所馆写成，其序自署："嘉靖甲子上元，书于荳所馆。"脉学著作《奇经八脉考》《脉诀考证》也于此时前后写成。同年，李时珍之父李言闻逝世，长子李建中举。

嘉靖四十四年（1565年）（乙丑）

李时珍48岁。李时珍外出访察药物，弟子庞宪和次子建元随行。此后数年间，李时珍经常在外，足迹遍于湖广、江西、安徽、江苏、浙江等地。约于1568年，时年51岁的李时珍与弟子庞宪赴湖北武当山采药，考究了曼陀罗的生长习性、药性、药效等。

武当山为道教圣地，有72峰，其中的"金仙峰"民间传说专为时珍修。据查，李时珍在《本草纲目》中记载的1892种药物，其中武当山当时生长有700余种。

隆庆三年（1569年）（己巳）

李时珍52岁。李时珍编成《濒湖集简方》，开始撰写《本草纲目》初稿。

隆庆五年（1571年）（辛未）

李时珍54岁。长子李建中任光山（今河南省）县教谕。李时珍从蕲州出发，途经麻城，横越大别山入河南光山县与其子相见。

隆庆六年（1572年）（壬申）

李时珍55岁。是年，李时珍著成《奇经八脉考》。中秋日，友人吴哲写《题奇经八脉考》赞云："读濒湖李君《八脉考》，原委精详，经络贯彻，顿觉蒙开塞决，胸次豁然。"

万历二年（1574年）（甲戌）

李时珍57岁。李时珍开始修改《本草纲目》初稿。

万历五年（1577年）（丁丑）

李时珍60岁。《本草纲目》定稿，《奇经八脉考》开始刻印。其老师顾日岩（即顾问）撰写了《奇经八脉考·引》称许此书，序中写道："濒湖世儒兼以医鸣，一门父子兄弟，富有著述。"

是年，"后七子"之一吴国伦在河南左参政任上被罢官。吴国伦是时珍好友。闻吴被罢官，李时珍写七律一首《吴明卿自河南大参归里》相赠。其诗全文如下：

> 青琐名藩三十年，虫沙猿鹤总堪怜。久孤兰杜山中待，谁遣文章海内传。白雪诗歌千古调，清溪日醉五湖船。鲈鱼味美秋风起，好约同游访洞天。

万历六年（1578年）（戊寅）

李时珍61岁。《本草纲目》编撰完成。其书三易其稿，历时二十七年。《本草纲目》第一卷序例末段写道："始于嘉靖壬子，终于万历戊寅，稿凡三易。分五十二卷，列为一十六部，部各分类，类凡六十，标名为纲，列事为目。"

该书实际上是李时珍一家三代人辛勤劳动的成果。金陵版《本草纲目》上载有辑书者姓氏："敕封文林郎四川蓬溪县知县蕲州李时珍编辑。云南永昌府通判男李建中，黄州府儒学生员男李建元校正。应天府儒学生员黄申、高第同阅。太医院医士男李建方，蕲州儒学生员男李建木重订。生员孙李树宗、生员孙李树声、生员孙李树勋次卷。荆府引礼生孙李树本楷书。金陵后学胡承龙梓行"又《本草纲目》附图卷上有："阶文林郎、蓬溪知县男李建中辑，府学生男李建元图，州学生孙李树宗校。"此外，本书创作还有他的弟子庞宪的功劳。《湖广通志》说：弟子庞鹿门尝助成《本草纲目》。

万历八年（1580年）（己卯）

李时珍63岁。九月初，李时珍赴江苏太仓访问"后七子"之领袖王世贞，请他为《本草纲目》写序。王世贞曾任湖广按察使，时已罢官居家。李时珍留居几日，两人相谈甚洽，王世贞欣然同意为《本草纲目》写序，并写诗一首戏赠李时珍。

李时珍乘船赴太仓，在今太仓市太仓河边有一石碑：李时珍戚继光乘船，上岸处。

万历十三年（1585年）（乙酉）

李时珍68岁。长子李建中升任云南永昌府通判（正六品），不肯就，后归家。

万历十五年（1587年）（丁亥）

李时珍70岁。为庆父亲70寿辰，长子建中从四川蓬溪回家与其团聚。

万历十八年（1590年）（庚寅）

李时珍73岁。完稿12年的《本草纲目》终在金陵（现南京）藏书家胡承龙支持下开始刻版。是年春上元之日（正月十五日），王世贞为《本草纲目》写了序，他在此文中给予了《本草纲目》极高的评价，认为该书“博而不繁，详而有要”“实性理之精微，格物之通典，帝王之秘箓，臣民之重宝”。称李时珍为“北斗以南一人”。

万历二十一年（1593年）（癸巳）

李时珍76岁。一代药圣病卒于家中。是年，《本草纲目》金陵本刻成，万历二十四年（1596年）金陵本在南京正式面世。

附录二　李时珍精神举要

精神，是一种虽然看不见摸不着，却有着特别的魅力和吸引力，能给人以信心，给人以力量的无影、无形、无状之元素。《百科辞典》称精神为哲学名词，唯物主义者认为，精神是人的大脑这一特殊的物质对客观事物的反映。

从孩提时代开始，许许多多的精神如刀刻斧凿般印于我们的脑海。如：长征精神、延安精神、大别山精神、大庆精神，等等。就人物而言，有张思德精神、雷锋精神、焦裕禄精神等，举不胜举。

“李时珍精神”的说法，在中华医学界、科技界并不陌生。特别是《本草纲目》与《黄帝内经》被联合国教科文组织列入世界记忆遗产名录后，李时珍精神的张扬与传承，似乎被赋予了时代的元素。

任何精神皆有言简意赅、精彩精深的归纳。那么，李时珍精神是什么？曾有过多种说辞。其中，李时珍精神就是“科学精神”的概括最具普遍性。再就是，李时珍故里的中共蕲春县委、县政府，在对李时珍人文资源进行开发的过程中，将“踏遍青山尝百草，历劫万难著纲目”作为李时珍精神的内核，进行过大张旗鼓的宣传。这里，我们用“责任至上、负重致远、业以至精、术以至善”四个词作为“李时珍精神”之概括。

一、责任至上

责任，是人生价值的标尺。责任至上，是人生价值的最高境界。以“责任至上”作为李时珍精神的起句，当之无愧，恰如其分。

医生的责任是什么？医生的责任是救死扶伤，除疾解痛。李时珍深知，做医生很不容易，需要比常人多付出十几倍甚至几十倍的艰辛。而做一个循规不守旧、蹈矩不泥古，有超凡之医技、超常之妙术、能妙手回春的精诚大医更不容易。

不容易的事做起来，方显人杰本色。以今天的眼光来看李进珍“责任至上”之理念的确立过程，也可以说是一种世界观、人生观、价值观的确立过程。

嘉靖十九年（1540年）八月，23岁的李时珍满怀希冀到武昌参加乡试。这是他第三次进入乡试考场。他曾连续几年承父命，寒窗苦读，攻经研史，足不出户，没想到仍然名落孙山，这次之后，他通过科举进入仕途的希望彻底破灭。然而，用今天的眼光来看待李时珍的科举落榜，未必不是好事。假若当年的李时珍金榜题名，最多可能是个名声政绩双优的古代官员，《明史》上关于李时珍的记载或许不会超过200字。而人类杰出科学家的阵营中，绝对没有李时珍的位置，世界医药史上也绝对没有《本草纲目》这本“东方医药巨典”“中国百科全书”的记载。

儿子的三次落榜对于李时珍的父亲李言闻而言，其打击也不亚于五雷轰顶。但随后，他决定同意李时珍的请求，让他放弃科考，躬身杏林。

得到父亲的允许，李时珍如释重负，并以百倍于参加科考的热情投身于岐黄。

非读书，不明礼；要知事，须读史。

一涉猎岐黄界，李时珍就如饥似渴地研读医家典籍。在遵从父命走科举从仕途的日子里，李时珍也曾孜孜不倦地读书、读大量的书。史称他“益刻志读书，十年不出户阈，上自坟、典，下及子史百家，罔不该洽”。不过那读的是经史子集。当然，那些书也没有白读，为他日后编撰《本草纲目》打下了坚实的基础。

李时珍的博学精神贯穿于他人生的全部。他勤于读书，广于读书，精于读书，善于读书。有人问，李时珍到底读了多少书？比较确切的答案是951家（种）书目，《本草纲目》上列举了具体的篇目。其中，引据前人医家书目84家（种），经史子集书目151家（种），两项共计235家（种）。再加上李时珍新增引据的前人医家书目276家（种），经史子集书目440家（种），新增两项共计716家（种）。再加上前人引据的235家（种），就是951家（种）。

作为医生，光熟读经史子集是不行的，必须要熟读前人的医籍文献。李时珍所处的时代，印刷行业已经很发达，医书典籍不算少，李时珍读过的就有360种（家），但可权威的官修药典教科书并不多。

中医药学当溯本求源，古为今用，继承是基础，创新是必然，勤求古训，融会新知。如最早的本草学就是中医学，与西方医学有天壤之别。中华医学源于易学，《易经》是中医思维的源头。早期的中医学与药学同根共系，谈药皆以君臣佐使配合，寒、热、温、凉四气，酸、咸、甘、苦、辛五味区分。谈医以辨证，以阴阳五行、标本虚实论治。

而不可忽视的是，本草典籍中也存在一些错误记载。最早的《神农本草经》已将药物作了基本分类，按照养命、养性和治病三种功效分上、中、下三品。随着千余年的使用传承，后世人所著的本草在此基础上不断地增加药物，到《本草纲目》之前的宋代《政和本草》载药1752种，在《神农本草经》365种的基础上增加了1387种，是《神农本草经》的近5倍。这是一大进步。但是由于受各种条件的制约，书中还有许多禁锢不敢擅越，有一些错误也未得纠正。这1752种药物中，有不少药物或多种药物共一名，或一种药物泛多名。如甘草、旋花、山姜为三种不同的植物，可在前人本草记载中误认为是一种药物，名曰：美草。还有豆蔻、慈姑、枸橼、乌芋是四种不同的药物，前人本草皆以“枸橼”混称。浮萍，是一味能解表发汗，治疗诸种风瘫症的药用植物。在前人的本草中被记载为“苑、菩、蘋、浮萍、萍蓬草、田字草”等多种药物。

在药物的分类上，前文说过，历代本草皆承袭古训，无所创新、致使“未深加体审”“惟据上猜度”“误解群氏，谬误亦多”“若不类分品例，何以印定群疑？”的弊端屡屡显现。如收敛止血的药物五倍子，是木本药物还是草本药物，还是其他品类？前人本草有的记载含糊，有的直言属草部，有的不言品类，闪烁其词。宋代《开宝本草》将五倍子列为草部，而同时代的《嘉祐本草》作者掌禹锡将其改为木部，并在此药的改类说明中注明，他多次在山中的盐肤木树上采集到五倍子。为此，掌禹锡坚信，五倍子是盐肤木的果实。而实际上，五倍子是一种昆虫的巢穴。现代分类学将五倍子，也就是“蚁螺虫”列入五倍子蚣虫属昆虫纲绵蚣科。

前人本草中的弊端，还有一种显而易见也是最致命的错误，那就是将部分药物的分类张冠李戴，属性混淆。如黄精为补养药中补气之要药，是治疗五劳七伤的君药之一。现代医家称黄精益气亦养阴，益胃润肠又生津，气阴而伤为主剂，治低烧口渴热烦心（除心中烦热之症）。可前人本草将黄精与钩吻混为一谈，有的甚至记载二物为一药，有的记载二药同性可互用。

钩吻是种什么药呢？剧毒之药！钩吻别名断肠草，是治疗痔疮、蛇伤、皮肤病、风湿骨痛、腰腿痛、跌打损伤的要药。可钩吻只能外用，严禁内服。现代药学研究表明，钩吻的剧毒感染较强，断肠草周边一米左右的植物皆有染毒。将钩吻当黄精用，其后果不言而喻。清代《笑林广记》中记载讽刺庸医的笑话就有《错将黄精当黄金》《黄金（精）断肠皆钩魂（吻）》。

民间传说不是历史，逸闻趣事不是文献。可传说轶闻也绝不是无源之水，无根之木。笔者从事民间文学搜集整理三十余年，对民间文学的产生、流传、传承也作过一些研究。就笔者搜集整理的《李时珍的传说》《中草药的传说》《反三国的传说》等故事而言，其故事仍然是源于真实的生活，升华了故事的原形，寄寓了民众的心声，超越了细节的真实，追求了故事的完美与凄美。民间流传的故事最大的特点，是“寄寓民众的心声心愿”。首先，民间传说绝大多数不是官方的意愿，甚至有些还是反官方意愿的。其次，是民间传说在流传过程中的特性变异，也就是流传的传承者，可以根据自己的思想、思维、思考，去改变故事的情节、细节和人物及人物形象。

在这里花笔墨言及民间故事的属性、特性，似乎与“李时珍精神”离题万里。其实不然，也正是类似《十钱钩吻害人命》之类的传说，更加坚定了“责任至上”的李时珍要重修本草的决心宏愿。

“谬粱米之黄白，混荆子之牡蔓。异繁缕于鸡肠，合由跋于鸢尾。防葵狼毒，妄曰同根；钩吻黄精，引为连类。铅锡莫辨，橙柚不分。凡此比例，盖亦多矣。”这段话是李时珍在《本草纲目》“序例”《历代诸家本草》中就《新修本草》错讹的一段述评。也是针对《新修本草》的错讹，李时珍在《本草纲目》草部第十七卷的［钩吻］条“气味”下作了以下特注：“钩吻，其性大热。本草毒药止云有大毒，此独变文曰大有毒，可见其毒之异常也。”

此外，李时珍还引经据典，标出钩吻的别名：毒根、断肠草、烂肠草等。这说明前人本草将“钩吻”与“黄精”混为一物的严重危害是人尽皆知的，最起码从医者中有许多人是知道的。

知之者甚众，可有多少人想到要从根本上去改变这种危害——重修本草呢？不能说没有，但真正付之于行动者如凤毛麟角，也可以说仅李时珍而已。因此说，《本草纲目》的编撰成书，是李时珍“责任至上”的结果。也是他崇高的世界观、人生观、价值观的具体体现。

二、负重致远

负重致远，比喻能吃苦耐劳，不畏艰辛，可担当重任，敢挑重担。语出《三国志·蜀书·庞统传》：“统曰：‘陆子可谓驽马，有逸足之力，顾子可谓驽牛，能负重致远也。’”作为李时珍精神的精彩浓缩，“负重致远”一词十分贴切。

前文说过，前代纂修的前人本草积非成是，积弊如山。作为一名以“责任至上”为追求的医生，李时珍是不会置若罔闻、袖手旁观的。可重修本草，不是一件小事，而是一项任重道远的浩瀚工程，靠一个人的精力、物力、能力几乎是不可能完成的。刚开始，李时珍把重修本草的希望寄托于朝廷，他只作为建议者或参与者。于是他开始搜罗并刻苦钻研医书典籍。据称李时珍自1542年正式随父行医坐堂至1552年，十年间，他“读书不治经生业，独好医书”。

这期间，李时珍的父亲李言闻补为贡生，取得国子监生员资格，社会地位有所改变，加上医术高明，医德高尚，父子二人得以经常出入蕲州的名门望族，如顾、郝二族。顾家即顾问、顾阙之家。“本州李濒湖，先后竿牍相应，晤言相证，针芥相投，会心致远。”这是封蔚礽《蕲州志》中有关李时珍出入顾家的一段记载。

顾问，为明嘉靖十七年（1538年）戊戌科三甲进士第一百二十五名，出任过浙江寿昌知县、安徽来安县令、汾州知州、浙江参议、按察佥事、徐州兵备、福建参政、朝议大夫。顾阙为嘉靖三十二年（1553年）癸丑科二甲进士第十四名，曾任刑部主事。顾氏兄弟才气声名俱赫，顾问致仕后回蕲州兴办崇正书院，李时珍遂拜顾问为师，一时师生关系无人能及。有一次，顾问在梦中作诗，曰：“远山隔林静。”嘱时珍对。时珍对曰：“明霞对客飞。”第二天李时珍的回对皆与顾问之梦相合。足见师生二人心心相印，心灵相通。顾家的藏书数万卷，其中有81橱是顾阙的亲家刑部尚书冯天驭送给顾家的。包括五万余册用黄绫包裹的御赐图书。顾家的藏书无疑给李时珍查阅资料提供了方便。

郝家为郝守正、郝守道之家。郝守正也是进士出身，官至广信知府。郝守道，字立夫，业医出身，曾出任过燕、齐、淮军营督军医官多年，岐黄之术名冠三军。后被蕲州荆王聘入王府做医官。

郝守道从医多年，医书典籍十分丰富。李时珍每到郝家书房，总是流连忘返，曾言“群书博极，大开愚目，斩获匪浅”。这说明，李时珍在郝守道家所看到的医书典籍，令他大开眼界，大有收获，也更增加了他要重修本草的信心和决心。

李时珍30岁那年（嘉靖二十六年，即1547年），在郝守道的引荐下，李时珍进了荆王府。初进王府，李时珍就崭露头角，给荆王和郝守道留下了深刻印象。荆王小儿子有一嗜吃灯花的怪病，时发时止，许多名医皆束手无策。李时珍诊断为是肚中寄生虫作祟，遂用驱虫法将其治好。也就是这件事使荆王以及郝守道、顾问、顾阙等达官显贵们对李时珍刮目相看。

明嘉靖三十四（1555年），38岁的李时珍经蕲州荆王推荐，来到武昌楚王府为楚王长子治怪病。楚王长子患的是什么怪病呢？是一种俗名抽风的暴厥症。李时珍凭着自己的医技经验和胆大心细的创新医术，不出半月，就将楚王长子的抽风症完全治愈。此举如石破天惊，很快将李时珍的医名传遍武昌城。楚王遂将李时珍留在楚王府，委任为奉祠所的奉祠正兼管良医所事。奉祠正之职级为正八品，这在当时是非常不容易的。两榜进士在翰林院供职也大不了是个从七品，干了几年下到州县也才是正七品之职。

就这样，李时珍靠自己的精湛医术，圆了十几年前他梦寐以求的仕途梦，正式步入官场。

但李时珍虽然在专业技术上出类拔萃，在医学领域博古通今，而对政治，特别是官场政治那是七窍通六窍——一窍不通。

何以见得?

一步入官场，穿上楚王奉祠所奉祠正的官服，李时珍就似乎看到了重修本草的曙光。他马上向楚王呈上了一份建议：“本草之书，关系颇重。前朝本草，误解群氏，谬误亦多……言古方新病不相能，自成家法……误人匪浅。”并附上谬误亦多的本草样书，列举出诸多事例。

可李时珍哪里知道，当朝统治者昏庸至极，对岐黄之术、杏林之药毫无兴趣。他向往的是炼石服丹，长生成仙。按说，李时珍对当时的道士得宠、炼丹成风的世风有所了解。比如在家乡蕲州玄妙观，因道士设坛炼丹，他与父亲不得不将医堂搬出玄妙观。在楚王府，酷爱炼丹求仙的楚王也十分宠信道士。道士们在王府设坛摆醮，闹得乌烟瘴气，李时珍十分反感，经常与道士争吵不休。可他就是没想到“炼丹求仙”是举国上下的大势潮流。而他自己与之背道而驰，独行自为，甚与不合。

好在楚王较为开明包容，像李时珍与炼丹道士争吵，道士自然找楚王告状。李时珍一边上书要楚王给世宗皇帝上奏本，希望重修本草，一边劝楚王服丹成仙，有百害而无一益也，希望楚王不再宠信道士。楚王对两方观点皆充耳不闻，置之不理。而李时珍误以为是他的劝本和重修建议写得不够精彩，缺乏说服力。于是他呕心沥血，重写了一份。书中除了列举前朝本草的弊端，重修本草的重要性、必要性、紧迫性外，他还记录了自己为重修本草做了哪些准备工作：“行年三十，力肆校雠”，“考古证今，奋发编摩，苦志辨订误，留心纂述诸书”。这段话的大意是，我从30岁开始，就对那些有讹误的本草进行了比较，正在努力着手编汇，而且下定决心，不怕吃苦，要将本草中的错误重新勘校，订正出一本超过前人本草的新书。

当他听说蕲州荆王不日将来武昌与荆王相会时，遂连续几夜通宵达旦，将自己重修本草的建言给荆王也重抄了一份。

荆王是个不喜欢打马虎眼的直性子。他看了李时珍的建言后，当场就批评李时珍：“举世无人？偏尔擅越能事，多疑妄言，务职守本，莫不大焉!”这段话的大意是：这世界上难道就只有你李时珍一个人聪明？喜欢多嘴多心，做那些超越权限的事情。还是干好你奉祠正、良医所的本职工作，那才是你正儿八经的大事!

他批评李时珍不要多管职权外的闲事，是敬重李时珍的医术才干，是在关心他、爱护他。最后荆王还善语相劝道："上事勿问，前事勿评，王事勿怠，乡事勿忘，醮事勿寻。"

这是一段推心置腹、很有人情味的劝说。荆王劝导李时珍，皇帝的事、朝廷的事，你管不了那么多。至于前朝本草上的错讹也不要去评论，楚王的事你千万不能懈怠大意，要尽心尽职尽责。还有蕲州本王的事，你也要关心不能忘记。至于楚王请道士设坛炼丹的事，你不喜欢就装作没看见不必去与道士争吵，自寻烦恼。

按说，荆王对李时珍的一番话起到了振聋发聩、醍醐灌顶之功效。可那只是暂时的。要李时珍彻底断绝重修本草的念头是很难的。

明嘉靖三十七年（1558年），朝廷敕令地方举荐名医补缺太医院。经楚王举荐，41岁的李时珍很顺利地进入了太医院。有史料称，李时珍入太医院任太医院院判，清末著名理学家顾景星（顾阙之曾孙）在其《白茅堂集》中的《李时珍传》中写道："楚王闻之，聘为奉祠，掌良医所事。世子暴厥，立活之。荐于朝，授太医院判。一岁归，著《本草纲目》。"

明朝初年的太医院院判是正五品，万历以后，太医院判改为六品。李时珍在《本草纲目》序例《代诸家本草》中十分清楚地注明："《本草纲目》，明楚府奉祠，敕封文林郎、蓬溪知县，蕲州李时珍东璧撰。"李时珍如果任职太医院院判，他为什么不注明呢？太医院判是六品，比文林郎、蓬溪知县的官阶高一品级。文林郎、蓬溪知县的官衔是李时珍长子李建中的职务。写在这里是因为当时，儿子做了官，可以敕封给父亲。作为全国重点文物的李时珍父母合葬墓、李时珍夫妻合葬墓，其碑文上的铭文与李时珍《本草纲目》上的说明如出一辙。这墓碑是李时珍四个儿子李建中、建元、建木、建方于万历二十一年（1593年）立的。假如，朝廷对李时珍死后有敕封，他们兄弟四人应该是清楚的。再就是李时珍次子李建元于万历二十四年（1596年）十一月十一日向万历皇帝进献《本草纲目》时，呈送的《本草纲目疏章》上也只写有：臣故父李时珍，原任楚府奉祠，奉敕进封文林郎、四川蓬溪知县。生平笃学……

如果父亲当了太医院判，他会遗忘吗？这说明李时珍"任太医院判"一说是没有历史依据，甚至是子虚乌有的。至于理学家顾景星因何记载李时珍“授太医院判”，那只能是谜。

实际上，李时珍入太医院的职务名候补。候补是个什么样的官职呢？当时，由于举国上下都在推荐名医，进入太医院的各地医员太多了。除了个别名声很大的人，皇帝看一看他们的籍贯简况外，其余的都留在太医院做候补医员，无缘与皇帝见面，更无法当面建言。

李时珍进入太医院，无所事事，等待着补缺填空。可他没有闲着，有机会就出入太医院的御药房、寿药房、医籍房，大开了眼界。那时，一些名贵道地药材如人参、党参、阿胶、灵芝、天麻、海马、犀角、川贝、淮山药等在地方上是很少看到的。还有许多正版的历代本草善本，也是第一次入目。这也算是李时珍进入太医院的另一种收获。

在太医院翻阅医籍善本的同时，又触动了李时珍心中的那个宏伟的愿望——重修本草。可此时的世宗皇帝宠信道士巫术，迷信服丹，妄求长生成仙。在这种情况下，皇帝能听得进去这个建言吗？

而按照当时的森严等级，李时珍没资格面见皇帝，就连见太医院院判的机会也微乎其微。那么，他建言重修本草的折子，只能通过太医院院丞上呈给院监，再由院监转呈院判。诸如此类的门槛挡不住李时珍重修本草的决心。他仍然聚精会神地写上奏本，不厌其烦地阐述重修本草的意义，指证前人医家本草的弊端：“肤谢之士，不其该详，唯消其僻，宋人亦多删削。岂知天地品物无古今显隐亦异，用舍有时，名称或变，岂可以一隅之见，而遽讥多闻哉。”

李时珍的第一次上书，几个月未见动静。他就去找院丞询问。院丞打马虎眼，要他去找院监问问。院监摇头摆手，说从没见过这种折子。李时珍不知就里，以为是真的，又写了几个晚上，再次上书。并在上书时说明自己的决心和办法“复者殳（shū）之，缺者补之、讹者纠之”。

这次上书，李时珍多了个心眼。他越级将折子直接交给院监，而且还带了一位与他交谊甚厚的太医院候补作证。此后，他每隔三五七天就找院监询问。当朝天子沉溺炼丹成仙，朝事不问，百官不见，岂会管一个小小的太医院候补重修本草的建言？太医院的院丞、院监、院判皆心知肚明。自然是不会上呈李时珍的奏本，对此他们采取的办法自然就是敷衍。可偏偏他们遇上十分较真的李时珍。

这天，院监急急忙忙准备出门，被李时珍进门一把拦住，催问奏本之事结果如何。这下可捅了马蜂窝。院监怒不可遏，随手将案头李时珍的折子摔在李时珍的脚下，怒斥李时珍大逆不道，嗤斥他自作聪明，没事找事："尔不揣圣意，有悖圣心，越纲乱常，自谬不顾，还想祸及上臣，是何居心！"

太医院监的一通"火"，把李时珍满心指望朝廷重修本草的希望烧成了灰烬。而太医院那些候补们的讥讽、嗤笑，更加坚定了李时珍要独立自主，自力更生的壮志雄心。

贞刚自有质，玉石乃非坚。雨雪凌，松柏青。人伦变，奇节见。厄境中可以看出一个人的品质。

明嘉靖三十八年（1559年）秋天，在太医院供职一年的李时珍以"自病"和"父病"的双重理由辞职并返回故乡蕲州，开始为重修本草作准备。这一年，李时珍42岁。

依靠个人的力量重修本草，修什么样的本草呢？在李时珍动手编修《本草纲目》之前，明朝已经有八人刊行了与本草有关的医药之书，也全都是个人行为。李时珍的《本草纲目》收入了这些医书并在《历代诸家本草》中进行了逐一评述。从这八种明人本草中，李时珍也得到了重大启发，靠翻刻、重印前人的东西，只能是传承。只传承不创新的本草，不是他的理想。他李时珍立志要重修，就要修成"辨物精审，立言破惑""人皆指为全书，医则目为奥典"的本草大典。

以"人皆指为全书，医则目为奥典"为重修本草的目标，是一个划时代的畅想，也是一项震古烁今的艰巨工程。李时珍何尝不知，以他个人的力量重修本草，要历尽千辛万苦，要耗费毕生心血，要对决艰难险阻。可他李时珍就是一头不知退却，只会迎难而上，一往无前的孺子牛。

所以说，李时珍的责任至上与负重致远是相辅相成、缺一不可的，是李时珍精神的精髓所在。

三、业以至精

业，泛指事业、业务、业绩。在这里可用以特指李时珍编撰《本草纲目》时敢于立言破惑、辨物精审、摒旧图新、改革旧例的胆识与魄力，以及困知勉行、精益求精的行事作风。

困知勉行，语出《中庸》，意为遇困而求知，勉力而奋行。精意为用功深刻而专一，也指专精、精通、精到、精至。精益求精，好了还求更好。语见《宋论·太宗》："精而益求其精，备而益求其备。"《庄子·鱼父》："真者，精诚之至也，不精不诚，不能动人。"

前文说过，李时珍要重修本草，不是什么灵光乍现的偶尔驱动，心血来潮的一时冲动，而是长期准备、经年不弃，且反复权衡，是屡经磨砺的责任所催生出的想法。

李时珍对前人本草中这些荒唐滑稽之谬误，痛恨至极。所以他认为，要重修本草，改革旧例势在必行。他在《本草纲目》序例《神农本经名例》中对前人本草"三品"分类法的弊端剖析一针见血："虽有朱、墨之别，三品之名，而实已紊矣。或一药而分数条，或二物而同一处；或木居草部，或虫入木部；水土共居，虫鱼杂处；淄渑罔辨，玉珷不分；名以难寻，实何由觅。"他认为，改革旧例，应"不分三品，惟逐各部，物以类从。目随纲举"。

《本草纲目》以"纲"举"目"。何为"纲"？以标识中药药名为纲。何为"目"？列举各药物内容为目。

依据纲目并举、物以类从的原则，李时珍在《本草纲目》中分出水、火、土、金石、草、谷、菜、果、木、服器、虫、鳞、介、禽、兽、人16大部为"纲"。每部之下又分细目共分出62类：水部2类、火部1类、土部1类、金石部5类、草部11类、谷部4类、菜部5类、果部6类、木部6类、服器部2类、虫部4类、鳞部4类、介部2类、禽部4类、兽部4类、人部1类。共计药物1897种，其中李时珍新增药物374种；附方1万多剂，其中李时珍新增8160剂。

《本草纲目》的每种药物的正文依"纲"就"目"，分别叙述每种药物的释名、集解、气味、主治、修治、发明、正讹（误）和附方等项目。其文条理清晰、阐述明确、博而不繁、简而有要、详而有序，使古代本草首次呈现现代药物学的雏形。这是名副其实的高瞻远瞩，真真正正的深谋远虑。

李时珍首创的"振纲分目、从微至巨"分类法，首次将自然界分成无机物界、植物界和动物界三大层次，并把人和动物又明确区分开。植物药是根据各种不同植物的根、茎、叶、花、果的特点及性味、外形、皮核以及生产（长）环境、生活习性等各种因素的综合归纳、比较分类，以"从微至巨"的次第排列，这种超前思维，与现代的植物学不谋而合，有许多惊人的相同。

对动物药的分类，以从简单到复杂，从低等到高等的顺序排列，将444种动物药分为虫、鳞、介、禽、兽、人六大部。依据各类的特色、特点列序。这种按动物机体复杂性所形成的顺序方式，体现了从无机物到有机物，由低级到高级的发展过程，也正是生物进化的顺序。

书中还记载了生动、丰富的生物学资料，如动物对生存、生活的适应性、变异性以及受人为干预而发生习性改变和遗传改变等许多重要的特征。这在400多年前是十分难能可贵的。当时的李时珍能够因时制宜、因事制宜，是因为他的心中始终有一种信念支撑——重修的书必须是"聚前人之精华，启后世之精彩"的东西。可他怎么也不会想到，当然，也没有时间去考虑，他的"以人为本，以人为贵，以命为巨，以命为尊，析族分类，振纲分目"的实用分类体系和创立的"提纲振目、从微至巨"的分类方法，开创了世界生物进化论的先河。

何以敢称开创世界生物进化论的先河？国内外的文献记载，李时珍对生物进化的认知、认识，比19世纪的英国生物学家达尔文的《进化论》要早3个世纪。《本草纲目》中植物分类学的创举，比西方植物分类学鼻祖林奈1735年创立的2类24纲分类法，要早一个半世纪。而且李时珍的看法更具科学性和实用性，300年后的达尔文在研究生物变异等现象时，曾直接或间接引证《本草纲目》，并称赞《本草纲目》为"中国的百科全书"。

关于此说法，在这里我多啰嗦几句。在今天的媒体报道中一些政府文件以及不少领导人的讲话中经常出现：英国著名生物学家、《物种起源》的创始人达尔文，称赞《本草纲目》是“中国古代的百科全书”。

笔者也不例外，曾在一些文章中也举过此例。2003年9月，中央电视台150集《中华文明之光》电视纪录片组，来蕲春拍摄《李时珍与本草纲目》纪录片。笔者有幸给纪录片组当了12天的向导。发现《李时珍与本草纲目》纪录片的撰稿人、北京大学教授、我国著名的文献版本研究学者姚伯岳，在其文稿以及接受采访时皆只称“中国的百科全书”。于是，我请教姚教授，是“中国古代的百科全书”正确，还是“中国的百科全书”正确？姚教授告诉我，他读过达尔文《物种起源》的英文本，没有什么“中国古代的百科全书”的说法。再者，从时间上推断，达尔文生于公元1809年，中国的纪年为清嘉庆十四（己巳）年，殁于1882年，中国的纪年为清光绪九年（癸未），比李时珍小291岁。达尔文完成《物种起源》（亦称《进化论》）一书的时间为公元1859年，即中国纪年为清代的咸丰九年。按照中国历史纪年的划分，1890年之前为古代，1890年至1949年为近代。达尔文所处的时代正属于中国的古代，他怎么会在《物种起源》中称《本草纲目》是“中国古代的百科全书”呢？后来，我又查阅了《中国文化史辞典》《中国医学史》《大不列颠世界百科知识》等工具书，皆是“中国的百科全书”之说。

“中国的百科全书”也好，“中国古代的百科全书”也罢，皆表明，《本草纲目》的的确确是一部超越时空的不朽之作，跨越时代的百科全书。

《本草纲目》之所以被称为“全书”，不全是今人的褒奖，而是李时珍编撰《本草纲目》的初始目标就是编一本“本草全书”。何以见得？请看李时珍《本草纲目·序例》部分就有详尽的阐述。

一是关于《神农本草经》目录的刊出说明。

李时珍以古代《神农本草经》一共有3卷，共分为三品，共有365种，卷首有名例数条说明文字。到陶弘景时期撰有《名医别录》、又分别析分为各个部分，而其中上、中、下三品也有所移动修改，从中析出青葙子、赤小豆两条内容，所以一共发现为367种药物。到唐、宋两代，经过多次的变更易换，以往的体例已经不能再考据求证了。现在又再并入其中多余的两条，仍然保留《神农本草经》的原来目录，以备后来的学者参考。

二是就宋代本草旧录的刊出作备注。

李时珍认为，宋代的旧本本草目录，按理可以不录了。为什么录下呢？是为了保存古迹以待后人考据。三品之中多有混乱，不必拘泥于古人的记载。新药旧药一共合1812种。

三是药物记载的前瞻性和全方位思考。

《本草纲目》除系统记载了中国历代本草已记录的药物以外，还记载了他自己新增的药用植物1195种。这1195种药用植物中，就有218种药用植物当时还尚无药用记载。此外，还有“土部”“服器部”中的38种药物收录的皆是前人本草中的记载阐述，其中不仅没有任何附方和药用实例，有的甚至带有明显的封建糟粕和迷信色彩，李时珍均未摒弃，仍收入《本草纲目》，如“寡妇床前土”“孝子身上衣”等。《本草纲目》新增的374种新药中，“人部”新增的药物达13种，都没有列附方，也没有任何实用之例。那为什么要收入这些呢？李时珍在《本草纲目》“人部”作了这样的备注——今在此部，凡经人用的，都不可遗漏。只是对仁义无伤害的内容，详细陈述；至于那些残忍邪秽的内容，就略去或简述，但仍然要以文字分别说明在各条之下。总共三十七种，不再分类。旧本二十五种，今移五种入“服器部”，从“玉石部”移入一种。

上述种种，将没有药用记载，甚至尚无药用价值的药物，以及封建糟粕、带有迷信色彩的内容一字不漏地载入《本草纲目》。可以说，李时珍将《本草纲目》作为“本草全书”的用意显而易见的。这也是李时珍业以至精精神的一种体现。

（一）知所不豫，行且通焉

李时珍的“业以至精”精神，还体现在实事求是、科学严谨的治学态度上。做学问要“知之为知之，不知为不知”，而不可以“坐而论道，道听途说，袭前误后，行浊言清”。要编成“本草全书”，李时珍深知必须走出书斋，走向自然，走进民间。

明嘉靖四十四年（1565年），48岁的李时珍在结束父亲的三年大孝之守后，毅然带着得意弟子庞宪和次子李建元外出踏访药物，寻访药工、药农、药商，采集药物标本，搜集民间珍方、单方、验方。在为父守孝的三年间，李时珍勤耕不辍，完成了一系列的脉学专著，如《奇经八脉考》《脉诀考证》

《濒湖脉学》等。在《濒湖脉学》自序中他备注说明："明嘉靖甲子上元曰书于濒湖薖所馆。"

"甲子年"为明嘉靖四十三年（1564年），"上元"为正月十五，"薖所馆"是李时珍于嘉靖三十八年（1559年），自太医院辞职回家后在故乡蕲州的雨湖北岸红花园内修建的一所新居小院。清《蕲州志》载："薖所，在雨湖北岸，濒湖李公著《本草纲目》处也。"薖所馆之名是有来历的。《诗经·卫风·考槃》中有"考槃在阿，硕人之薖"之句。何为考槃？朱熹注：考槃、盘桓之意，言成其隐处之室也。简言之，指木头房屋。阿是什么？阿，就是山坡。毛传："曲陵三阿。"硕人是谁？长大的人，此处指贤人。薖，毛传释为宽大貌，也就是心胸宽大的意思，也作美貌说。李时珍以"薖所"作新居之名，其意为宽大舒适。今天我们考察遍所馆遗址，那确实是个好地方，前面是风景秀美的雨湖，背靠向阳的南山之洼，与太清夜月、城北荷池、雨湖渔舫、凤麓晨钟等著名的蕲春八景毗邻。如此优美的环境为李时珍编撰《本草纲目》营造了良好的氛围。

根据上述文献记载，我们分析，当时李时珍撰写《本草纲目》的前期准备工作已经就绪，也可以动笔写了。可是李时珍没有这样做，而是做好要外出考辨药物，采集样本，采访药农、樵夫、渔翁、猎人，搜罗民间验方秘籍的准备。当然，李时珍也完全不用外出奔波劳累，在家足不出户，照样能写出《本草纲目》。如果是那样，世界医学史上绝没有《本草纲目》的显赫地位，更不会有"东方医药巨典""中国的百科全书"的美称，人类杰出科学家、世界文化名人的阵营里，也没有李时珍的一席之地。只是李时珍绝对没有想到这一层，更不会想到几百年后乃至几千年后，《本草纲目》的影响与时俱进，与日俱增。他骨子里的信念，心中的目标是要把《本草纲目》写成"聚前人之精华，启后世之精彩"的中医药全书。而要写出这种全书，需要丰富的一手资料，需要广罗博采，需要耳濡目染，需要眼见为实，需要谦卑躬行。这也正是对李时珍业已至精精神的最好诠释。

李时珍撰写《本草纲目》的一步步、一程程都不是突发奇想、心血来潮，而是经过深思熟虑、精心准备的。比如，到民间考辨药物，寻觅奇方，早在几年前他从京城太医院回蕲州的途中就开始了。相传，回乡途中一次晚上住店时，李时珍发现来自北方的车夫们每辆推车上都挂着一个大包袱，包袱里装的皆是草药。晚上睡觉前，一人煎上一大碗，一饮而尽。他就不厌其烦地细心访问，才得知车夫们所带的草叫旋花草，有补劳损、益筋气之功效。晚上喝碗“旋花汤”，一觉醒来，前日的劳损就会修复，精气神就很充足。于是，李时珍在《本草纲目》［旋花］条的“发明”项下记下了他的所见所闻。还有三七、何首乌，金丝草、锦地罗、白龙须、紫花地丁、七叶一枝花、海棠梨、榔梅、天师栗、山柰、鹗（鱼鹰）、海燕、金鱼、鲨鱼、章鱼等药物都是李时珍在民间考辨时新发现的。

在鄱阳湖畔，李时珍发现养有鹗（鱼鹰）的老渔民，将鱼鹰拉在小船上的粪便都收集在一个陶罐里，而且收集时只要木船上的，地下的都不收，而且收集时用的东西是鱼鹰身上掉下的羽毛，不用他物。经过躬行细访，老渔翁告诉他，鱼鹰粪便能除火毒，解败毒，杀癣毒，可化瘀生肌，治疗头癣有特效。拉在地下和其他地方的粪便有可能被污染，减少其药效，所以只能用船上的。鱼鹰身上自然脱落的羽毛与其粪便有同样的药用功效，且能减少污染。李时珍将这些都逐一记下，后来又用渔翁的方子治好了不少人的头癣。

（二）宝剑锋从磨砺出，梅花香自苦寒来

老子曰：天下难事必作于易，天下大事必作于细。《本草纲目》的博采精详，是李时珍用坚韧不拔的意志、恒心如磐的毅力换来的。他何尝不知，“踏遍青山尝百草，访录民间珍奇方”，不仅需要时间，需要财力、物力，需要流汗流血，甚至会付出生命的代价。

在武当山，为了揭穿道士们宣扬的长生不老之“仙果”（实为榔梅），李时珍被阴险狡诈的道士推下悬崖，幸亏挂在树上才死里逃生。为了解开老药农所说武当山的“风茄子”是不是麻醉要药曼陀罗之悬念，李时珍亲口尝试，险些没有醒过来。

在江西庐山，为了弄清治疗牙痛新药睡香花（排草香）的来龙去脉，他攀悬崖绝壁，下崖时，踩断了脚下的小树，顺崖而坠。幸运的是，坠落的地方是一处深潭，才幸免一死。

在安徽黄山，李时珍为了救治被毒蛇咬伤的农妇，自己也被剧毒蛇咬伤，因寻找治蛇伤之药掉下深渊，差一点死于毒蛇之口。

在四川青城山，为了证实《益州方物志》上记载的天师栗只有一个果房，只是“西蜀青城山中才有，其他地方均无”之说真假，李时珍从栗树上掉下来，摔断了左手。

在四川峨眉山，李时珍为验证“破故纸”与“补骨脂”是其名不同的一种药物，还是功用相同的两种药物。李时珍被一种俗名叫“无药治”的剧毒蜈蚣咬伤，昏迷了几天几夜，幸遇一游方道长用秘方将他救活。

上述险象，只是李时珍经历中的九牛一毛。类似的传说故事在《本草纲目》以及历代地方文献和李时珍传记中如汗牛充栋。

（三）欲表松柏之贞，必明霜雪之厉

今天，我们追记、景仰李时珍“为万民康、解万医难、读万卷书、行万里路、搜万家方、汇万家言、聚万家长、撰万世典、成万世师”精神的同时，不可忽视了李时珍“吃万般苦”的付出，这也是李时珍精神的立体体现。试想，李时珍吃不了“万般苦”他的“业以至精”就是一句大空话。

毋庸置疑，李时珍完全可以闭门不出，在家抄抄剪剪，补补贴贴，《本草纲目》照样是一部医药文献，照样可以出版，照样有可能会传到今天。不同的是，对《本草纲目》的研究，对李时珍精神的研究，绝不会像今天这样持续不断。甚至，李时珍精神这一词也不会产生。

四、术以至善

李时珍作为16世纪中国伟大医药学家，在植物学研究方面，亦为世界前驱。“医圣”之誉，始于1956年2月时任中国科学院院长的郭沫若，自此，这一说法广受流传。

中央电视台150集电视系列纪录片《中华文明之光》之《李时珍与〈本草纲目〉》的解说词中有这样一段评说：

> 《本草纲目》不仅是一部药物学著作，同时也是一部医学著作。李时珍对《内经》《伤寒论》等中医经典名著有着精深的造诣，并时时在《本草纲目》中对其理论予以阐发，用以解药论医，推陈出新，创见甚多。展现了李时珍对传统医学理论既继承又发展的独具特色的中医学说。

在《本草纲目》[胡桃]条下，李时珍首次提出命门“在七节之旁，两肾之间”的观点，改变了以往“左肾右命门”的说法。这是中医命门学说的一个重大转折，从此开创了“补脾不如补肾，补肾不如补命门”的新的中医理论。

在《本草纲目》[辛夷]条下，李时珍论定：“脑如元神之府”在中国历史上第一次明确提出脑是人的思维器官，是人精神活动总枢纽的观点，推翻了自古以来认为“心”是人的思维器官的传统观点。在400年前，这是非常了不起的创见，具有极为重要的意义。李时珍的这一发现，逐渐为人们所认同，在后世产生了深远的影响。此外，《本草纲目》在中医药史上首次论述了人的胆石症，首创用冰外敷退烧降温，首创蒸汽消毒法预防瘟疫……这些论述和创造在后世都得到了证实和广泛应用。

《本草纲目》融医学、药学、经学、史学、哲学、民俗学于一炉，汇典籍、诗歌、故事、传说、轶闻于一体。其行文体裁，叙事风格可归纳为五大特色。

特色之一：百密不疏的层次美。

《本草纲目》的凡例部分，段落层次错落有致，遣词简洁如白话，叙事优美似散文。使人读来不感艰涩，不感深奥，不感枯燥。行文娓娓，层次、逻辑清晰；证例熠熠，特色、悬念易见。给人一种清新之魅力、耐读之磁力。

《本草纲目》层次美，还体现在全书的整体编排次序上。一本书的编排顺序次第称之为目录。目录是一本书的“眼睛”。现代编辑学已将“目录”单独立科，称之“目录学”。由此可见，书之目录的重要性。目录编排融合了逻辑学、鉴赏学、心理学以及美学、艺术学。把最重要的东西放在前面，让人开卷有益，过目难忘。

古代文献的编纂成书，由于受编排、出版、纸张、印刷、时间等诸多因素左右，绝大部分没有目录，有目录也是简之又简，基本上达不到目录的要求，更谈不上美学艺术。李时珍则不然，他敢破敢立，弃旧图新，在《本草纲目》的次序编纂上，破常规、反俗套，分主次、论轻缓，重心理、谙美学。简言之，他于400年前编写的体例与我们今天的书籍编排同出一辙。如《本草纲目》的编排，首先为序言、辑书姓氏、附图、总目、凡例，然后是第一卷序例上，可分为历代诸家本草、引据古今医家书目、引据古今经史百家书目、采集诸家本草药品总数、《神农本草经》名例、陶隐居名医别录合药分剂法则、采药分六气岁物、七方、十剂、气味阴阳、五味宜忌、五味偏胜、标本阴阳、升降浮沉、四时用药例、五运六淫用药式、六腑六脏用药气味补泻、五脏五味补泻、脏腑虚实标本用药式、引经报使。第二卷序例下分为：药名同异、相须相使相畏相恶诸药、相反诸药、服药食忌、妊娠禁忌、饮食禁忌、李东垣随证用药凡例、陈藏器诸虚用药凡例、张子和汗吐下三法、病有八要六失六不治、药对岁物药品、神农本草经目录、宋本草旧目录。第三卷的目录以论述百病主治药为主，如：诸风、痉风、项强、癫痫、卒厥、伤寒热病、瘟疫、暑、湿、火热、诸气、痰饮、脾胃等。限于篇幅不一一列举。

总之，《本草纲目》的整体编排渗透着李时珍的文学素养与积淀，折射出李时珍的艺术鉴赏与美学才情，也反映出李时珍不同凡响、不落俗套的编辑才干。

《本草纲目》层次美，还体现在药物的“纲目”划分形类细分上。《本草纲目》彻底废除了传统的上中下三品分类法，列16部，在每部之下，按一定原则区分为类，即“区别分类”原则。如按生长环境将草部610种草分为山草类、湿草类、水草类、石草类、苔草类、杂草类；禽部分为水禽类、原禽类、林禽类、山禽类。按照生物形态将本部分为乔木类、灌木类、寓木类、苞木类；鳞部分为龙类、蛇类、鱼类、无鳞鱼类。又运用“析族”之法，即在同类药物中，将其属性或亲缘关系相接近的一组药物排列在一起。如金石部石类中的丹砂、水银、轻粉、粉霜、银朱、朱砂等皆是汞的化合物，故为一族；果部中山果类的橘、柑、枸橼、金橘等均属芸香料，亦成一族，排列于一起；介部龟鳖类的各种龟为一族排列一起，以与鳖族相区别。

美学家说，层次产生美。史学家说，距离产生美。艺术家说，细腻产生美。文学家说，冲击产生美。李时珍融合了美学家的层次、艺术家的细腻、文学家的冲击、史学家的距离，用简牍盈积、抉摘幽隐的视觉冲击，神韵冲简、妙语化繁的细腻用笔，循序渐进、阐幽显微的层次布局，高屋建瓴，高下在心的距离构建，使药物阐述中的钩章棘句化为鲜活生动的文章。无论是杏林传人，还是鸿儒学子，翻开《本草纲目》，总会眼前豁然一亮，进而目不离卷。这就是文字架构与文学美学交融所产生的层次之美所带来的魅力吸引。

特色之二：百卉含英的散文体。

文以行立，行以文传。文生于情，情生于文。《本草纲目》“收百世之阙文，采千载之遗韵”，文体的叙述表现尤为重要。高瞻远瞩的李时珍不因循守旧，打破历代本草的文言文记叙格局，用笔娴畅、文字优美、接近于今天白话文的散文体，来趣解艰涩，妙释深奥。如草部第十二卷的［三七］条的叙述。

“释名”山漆、金不换。〔时珍曰〕彼人言其叶左三右四，故名三七，盖恐不然。或云本名山漆，谓其能合金疮，如漆粘物也，此说近之。金不换，贵重之称也。

“集解”〔时珍曰〕生广西南丹诸州番峒深山中，采根暴干，黄黑色。团结者，状略似白及；长者如老干地黄，有节。味微甘而苦，颇似人参之味。或云：试法，以末掺猪血中，血化为水者乃真。近传一种草，春生苗，夏高三四尺。叶似菊艾而劲厚，有歧尖。茎有赤棱。夏秋开黄花，蕊如金丝，盘纽可爱，而气不香，花干则吐絮如苦荬絮。根叶味甘，治金疮折伤出血，及上下血病甚效。云是三七，而根大如牛蒡根，与南中来者不类，恐是刘寄奴之属，甚易繁衍。

根“气味”甘、微苦，温，无毒。“主治”止血散血定痛，金刃箭伤跌扑杖疮血出不止者，嚼烂涂，或为末掺之，其血即止。亦主吐血衄血，下血血痢，崩中经水不止，产后恶血不下，血运血痛，赤目痈肿，虎咬蛇伤诸病。

“发明”〔时珍曰〕此药近时始出，南人军中用为金疮要药，云有奇功。又云：凡杖扑伤损，瘀血淋漓者，随即嚼烂，罨之即止，青肿者即消散。若受杖时，先服一二钱，则血不冲心，杖后尤宜服之，产后服亦良。大抵此药气温、味甘微苦，乃阳明、厥阴血分之药，故能治一切血病，与骐驎竭、紫矿相同。

上述“三七”概述约500字，既有“三七”的异名与别名解释、药物产地、气味、药性、特点、主治说明，又有辨疑解惑、真假鉴别、治疗效果、医治办法。其行文如溪流之水，有声有色有景，描写细腻入微，有情有趣有画。“叶似菊艾而劲厚，有歧尖。茎有赤棱。夏秋开黄花，蕊如金丝，盘纽可爱，而气不香……”读着这种散文气息浓郁的述药之文，给人一种身临其境的感受。

特色之三：百味甘香的趣味性。

唐宋以来，我国的神怪小说、民间传奇、才子轶闻、佳人词话风行文坛。这些作品深受民众喜爱。进入诗词领域，如杜甫的《兵车行》、白居易的《卖炭翁》、陈师道的《送内》等长篇叙事诗词皆是脍炙人口的传世佳作。到明代中叶及以后，一些神怪、传奇类的文学作品也对医药产生了一定的影响。一些作品中涉及医药知识或者以医药为题材进行创作。比如，《红楼梦》中的薛宝钗便是一位精通医药的女子，书中有许多涉及医药的情节。此外，《水浒传》中的神医安道全、《三国演义》中的华佗等人物形象，也展现了医药在当时社会的重要地位，但相关作品的影响仅限于文学界、艺术界。岐黄本草学（中医药）受几任皇帝炼丹服丹、痴梦成仙的影响，仍然是一成不变。民间本草著述虽有出版，但皆是删繁就简、拘古守旧之作。前朝本草在举医案时，虽也有传奇之事出现，可均是寥寥数语不敢展开。可李时珍不受繁文缛节所困，勇于破冰闯禁，吸纳文学营养，让趣味性走进“森严壁垒”的本草著述。

特色之四：百家争鸣的述药论坛。

在《本草纲目》中，李时珍充分吸取前人的经验，精心采录历代医书中的有关论述，广罗博采，集思广益，形成了前所未有的“论百草之药，汇百家之言”的观点争鸣格局。这既是一种严谨的治学态度，又体现了李时珍“技高为范，学高为师”的品行节操。对每种药物的认知、甄别不搞一言堂，严禁一刀切。对药物的用法，对医案、病例、验方的判断，谁的正确，就尊重谁、采纳谁。是前人的功劳，不据为己有；前人的错论，不因对方是悬壶先师、岐黄大家、杏林名家而人云亦云，随声附和。《本草纲目》中每种药物的论定，皆是一场各抒己见的大讨论。

特色之五：百花齐放的诗歌大观园。

李时珍在《本草纲目》中引据经史百家，诗歌300多处，其中各类诗歌210多处，涉猎《诗经》《楚辞》以及唐诗、宋词，其中引用最多的典籍是《诗经》，达近百处。不同风格诗歌的引用使《本草纲目》堪称百花齐放的诗歌大观园。

其一，引用《诗经》校注药物名称，运用得体，诗文相映生辉。

如《本草纲目》［甘草］条“集解”中引用《诗经·唐风·采苓》篇：“采苓采苓，首阳之巅。”诗意是劝人不要听信谣言。其诗共三段，李时珍引用的是第一段，是为了说明“苓”不是“甘草”的名称。李时珍曰：“按沈括《笔谈》云：本草注，引《尔雅》大苦之注为甘草者，非矣。郭璞之注，乃黄药也，其味极苦，故谓之大苦，非甘草也。”

《本草纲目》［萤火］条“释名”中写道：“豳风：熠耀宵行。”此诗句出自《诗经·豳风·东山》篇。是东征士兵归途思家所写。全诗共四段，李时珍引用的是第二段，是为了说明“熠耀”不是“萤”的名称。时珍曰：“宵行乃虫名，熠耀其光也。诗注及本草，皆误以熠耀为萤名矣。”

《本草纲目》［吐绶鸡］条引用《诗经·陈风·防有鹊巢》句：“诗经谓之鹝‘邛有旨鹝，是矣。’”此诗为一位诗人担忧有人离间他的情人所赋。诗文共分两段，李时珍引用的是第二段，是为了说明“鹝”乃“吐绶鸡”，并非杂色小草。时珍曰：“吐绶鸡，出巴峡及闽广山中，人多畜玩。……此鸟生亦反哺。”他认为《诗经》注释鹝为杂色小草，又名绶草存在错误。

其二，引用《楚辞》弘扬楚文化，使《本草纲目》充满诗的浪漫。

《本草纲目》［薰草］条“释名”中写道：“《楚辞》云：‘既滋兰之九

畹，又树蕙之百亩’。”此句出自《离骚》篇第51句和第52句，是为了说明屈原栽种“薰草”。李时珍曰：“古者烧香草以降神，故曰薰、曰蕙。薰者熏也，蕙者和也。……零陵旧治在今全州。全乃湘水之源，多生此香，今人呼为广零陵香者，乃真薰草也。”

《本草纲目》[鹜]条“正误”中引用屈原《楚辞·卜居》句。李时珍在论“鹜”的“正误”结尾处写道：“盖鹜有舒凫之名，而凫有野鹜之称，故王勃可以通用，而其义自明。案周礼‘庶人执鹜’，岂野鸭乎？《国风》‘弋凫与雁’，岂家鸭乎？屈原离骚云：‘宁与骐骥抗轭乎？将与鸡鹜争食乎？宁昂昂若千里驹乎？将泛泛若水中之凫乎？’此以凫、鹜对言，则家也、野也，益自明矣。”

这段诗与文，以彼物比此物，通过外物景象而抒发、传达情感。不是诗人，岂能写出如此浪漫之文句。

其三，引用唐诗近40处，声韵格律，运用自然。

如《本草纲目·神农本经名例》中引用唐代，“大历十才子”之一耿湋的《秋晚卧疾》一诗。原文共八句：“寒几坐空堂，疏髯似积霜。老医迷旧疾，朽药误新方。晚果红低树，秋苔绿遍墙。惭非蒋生径，不敢望求羊。”

李时珍是在论述选择药物的重要性时引用这首五律的：“凡诸草、木、昆虫，产之有地；根、叶、花、实，采之有时。失其地，则性味少异；失其时，则气味不全。又况新陈之不同，精粗之不等。倘不择而用之，其不效者，医之过也。唐耿湋诗云：‘老医迷旧疾，朽药误新方’是矣。”

在草部第十六卷的[车前]条的“发明”中论述车前的采摘时间时，李时珍引用了唐代诗人张籍的《车前子》一诗。李时珍曰：“按《神仙服食经》云：车前一名地衣，雷之精也，服之形化，八月采之。今车前五月子已老，而云七八月者，地气有不同尔。唐张籍诗云：‘开州五月车前子，作药人皆道有神。惭愧文君怜病眼，三千里外寄闲人。’观此亦以五月采开州者为良，又可见其治目之功。”

诗与文的结合，真可谓“天衣无缝”。从这里看，李时珍如果不懂得诗歌声韵格律，在诗歌方面无甚造诣，对格律对仗诗的引用能有如此自然吗?

其四，谈药论性，诗歌引用信手拈来，贴切生动。

读《本草纲目》，诗歌浸润着的优美文句无处不在。李时珍对诗歌与研究十分精深。如在草部第十四卷［郁金香］条的“集解”中对“郁金香”来龙去脉见解独到，且用诗歌佐证：

> 按郑玄云：郁草似兰。杨孚《南州异物志云》：郁金出罽宾，国人种之，先以供佛，数日萎，然后取之。色正黄，与芙蓉花裹嫩莲者相似，可以香酒。又《唐书》云：太宗时，伽毗国献郁金香，叶似麦门冬，九月花开，状似芙蓉，其色紫碧，香闻数十步，花而不实，欲种者取根。二说皆同，但花色不同，种或不一也。古乐府云：中有郁金苏合香者，是此郁金也。晋左贵嫔有郁金颂云：伊有奇草，名曰郁金。越自殊域，厥珍来寻。芳香酷烈，悦目怡心。明德惟馨，淑人是钦。

在同卷的［艾纳香］条的“集解”中，李时珍又引用唐代大诗人刘禹锡的话，其中古乐府诗句：“行胡从何方？列国持何来？氍毹毾㲪五木香，迷迭艾纳及都梁。”

诗歌元素的融入，使《本草纲目》中的矿物、植物、动物富有灵气，彰显活力。读者在汲取医药知识的同时，也享受着文学艺术的滋润。

文章从古不同时，诗词警人笔亦奇。这就是李时珍与众不同的思想思维与思考，这也使得《本草纲目》是医书、药书，更是百科全书。

李时珍以责任至上、负重致远、业以至精、术以至善的精神完成了中华医药学史上的巅峰之作《本草纲目》。《本草纲目》又以其析族分类振纲分目、类条严谨、以纲挈目、补新揭秘、勘误纠讹、发前人之未见，启后世之先启而成为“格物之通典，帝王之秘箓，臣民之重宝”。

附录三　蕲春的历史变革

蕲春，据晋代刘伯庄《地名记》记载，“以水限多蕲菜”，因之得名，北宋乐史《太平环宇记》承其说。蕲，一名水芹，蕲春意为蕲菜之春。历史上另称蕲阳、齐昌、蕲州。汉末以来，蕲春因地处“吴头楚尾”，扼控长江，战略地位显要，历为当权者所重视。故而，蕲春长期为郡（州、路、府、专区）和县两级政府机构所在地，历为鄂东政治、经济、文化和军事中心。中华人民共和国成立后，蕲春恢复县制，隶属湖北省黄冈市。

夏代，蕲地在九州管辖中属扬州之城。

商及西周，承袭夏代，仍属扬州。

春秋时初为国，曰蕲国。后属楚，战国时属楚之九江郡。

秦统一六国后实行郡县制，蕲地仍属九江郡。秦末，归衡山郡。

西汉高祖六年（前201年），置蕲春县，是鄂东最古老的县之一，治所大约在今八里潮的土门城。

东汉建武二十三年（47年），汉在蕲置侯国，封陈浮为蕲春侯，传三世，国除，复蕲春县。

东汉献帝建安十三年（208年），赤壁之战后，蕲春属吴，孙权置蕲春郡，治蕲春，辖蕲春、邾县、寻阳，上隶扬州。

西晋永兴时期，寻阳县治徙江南（改名浔阳县），其江北地（即今黄梅县、武穴市东部）并入蕲春，蕲春隶属豫州之西阳国。

东晋太元三年（378年），孝武帝司马曜因避其母阿春讳，改蕲春县为蕲阳县，隶属南豫州南新蔡郡。蕲阳沿用至南齐，共108年。

南北朝文帝元嘉二十五年（448年），在蕲阳县西部希河之西置浠水县，蕲河西至浠河东置蕲水县，蕲阳县仍属南新蔡郡，后重归豫州。南北朝时，政局极乱，蕲春县归隶变化频繁。

南齐武帝永明四年（486年），改蕲阳县为齐昌县，沿用至隋初，共112年，故后人或称蕲春为齐昌。置齐昌群，辖阳塘、保城、齐昌、水兴四县，上隶豫州。北周占领淮南江北时，南梁武帝时改蕲州为罗州，又复改为蕲州，齐昌郡、齐昌县均属蕲州。

隋统一中国后，撤原州、都，实行州、县两级制，置蕲州总管府，辖齐昌、蕲水等县。

隋文帝开皇九年（589年），改蕲州总管府为知州。

隋文帝开皇十八年（598年），复“蕲春”县名。

隋炀帝大业三年（607年），改蕲州为“蕲春郡”，领蕲春、蕲水、黄梅、罗田等地。

唐高祖武德四年（621年），改“蕲春郡”为蕲州，治蕲春，仍领5县。同年，并蕲水于蕲春，同时析蕲春县东分置永宁县（今武穴市）。

唐玄宗天宝元年（742年），改蕲州为“蕲春郡”，改永宁县为广济县，蕲春郡领蕲春、蕲水、广济、黄梅四县。

唐肃宗乾元元年（758年），复“蕲州”名，上隶淮南道。

宋代，曾在府、州之下置“路”，蕲州属淮南路，仍治蕲春，领四县。

宋神宗熙宁五年（1072年），淮南路分为东西南路，蕲州隶属淮南西路，领县增加了罗田，为五县，因地界靠近金国，蕲州建为防御州。

元初，改“蕲州”为“蕲州路”，治所及领属县同上。

元世祖至元十二年（1275年），置淮西宣抚司于蕲州路。

至元十四年（1277年），改“蕲州路”为“蕲州总管府”，置录事司。

至元二十三年（1286年），直隶湖广行省，逾六年，复求淮西道。

元末，蕲州路先后为农民起义军“天完”和“大义”政权所据。元顺帝至正二十四年（1364年），朱元璋改“蕲州路”为“蕲州府”，治蕲春，上隶湖广行省，领蕲春、蕲水、广济、黄梅、罗田五县。

明太祖洪武九年（1376年），降蕲州府为州，隶湖广布政司。不久，改属河南布政司，撤蕲春县，以州领县事，外领五县。洪武十一年（1378年），蕲州辖县蕲水、罗田两县划出蕲州，属黄州府管辖，蕲州仅代辖广济、黄梅两县。

明英宗正统十年（1445年），荆王堈自江西建昌迁新，建荆王府于蕲州城。

清初，蕲州领县如明末，属黄州府，上隶湖广布政司汉黄德道。

清圣祖康熙三年（1664年），蕲州不再领县，仍属黄州府，上隶湖北省。

1912年，中华民国成立后，复蕲春县，先后属江汉道，湖北省。

1932年10月，督察专员署治蕲州城，此后蕲春一直属黄冈行政区专员公署。

1949年10月，中华人民共和国成立后，蕲春县隶湖北省黄冈市，或隶黄冈专区、黄冈地区。

公元1996年5月，黄冈地区改建“黄冈市”，蕲春县隶属之。

（摘自湖北蕲春县志地方志编纂委员会编：《蕲春县志》，湖北科学技术出版社1997年版）

附录四　学校开发特色文化课程建构德育长效机制

蕲春县李时珍中学位于医圣故里——古城蕲州，是黄冈市示范高中。近年来，该校以教育部印发的《中华优秀传统文化进中小学课程教材指南》《革命传统进中小学课程教材指南》《中小学德育工作指南》为指导，秉承“艰苦创业，自强不息”的优良传统，熔铸“以人为本，民主治校，科学管理，创新发展”的现代办学思想，遵循“弘德、强能、笃学、拓新”的校训，提出了“在开放的教育中培养现代人，在民主的教育中培养自主人，在文明的教育中培养健康人”的办学理念和“人文立校、科研强校、特色兴校”的办学原则。学校以“人文传承”为突破口，利用地方资源，发挥自身优势，联合黄冈师范学院教育学院开发了“千古人为”李时珍校本课程，积极探索德育新途径，建设了以优秀文化为底蕴的特色课程，构建出学校德育新长效机制，实现了学校德育工作与校园文化课程建设相融共进、比翼齐飞的良好态势。学校连续13年荣获黄冈市高中教学质量优秀奖，先后被市教育局授予“实验考核先进单位”“学校体卫艺工作先进单位”“教育科研工作先进单位”“德育工作先进单位”。被黄冈市政府授予“安全文明单位”，被共青团黄冈市委授予“青年文明号”，被市教育局、卫生局评为“中小学后勤管理示范单位”。

蕲春县政府着力将蕲春打造成湖北省中医药种植大县，建立“中部药都”，把中医药种植当作全县精准扶贫、促农增收的支柱产业。李时珍中学利用这一优势，以中医药文化校本教材建设为突破口，以“神农本草园”为基地，以“中医药文化传承馆”“大别山动植物标本馆”为窗口，通过种药、识药、收药的实践活动，挖掘校内外丰富的中草药资源，发挥与大自然、农村亲近的乡村教育优势，建设具有中医药文化特色的校本课程体系与地方特色校园文化，创立和发展具有乡村特色的育人体系、文化体系。

一、多方合作，开发了“千古人杰李时珍”校本课程

校本课程的开发的关键在于有一支高素质的专家团队来持续推进。校本课程开发从培养学生对中草药的兴趣入手，以学生生活实践体验为基础，以中药研制室、中药制剂室、中药鉴定室、标本制作室和医药文化研究区作为学生的实验和实践平台，学校成立了校本课程开发领导小组。同时，成立了以校长、分管教学的副校长、年级组长、黄冈师范学院教育学院的教师、蕲春县李时珍纪念馆以及李时珍医药集团相关研究人员为核心的专家团队。专家团队通过多次召开研讨会和实地考察等方式，确立了校本课程的开发内容、开发方向及课程标准要求。经过近三年的努力，专家团队与李时珍中学的骨干教师联合共同开发出了具有乡土特色的校本教材《千古人杰李时珍》。该教材从中医学家、中药学家、养生学家、文化学家、博物学家等角度解读李时珍，每一章节都穿插了李时珍学习、采药、治病中的趣事，同时也介绍了常见的中草药知识和常用的医药小常识。校本教材中涉及的中医药知识做到既能够凸显《本草纲目》的特点，又结合日常生活的健康所需，增强学生的学习兴趣。在教材编写上，考虑到了不同年龄阶段学生的认知，进行个性化的教材内容设计。对于低学段学生，以认识中草药植物为主；对于中高阶段的学生，从认识中草药自然过渡到辨别中草药、学习相关病症、探究中医药文化意蕴等。教材内容的编写重点放在了对学生的中医药文化启蒙上，知识灵活多变。在校本教材撰写过程中，开发团队尽力寻找中医药知识与当前所教课程的结合点、分析学生对中医文化的兴趣点，在语文、道德与法治、历史中的一些课程中融入合适的中医药文化知识，提升学生的学习乐趣。李时珍中学整合多方资源，联合多方力量，出版了系列相关书籍。2019年，大众文艺出版社出版了《千古人杰李时珍》，2020年11月，武汉出版社出版了《〈本草纲目〉中的诗》。

二、精细管理，打造了一支精干的校本课程实践团队

校本课程开设有无成效的核心在于是否具备一支具有竞争力的课程实践团队。李时珍中学打造了以“医药文化”为主题的校园教育生态，建构了“药草研究、种植及制作利用”的活动性课程体系，建立了医药生态文化的校本资源和物质呈现库，构建了综合实践活动课程师生发展共同体。每学年之初，李时珍中学下发校本课程开设申报通知，设计统一的申报书。申报者对不同模块的课程目的、教学目标、教学内容、教学课时等几个方面作简单表述。然后，由学校成立审核团队，对申报的不同模块的校本课程方案进行逐一审核。审核团队由专家、校级领导、教师及家长和学生代表等组成。审核团队对不同模块的方案和开课可行性进行全面评估。根据评估结果，作出允许开课或不允许开课的决议。对审核过关的校本课程团队进行公示，并面向学生制作宣传看班资料，让学生对开课教师、开课内容有简单了解。学校采用纸质材料进行选课。选课面向全体学生，打破了年级之间限制。学校统筹安排校本开课时间、地点，对课堂管理作出明确要求。校本实行走班上课，加强卫生、纪律、学习、考勤、评价等方面的管理。由开课教师组织，在校本课程结束后，对学生学习成果进行展示，无论是从思想、知识、技能、实践哪个方面，都要开课教师采用适当方式进行学习成果展示。最后由学校组建评价团队，对任课教师和学生进行评价。任课教师评价可以包括课堂、常规材料、学生评价、成果展示等方面，对学生评价可以从学生纪律、学习效果等方面进行。通过3年的校本课程实践，李时珍中学形成了一支精干高效的课程实践团队。

三、知行合一，构建了具有学校特色的中医校园文化

校本课程的可持续需要有特色的校园文化来支撑。李时珍中学在校本课程开设过程中，将理论与实践结合起来，让学生在实践中领悟，在活动中成长，通过多年的实践形成具有农村学校特色的中医校园文化。李时珍中学定期组织学生到中医药博物馆、中医文化传承馆和种植中草药的田间地头等地进行实地参观、动手实践。每学期都组织学生到学校神农本草园开展种药

材、采药材、研磨中药、制作香包、手工制作药枕头等实践活动，培养学生的动手能力与正确的劳动意识。老师带领学生把中草药制作成美丽的中草药标本，同时运用所学理化生等知识在学校医药体验馆里进行中草药的鉴定、标本制作以及中药炮制、化学制剂等，培养了学生的科学精神。同时根据老师提供的中草药资料和自己查找的资料，结合自身生活经验进行中草药功能性的养生汤谱的简单编写，并将相关的研究性学习成果整理出来，进行草药治病、养生保健宣讲服务进社区等活动，服务周边街区。

李时珍中学根据学校所处的蕲春文化和校情背景，制订了接地气的活动方案，创造性地开展了“相约大别山”“走进李时珍纪念馆”“走进赤龙湖国家湿地公园”等动植物资源考察研学旅行活动，活动设计为5个板块、10课时，从研学前的背景学习，到研学中的考察探究，再到研学后的展示汇报，使学生从校内神农本草园以及“千古人杰李时珍”课程中认识到的中草药在大自然中一一对应，并进行了科学考察探究。加强学生对家乡田野及大别山中草药的辨认，了解不同中草药适宜的生长环境、形态、入药部位与药用价值，进一步丰富中医药文化进校园的校本课程体系，使学生更深入地了解了中医药文化的丰富内涵。这种综合实践活动既增加了中医药文化的趣味性、实践性，又使学生收获满满，增进了学生知家乡、爱家乡的情感，增强了他们发展家乡中药材种植加工产业、建设家乡、保护大别山生态环境的责任感与使命感，使学生始终保持对中医文化的浓厚兴趣。

四、内外结合，打造了校本课程发展的生态圈

校本课程开发必须要考虑学校办学理念、学生身心发展需求、地方经济发展需要等因素；只有依托学校周边的社区资源，才能保障校本课程实践顺利落地。李时珍中学结合自身的办学宗旨，整合校内外资源，打造了以“医药文化”为主题的校园教育生态圈。

首先，建成环境生态圈。在校内，通过栽种、标识草药和班级文化建设营造医药主题的人文环境；在校外，借助学生的社会实践和社区服务，有意识地将学校融入医药高新区的大环境，实现学校与社区的良性互动，推动学校的药草栽培和研究的全面展开。

其次，建成教学生态圈。教学从课内走向课外，从学校走向社区，从动脑走向动手，体验合作，使学生的各项能力和情感得到提升，推动我校综合实践活动课程的常态化，实现学科课程、综合实践活动课程和校本课程的相互促进。

最后，建成课程生态圈。教师通过每周2个课时的研究性学习课程，进行有关医药文化的主题研究和项目设计，深入学生课内医药主题的探究，丰富学生课外医药主题的社会实践，让学生在亲身经历中习得，在社区服务中体验。

五、应用效果

李时珍中学以综合实践活动课程为基础，建构中医药主题的活动性校本课程体系，将医药传统文化、医药产业问题以及医药生物、医药化学、医药保健等内容按研究性学习、社会实践和社区服务三大板块分类，形成主题系列课程，产生了一定的实效，主要表现在以下几方面。

1.促进了教师教学研究能力的提高，改善了教学行为

相关校本课程开发与实施，引领了教师专业成长，锻造出了一支敬业意识强、专业素养高的团队。此外，学校将教研组织建设、教研活动开展、教育科研研究实验与此联系，逐步建立起学校综合实践活动教师专业发展共同体，组织教师在“研”中“教”，在“教”中“研”，引导教师更新教育理念，大力提高教师实施课程的水平和能力，培养了一批在综合实践活动开展领域有思想并付诸实践的知名教师和教师专业发展团队。经过校本课程的深入实施，在教研组内形成了老师们积极研讨、互帮互助的教研氛围，形成了“做有思想的教师，建设合作的团队”的学校教研文化，还使教师改变了自己的教学行为，从关爱学生出发，将对家乡的热爱融入教学环节中。

2.改善了学生行为习惯，提升了学生关爱健康的能力

自“千古人杰李时珍”校本课程在李时珍中学全面实施以来，学校课程内容的变化带动了学生精神面貌的转变。学生对健康的关注越来越高，对医药知识的掌握越来越熟悉。学校中、家庭里，学生们处处充当健康宣传员，

家长、老师们亲身感受到学生的行为习惯发生的改变。在对学生的调查中，家长普遍反映学生的健康意识增强了，学生关爱自己、关爱家人的健康行为明显增多了，养成了良好的健康生活习惯。

3.提升了学校的品位，彰显了校园文化的特色

通过校本课程的实施，学校提升了教学品位，以中医药文化为主题的校园文化逐渐彰显，并成为李时珍中学独有的特色。在中医药文化的浸润下，李时珍中学师生争做一个胸怀大爱的人、有情感的人、有责任心的人、全面发展的人，校园内形成了和谐向上的良好氛围。

（原载《湖北教育》2021年第7期）

后 记

2019年年初，黄冈师范学院鄂东教育与文化研究中心与蕲春县李时珍中学两校教师团队，联合开展“名人文化进校园、进课堂、进头脑”行动研究。项目研究的一个重要内容，就是建设李时珍中学校本课程“千古人杰李时珍”，组织编写配套著作读本。在中国李时珍研究会、李时珍基金会及社会有关人士的指导、帮助下，由黄冈师范学院教育学院、李时珍中学部分科研人员、领导教师协作攻关，历时一年，于2020年农历春节前夕完成文本编写任务。2020年3月读本印刷成册，并在李时珍中学一年级学生中开始使用。经过将近三年的时间，读本通过教学实施过程的检验，听取了来自社会各层面的反馈意见，并在此基础上进行了再次修订完善，现予正式出版。

读本编写过程中，蕲春县教育局副局长李向阳同志对此项工作给予了高度关注、直接指导并积极参编。在读本第一稿编写期间，李时珍研究专家、蕲春县电视台原台长韩进林先生亲自审阅了编写纲要，及时地为编写组提供了大量关于李时珍研究的最新成果，并就读本编写问题提出了宝贵的意见和建议。蕲春县教育科学研究院原院长梅安心、现任院长陈建福同志一直关注着此项工作，并给予了积极的鼓励与支持。黄冈师范学院副校长马志斌同志自始至终参与著作编写研讨工作，并提供了大量的相关信息资料。本书由陈中文、韦耀阳任主编；陈中文、韦耀阳、林永希、操时闻、邓冬元等参与了从项目、课程设计，到著作策划、编写、出版工作的全过程；韦耀阳承担了统稿的工作任务；王诗其负责文稿校对；王艳组织编写课程教学大纲。此外，黄冈师范学院李世升博士、向福博士，黄冈市人社局摄影爱好者何丹生同志为本书专门拍摄系列中草药图片。在此深表谢意。

读本内容除前言外，共分六章。第一章，赤子李时珍（陈中文执笔）；第二章，中医学家李时珍（韦耀阳执笔）；第三章，药物学家李时珍（李威执笔）；第四章，摄生学家李时珍（岳涛执笔）；第五章，博物学家李时珍（陈建福、操时闻执笔）；第六章，文化学家李时珍（李向阳执笔）。每一章由主题导读、时珍传说、《本草纲目》中的诗、中医药文化、草药认识、中医中药小常识、拓展体验等教学环节组成，既充分发挥课堂教学的主渠道作用，又注重体现课外活动和社会实践的重要作用，彰显了坚持课堂教育与实践教育相结合的原则。读本的这种内涵与结构及其所体现的思想理念，把弘扬和践行李时珍精神融入学校素质教育的实践过程之中，从而为坚定文化自信，坚持和弘扬社会主义核心价值体系，培养担当民族复兴大任的时代新人，夯实了教育实践的基础。

此外，华中科技大学教育科学研究院原院长、长江学者、博士生导师张应强，华中师范大学教育学院原院长、博士生导师范先佐，武汉教育科学研究院研究员周冬祥等诸位先生，对本书进行了审读，并撰写了评审意见。蕲春县的多位李时珍研究人员，担负课程教学和读本使用任务的李时珍中学一年语文组任课教师和该校一年级学生也就著作的体例、内容等提出了自己的看法和意见。汇集各方面的反馈意见，人们普遍认为，黄冈师范学院和李时珍中学科研人员、领导教师通过发掘、弘扬李时珍医药文化这一具有蕲州地方特色的文化元素，建设校本课程，编写读本《千古人杰李时珍》，这是推进优秀传统文化进校园的一个实践创举。该书契合了弘扬社会主义核心价值观的时代主题，呼应着新时代推进中华优秀传统文化进校园的实践需求，具有强大的正能量；该书主题鲜明，内容丰富，编写体例恰当，是一本能够较好地适应新时代课程改革的校本读物。与此同时，各位专家教授以及李时珍中学的老师和青年学生朋友们，也从不同的角度对著作如何进一步完善、修订提出了十分宝贵、极为中肯的意见和建议。这些反馈意见，如醍醐灌顶，给了我们这些编写者十分重要的启示，使我们进一步厘清了思路，开拓了视野。在该书的修订完善过程中，这些反馈意见基本上都得了较好的反映。为此，特向参与编写以及为修订完善提出宝贵意见和建议的各位先生和青年学生朋友们表示崇高的敬意和诚挚的谢意。

然而，限于编者的学术视野和学术功力，《千古人杰李时珍》依然在一些方面存在瑕疵或不足。为此，敬请各位专家学者、教师学生和读者朋友们继续关注这部著作，以多种方式和途径，提出批评、反馈意见，为传承、发扬中华优秀传统文化做出我们共同的努力和贡献。

编 者

2023年10月12日